HANDY

GERMAN
pocket
VERBS

New York Chicago San Francisco Lisbon London Madrid Mexico City
Milan New Delhi San Juan Seoul Singapore Sydney Toronto

ISBN 978-0-07-163620-9
MHID 0-07-163620-X

McGraw-Hill books are available at special quantity discounts to use as
premiums and sales promotions or for use in corporate training programs.
To contact a representative, please visit the Contact Us pages at
www.mhprofessional.com.

Project Editors: Alex Hepworth, Kate Nicholson
With Helen Bleck

Designed by Chambers Harrap Publishers Ltd, Edinburgh
Typeset in Rotis Serif and Meta Plus by Macmillan Publishing Solutions

INTRODUCTION

Chambers' concise yet authoritative guide to German verbs is designed to be a quick, straightforward reference for all learners of German. It opens with some essential grammatical information, explaining in accessible terms how different verb types are conjugated and how the various tenses are used. The main body of the book is then comprised of verb tables, showing the full conjugation of over 200 German verbs which can be used as models for all the others. In the extensive bilingual index, verbs are cross-referred to the table whose model they follow, while those used as models themselves are clearly marked.

This new edition has been fully revised to take into account the latest German spelling reforms, and features a smart two-colour design to make consultation even easier and more enjoyable. Suitable for everyone from beginners to experienced language learners, this pocket reference is an essential companion for anyone wishing to communicate effectively in German.

CONTENTS

A GLOSSARY OF GRAMMATICAL TERMS

ACTIVE The active form of a verb is the basic form as in
I *remember* him. It is normally opposed to the passive form
of the verb as in he will *be remembered*.

AUXILIARY Auxiliary verbs are used to form compound tenses of
other verbs, eg *have* in I have seen or *will* in she will go. The main
auxiliary verbs in German are sein, haben and werden.

CLAUSE A clause is a group of words which contains at least a
subject and a verb: he said is a clause. A clause often contains
more than this basic information, eg he said this to her yesterday.
Sentences can be made up of several clauses, eg he said/he'd call
me/if he were free.

COMPOUND TENSE Compound tenses are verb tenses consisting
of more than one element. In German, the compound tenses of
a verb are formed by the **AUXILIARY** verb and the **PAST PARTICIPLE**
and/or **INFINITIVE**: ich habe gesehen, er ist gekommen, er wird kommen.

CONDITIONAL This mood is used to describe what someone
would do, or something that would happen if a condition were
fulfilled (eg I *would come* if I was well, the chair *would have broken* if
he had sat on it).

CONJUGATION The conjugation of a verb is the set of different
forms taken in the particular tenses and moods of that verb.

DIRECT OBJECT The direct object is a noun or a pronoun which in English follows a verb without any linking preposition, eg I met *a friend*. In German the direct object is always in the accusative case, eg ich kenne *ihn* (I know *him*). Note that in English a preposition is often omitted, eg I sent him a present – *him* is equivalent to *to him* – *a present* is the direct object.

ENDING The ending of a verb is determined by the **PERSON** (1st/2nd/3rd) and number (singular/plural) of its subject.

IMPERATIVE The imperative is a **MOOD** used for giving orders (eg stop!, don't go!) or for making suggestions (eg let's go).

INDICATIVE This is the normal form of a verb as in I like, he came, we are trying. It is opposed to the subjunctive, conditional and imperative.

INDIRECT OBJECT A pronoun or noun which follows a verb sometimes with a linking preposition (usually to), eg I spoke to *my friend/him*, she gave *him* a kiss. In German the indirect object takes the dative case.

INFINITIVE The infinitive is the form of the verb as found in dictionaries. In English it is often preceded by to, eg to eat, to finish, to take are infinitives. In German, all infinitives end in -n: leben, gehen, lächeln, ärgern.

INTRANSITIVE VERB Intransitive verbs do not take a **DIRECT OBJECT** (eg Peter sneezed loudly).

MOOD This is the name given to the four main areas within which a verb is conjugated. *See* **INDICATIVE, SUBJUNCTIVE, CONDITIONAL, IMPERATIVE.**

OBJECT *See* DIRECT OBJECT.

PASSIVE A verb is used in the passive when the subject of the verb does not perform the action but is subjected to it. In English, the passive is formed with a part of the verb **to be** and the past participle of the verb, eg **he was rewarded**.

PAST PARTICIPLE The past participle of a verb is the form which is used after **to have** in English, eg **I have** *eaten*, **I have** *said*, **you have** *tried*.

PERSON In any tense, there are three persons in the singular (1st: **I ...**, 2nd: **you ...**, 3rd: **he/she ...**), and three in the plural (1st: **we ...**, 2nd: **you ...**, 3rd: **they ...**).

PRESENT PARTICIPLE The present participle is the verb form which ends in **-ing** in English and **-end** in German.

REFLEXIVE Reflexive verbs 'reflect' the action back onto the subject (eg **I dressed myself**). They are always found with a reflexive pronoun and are more common in German than in English.

SUBJECT The subject of a verb is the noun or pronoun which performs the action. In the sentences **the train left early** and **she bought a CD**, *the train* and *she* are the subjects.

SUBJUNCTIVE The subjunctive is a verb form which is rarely used in English (eg **if I** *were* **you, God** *save* **the Queen**). It is more common in German.

SUBORDINATE CLAUSE A subordinate clause is a group of words with a subject and a verb which is dependent on another CLAUSE, ie it cannot stand alone. For example, in **he said he would leave**, *he would leave* is the subordinate clause dependent on *he said*.

STEM *See* VERB STEM.

TENSE Verbs are used in tenses, which indicate when an action takes place, eg in the present, the past, the future.

TRANSITIVE VERB Transitive verbs are those that take a DIRECT OBJECT (eg he ate the apple).

VERB STEM The stem of a verb is its 'basic unit' to which the various endings are added. To find the stem of a German verb, remove -en or -n from the infinitive. So the stem of sagen is sag-, and the stem of ärgern is ärger-.

VOICE The two voices of a verb are its ACTIVE and PASSIVE forms.

GRAMMATICAL INFORMATION

A TYPES OF VERB

There are two main types of verb in German, generally referred to as weak verbs and strong verbs.

The main difference between these two types is in the formation of the imperfect tense and of the past participle: the weak verbs add a characteristic -t- to the verb stem (= infinitive without -(e)n ending); strong verbs change the stem vowel when forming the imperfect tense and past participle, for example:

		IMPERFECT	PAST PARTICIPLE
weak:	packen	ich packte	gepackt
strong:	singen	ich sang	gesungen

As you can see, these two basic types of verb are similar to the two basic verb types in English (from the examples above, English pack – packed – packed and sing – sang – sung).

This similarity of verb form between English and German is very helpful in learning German verbs – but it does not always apply. However, if an English and German verb have the same root, eg packen (to pack), singen (to sing), sagen (to say), lieben (to love), the likelihood is that they will both be of the same type. Exceptions such as helfen (strong in German) and help (weak in English) should warn you to check if in doubt.

By far the largest number of verbs belong to the weak group. New creations are always weak, eg managen – gemanagt (to manage). Many strong verbs, however, are very common verbs, eg sein (to be), gehen (to go) etc, and their parts have to be learnt.

In German there is also a group of what is known as 'mixed verbs'. There are nine of these:

brennen	to burn	kennen	to know	senden	to send
denken	to think	nennen	to name	wissen	to know
bringen	to bring	rennen	to run	wenden	to turn

These verbs share some of the features of strong verbs and some of the features of weak verbs. Their full forms are given in the verb tables.

 B USE OF TENSES

The following section gives explanations and examples of usage of the various verb tenses and moods that are listed in the verb tables in this book.

1 The **PRESENT TENSE** is used:

   i) to express present states or actions:

   ich fühle mich schlecht
   I feel ill

   es regnet
   it rains/it is raining

   ii) to express general or universal truths:

   Sabine hört gern Rockmusik
   Sabine likes rock music

   Zeit ist Geld
   time is money

   iii) as a very common way in German of expressing the future:

   ich bin gleich zurück
   I'll be right back

   du bekommst einen Brief
   you'll be getting a letter

2 The **IMPERFECT TENSE** is the standard tense for stories, novels and newspaper reports:

er ging die Straße entlang
he went along the road

der russische Außenminister traf gestern in Berlin ein
the Russian foreign minister arrived in Berlin yesterday

The imperfect tense is the one most commonly used with sein, haben and the modal verbs when referring to the past:

das war klasse!
that was great!

ich konnte es kaum glauben
I could hardly believe it

das war die Einzige, die sie hatten
it was the only one they had

3 The PERFECT TENSE is the standard tense for conversation when talking about the past (with the exception of the use of haben, sein and the modals as shown in 2.):

hast du ihn gesehen?
did you see him?

wann ist sie angekommen?
when did she arrive?

This does not mean to say that the imperfect cannot be used in German conversation. If, for example, you are relating a series of events then it is quite in order to use the imperfect (it's like telling a story). But for single utterances as in the two examples above, the use of the imperfect would sound odd.

4 The PLUPERFECT TENSE is used to refer to events that happened before a particular time in the past:

nachdem wir den Film gesehen hatten, gingen wir ins Café
after we had seen the film we went to a café

5 The FUTURE TENSE is used to express future matters but is less common in German than in English (see **1. iii above**). The future as in:

ich werde ihn morgen treffen
I'm going to meet him tomorrow

is very often expressed by the present:

ich treffe ihn morgen
I'm meeting him tomorrow

It is also used to express suppositions about the present:

er hört mich nicht, er wird das Radio an haben
he can't hear me, he's probably got the radio on

6 The FUTURE PERFECT TENSE is used to refer to an event that
will be completed at some stage in the future (as in 'I will have
done it by Monday'). It is also commonly used in German to
express a supposition about the present:

er wird es vergessen haben
he'll have forgotten it

7 The CONDITIONAL is used to refer to what would happen or
what someone would do under certain circumstances:

wenn das passiert, würde ich mich sehr freuen
if that happened, I would be very pleased

das würden wir nicht akzeptieren
we wouldn't accept that

8 The SUBJUNCTIVE is mainly used:

i) in conditional statements where the condition is unlikely to
be fulfilled:

wenn ich mehr Zeit hätte, ginge ich öfter spazieren
if I had more time, I would go for more walks

wenn er mich gefragt hätte, hätte ich ihm das Geld geliehen
if he had asked me, I would have lent him the money

wenn es nur schon Weihnachten wäre
if only it were Christmas

ii) in formal German, eg news bulletins, for reported statements
or what is known as 'indirect speech':

direct speech	*indirect speech*
I will go there	he said he would go there

The indirect speech usually comes after a verb of speaking or asking. In German, this is the only time when the introductory dass may be omitted; if there is no dass the sentence keeps the normal word order:

der Minister erklärte, dass dies unmöglich sei/wäre

the minister said that this was impossible

der Minister erklärte, dies sei/wäre unmöglich

the minister said this was impossible

The choice of tense for the indirect statement depends on the tense of the original direct speech as shown in the following table:

indicative tense of direct speech	subjunctive tense of indirect speech
present	present or imperfect
imperfect, perfect or pluperfect	perfect, pluperfect
future	future, würde + infinitive

Examples:

ich finde es schwierig	**er hat gesagt, er finde/fände es schwierig**
I find it difficult	he said he found it difficult
ich fand es schwierig **ich habe es schwierig gefunden** **ich hatte es schwierig gefunden**	**er hat gesagt, er habe/hätte es schwierig gefunden**
ich werde es schwierig finden	**er hat gesagt, er werde/würde es schwierig finden**

9 The uses of the PARTICIPLES:

i) The PRESENT PARTICIPLE is used mainly as an adjective either before the noun or after sein:

eine ansteckende Krankheit
an infectious disease

diese Krankheit ist ansteckend
this disease is infectious

ii) The PAST PARTICIPLE, apart from its use to form tenses, is also used as an adjective:

das verdammte Auto
that damn car

seine gesammelten Werke
his collected works

10 The IMPERATIVE (normally followed by an exclamation mark in German) is used to give orders or to make suggestions. The order of the imperatives given in the verb tables is: du form; ihr form; Sie form and wir form:

komm her!
come here!

bleiben Sie stehen!
stop!

kommt doch mit!
why don't you (all) come with us?

gehen wir!
let's go

In the verb tables you will see that an optional 'e' is given in brackets. In ordinary conversation or normal spoken German the 'e' is omitted.

 C MODAL VERBS

The German modal verbs are:

dürfen	to be allowed to	müssen	to have to
können	to be able to	sollen	to be supposed to
mögen	to like to	wollen	to want to

A major feature of modal verbs is that when they are used together with another verb, this verb is in the infinitive:

ich darf kein Salz essen
I'm not allowed to eat salt

er soll morgen abreisen
he is supposed to leave tomorrow

ich habe ihn nicht verstehen können
I wasn't able to understand him

D du, ihr OR Sie?

Du and ihr are familiar forms of the second person and are used to address members of your family, other relatives, and friends. Adults address children by du, as do children each other; it is always used to animals. It is also used to address God or saints. Sie is both singular and plural and is used to address people with whom you are not on du terms.

Ihr is often used when talking to a group of people when you are only on du terms with some of them; it is not a faux pas to use ihr in this case, though you might revert to Sie when addressing one of the group individually.

E VERBS TAKING EITHER sein OR haben

1 Many verbs of motion can form their perfect tense with sein or haben, depending on the sense. Motion from one place to another requires sein, motion seen as a way of spending time takes haben, for example:

sie sind nach Griechenland gesegelt
they sailed to Greece

im Urlaub hat er jeden Tag gesegelt
on holiday he went sailing every day

2 Some verbs of motion can be used both transitively and intransitively; in the first case they are conjugated with haben, in the second with sein:

gestern hat er den Wagen gefahren
he drove the car yesterday

sie ist nach Hause gefahren
she drove home

er hat das Rohr gebogen
he bent the pipe

sie ist um die Ecke gebogen
she went round the corner

 ## F THE PASSIVE

In the passive the active form ('he does it') is turned round so that the object becomes the subject ('it was done by him').

There are two forms of the passive in German: the passive of action and the passive of state. The first (formed with werden) emphasizes the action that was carried out, the second (formed with sein) denotes the result:

die Vase wurde zerbrochen
the vase was broken (*ie when it fell, when he knocked it over etc*)

die Vase war zerbochen
the vase was broken (*ie was in a broken state*)

When an agent is mentioned (who it was done by) the passive formed with werden must be used:

diese Wohnungen werden von der Stadt gebaut
these flats are being built by the council

but:

unser Haus ist schon gebaut
our house is already built

A full conjugation of a verb in the passive is shown on the following page.

PRESENT

ich werde gebraucht
du wirst gebraucht
er/sie wird gebraucht
wir werden gebraucht
ihr werdet gebraucht
Sie werden gebraucht
sie werden gebraucht

IMPERFECT

ich wurde gebraucht
du wurdest gebraucht
er/sie wurde gebraucht
wir wurden gebraucht
ihr wurdet gebraucht
Sie wurden gebraucht
sie wurden gebraucht

FUTURE

ich werde gebraucht werden
du wirst gebraucht werden
er/sie wird gebraucht werden
wir werden gebraucht werden
ihr werdet gebraucht werden
Sie werden gebraucht werden
sie werden gebraucht werden

PERFECT

ich bin gebraucht worden
du bist gebraucht worden
er/sie ist gebraucht worden
wir sind gebraucht worden
ihr seid gebraucht worden
Sie sind gebraucht worden
sie sind gebraucht worden

PLUPERFECT

ich war gebraucht worden
du warst gebraucht worden
er/sie war gebraucht worden
wir waren gebraucht worden
ihr wart gebraucht worden
Sie waren gebraucht worden
sie waren gebraucht worden

CONDITIONAL

ich würde gebraucht (werden)
du würdest gebraucht (werden)
er/sie würde gebraucht (werden)
wir würden gebraucht (werden)
ihr würdet gebraucht (werden)
Sie würden gebraucht (werden)
sie würden gebraucht (werden)

SUBJUNCTIVE

PRESENT

ich werde gebraucht
du werdest gebraucht
er/sie werde gebraucht
wir werden gebraucht
ihr werdet gebraucht
Sie werden gebraucht
sie werden gebraucht

PERFECT

ich würde gebraucht
du würdest gebraucht
er/sie würde gebraucht
wir würden gebraucht
ihr würdet gebraucht
Sie würden gebraucht
sie würden gebraucht

IMPERFECT

ich sei gebraucht worden
du sei(e) gebraucht worden
er/sie sei gebraucht
worden
wir seien gebraucht
worden
ihr seiet gebraucht worden
Sie seien gebraucht worden
sie seien gebraucht
worden

PLUPERFECT

ich wäre gebraucht worden
du wär(e)st gebraucht worden
er/sie wäre gebraucht
worden
wir wären gebraucht
worden
ihr wär(e)t gebraucht worden
Sie wären gebraucht worden
sie wären gebraucht
worden

FUTURE PERFECT

ich werde gebraucht worden sein
du wirst gebraucht worden sein *etc*

INFINITIVE

PRESENT

gebraucht werden

PAST

gebraucht worden sein

PARTICIPLE

PRESENT

gebraucht werdend

PAST

gebraucht worden

IMPERATIVE

werde gebraucht!
werdet gebraucht!
werden Sie gebraucht!
werden wir gebraucht!

PREFIXES

1 The INSEPARABLE PREFIXES are:

be-	ge-
emp-	miss-
ent-	ver-
er-	zer-

The two main features about inseparable prefixes are that they are never separated off from the verb and that a verb with an inseparable prefix has no ge- in the past participle:

er hat es mir empfohlen
he recommended it to me

die Software hat versagt
the software failed

ich bat ihn, mir ein Restaurant zu empfehlen
I asked him to recommend a restaurant to me

2 All other common prefixes are SEPARABLE. This means that they separate off from the verb, as shown in the following examples with the separable verb mitkommen:

sie kommt mit
she's coming too

kommst du mit?
are you coming?

wir kommen nicht mit
we're not coming

kommen Sie mit!
come with me/us!

But with modal verbs and in subordinate clauses these verbs do not separate:

ich kann leider nicht mitkommen
I'm afraid I can't come

ich weiß nicht, ob er mitkommt
I don't know whether he's coming

The past participle for verbs with a separable prefix is formed with the -ge- coming between the prefix and verb stem:

mitkommen **anfangen**
mitgekommen **angefangen**

sie haben schon angefangen
they have already begun

When a verb with a separable prefix is in the infinitive form and is used with zu, the zu comes between the prefix and the verb stem:

er bat uns mitzukommen
he asked us to come too

er versuchte, den Weg abzukürzen
he tried to take a short cut

3 The following prefixes can be either SEPARABLE or INSEPARABLE:

durch-	unter-
hinter-	wider-
über-	voll-
um-	

In most such cases the separable and inseparable verbs have different meanings:

der Gärtner gräbt den Dung unter
the gardener digs the dung in

but:

er untergräbt seine Gesundheit
he is undermining his health

Usually the separable verb has a concrete, physical meaning, and the inseparable verb a figurative meaning.

H VERBS TAKING THE DATIVE

Here is a list of many of the more common verbs that take a dative object, as in:

er folgt mir
he is following me

ich glaube ihr nicht
I don't believe her

auffallen	to strike, be noticed
ausweichen	to get out of the way of
befehlen	to order
begegnen	to meet
danken	to thank
dienen	to serve
empfehlen	to recommend
erlauben	to allow
fehlen	to be lacking
folgen	to follow
gefallen	to please
gehorchen	to obey
gehören	to belong to
gelingen	to succeed
genügen	to be enough for
glauben	to believe
gratulieren	to congratulate
helfen	to help
misstrauen	to distrust
passen	to suit
raten	to advise
reichen	to be enough for
schaden	to harm
schmeicheln	to flatter
trauen	to trust
verbieten	to forbid
versichern	to assure

vertrauen	to trust
verzeihen	to forgive
vorstehen	to preside over
wehtun	to hurt
widersprechen	to contradict
widerstehen	to resist
zusehen	to watch
zustimmen	to agree to

VERBS FOLLOWED BY PREPOSITIONS

Many German verbs are followed by prepositions. Very often these prepositions are not the obvious ones from the English equivalent and should be learnt – along with the case if necessary – with the verb. Here is a list of some of the more common verbs with prepositions:

AN + *acc*

denken an	to think of (*have in one's mind*)
sich erinnern an	to remember
erinnern an	to remind
sich gewöhnen an	to become accustomed to

AN + *dat*

es fehlt an	there is a lack of
leiden an	to suffer from (*disease*)

AUF + *acc*

achtgeben auf	to pay attention to
aufpassen auf	to keep an eye on
sich beschränken auf	to restrict oneself to
sich freuen auf	to look forward to
hoffen auf	to hope for
reagieren auf	to react to

rechnen auf	to count on
sich verlassen auf	to rely upon
verzichten auf	to renounce
warten auf	to wait for

AUF + *dat*
bestehen auf	to insist upon

AUS + *dat*
bestehen aus	to consist of

FÜR + *acc*
sich bedanken für	to say thank you for
sich einsetzen für	to do a lot for
sich entscheiden für	to decide in favour of
halten für	to consider
sich interessieren für	to be interested in
sorgen für	to look after

MIT + *dat*
aufhören mit	to stop doing
einverstanden sein mit	to be in agreement with
rechnen mit	to count on

NACH + *dat*
fragen nach	to ask for
schmecken nach	to taste of
suchen nach	to look for

ÜBER + *acc*
sich freuen über	to be pleased at
lachen über	to laugh at
nachdenken über	to reflect upon

UM + *acc*

sich kümmern um	to care for
sich sorgen um	to be worried about
es geht um	it is a matter of
es handelt sich um	it is a matter of

UNTER + *dat*

leiden unter	to suffer from (*noise etc*)
verstehen unter	to understand by

VON + *dat*

abhängen von	to be dependent on
sich erholen von	to recuperate from
handeln von	to be about

VOR + *dat*

sich fürchten vor	to be afraid of

ZU + *dat*

beitragen zu	to contribute to
sich entschließen zu	to decide upon

ABLEHNEN

1 *to reject, to decline*

PRESENT
ich lehne ab
du lehnst ab
er/sie lehnt ab
wir lehnen ab
ihr lehnt ab
Sie lehnen ab
sie lehnen ab

IMPERFECT
ich lehnte ab
du lehntest ab
er/sie lehnte ab
wir lehnten ab
ihr lehntet ab
Sie lehnten ab
sie lehnten ab

FUTURE
ich werde ablehnen
du wirst ablehnen
er/sie wird ablehnen
wir werden ablehnen
ihr werdet ablehnen
Sie werden ablehnen
sie werden ablehnen

PERFECT
ich habe abgelehnt
du hast abgelehnt
er/sie hat abgelehnt
wir haben abgelehnt
ihr habt abgelehnt
Sie haben abgelehnt
sie haben abgelehnt

PLUPERFECT
ich hatte abgelehnt
du hattest abgelehnt
er/sie hatte abgelehnt
wir hatten abgelehnt
ihr hattet abgelehnt
Sie hatten abgelehnt
sie hatten abgelehnt

CONDITIONAL
ich würde ablehnen
du würdest ablehnen
er/sie würde ablehnen
wir würden ablehnen
ihr würdet ablehnen
Sie würden ablehnen
sie würden ablehnen

SUBJUNCTIVE

PRESENT
ich lehne ab
du lehnest ab
er/sie lehne ab
wir lehnen ab
ihr lehnet ab
Sie lehnen ab
sie lehnen ab

PERFECT
ich habe abgelehnt
du habest abgelehnt
er/sie habe abgelehnt
wir haben abgelehnt
ihr habet abgelehnt
Sie haben abgelehnt
sie haben abgelehnt

INFINITIVE

PRESENT
ablehnen

PAST
abgelehnt haben

PARTICIPLE

PRESENT
ablehnend

IMPERFECT
ich lehnte ab
du lehntest ab
er/sie lehnte ab
wir lehnten ab
ihr lehntet ab
Sie lehnten ab
sie lehnten ab

PLUPERFECT
ich hätte abgelehnt
du hättest abgelehnt
er/sie hätte abgelehnt
wir hätten abgelehnt
ihr hättet abgelehnt
Sie hätten abgelehnt
sie hätten abgelehnt

PAST
abgelehnt

IMPERATIVE

lehn(e) ab!
lehnt ab!
lehnen Sie ab!
lehnen wir ab!

FUTURE PERFECT
ich werde abgelehnt haben
du wirst abgelehnt haben *etc*

PRESENT
ich reise ab
du reist ab
er/sie reist ab
wir reisen ab
ihr reist ab
Sie reisen ab
sie reisen ab

PERFECT
ich bin abgereist
du bist abgereist
er/sie ist abgereist
wir sind abgereist
ihr seid abgereist
Sie sind abgereist
sie sind abgereist

IMPERFECT
ich reiste ab
du reistest ab
er/sie reiste ab
wir reisten ab
ihr reistet ab
Sie reisten ab
sie reisten ab

PLUPERFECT
ich war abgereist
du warst abgereist
er/sie war abgereist
wir waren abgereist
ihr wart abgereist
Sie waren abgereist
sie waren abgereist

FUTURE
ich werde abreisen
du wirst abreisen
er/sie wird abreisen
wir werden abreisen
ihr werdet abreisen
Sie werden abreisen
sie werden abreisen

CONDITIONAL
ich würde abreisen
du würdest abreisen
er/sie würde abreisen
wir würden abreisen
ihr würdet abreisen
Sie würden abreisen
sie würden abreisen

SUBJUNCTIVE

PRESENT
ich reise ab
du reisest ab
er/sie reise ab
wir reisen ab
ihr reiset ab
Sie reisen ab
sie reisen ab

IMPERFECT
ich reiste ab
du reistest ab
er/sie reiste ab
wir reisten ab
ihr reistet ab
Sie reisten ab
sie reisten ab

FUTURE PERFECT
ich werde abgereist sein
du wirst abgereist sein *etc*

PERFECT
ich sei abgereist
du sei(e)st abgereist
er/sie sei abgereist
wir seien abgereist
ihr seiet abgereist
Sie seien abgereist
sie seien abgereist

PLUPERFECT
ich wäre abgereist
du wär(e)st abgereist
er/sie wäre abgereist
wir wären abgereist
ihr wär(e)t abgereist
Sie wären abgereist
sie wären abgereist

INFINITIVE

PRESENT
abreisen
PAST
abgereist sein

PARTICIPLE

PRESENT
abreisend
PAST
abgereist

IMPERATIVE

reis(e) ab!
reist ab!
reisen Sie ab!
reisen wir ab!

SICH ÄNDERN
3 _to change_

PRESENT
ich änd(e)re mich
du änderst dich
er/sie ändert sich
wir ändern uns
ihr ändert euch
Sie ändern sich
sie ändern sich

IMPERFECT
ich änderte mich
du ändertest dich
er/sie änderte sich
wir änderten uns
ihr ändertet euch
Sie änderten sich
sie änderten sich

FUTURE
ich werde mich ändern
du wirst dich ändern
er/sie wird sich ändern
wir werden uns ändern
ihr werdet euch ändern
Sie werden sich ändern
sie werden sich ändern

PERFECT
ich habe mich geändert
du hast dich geändert
er/sie hat sich geändert
wir haben uns geändert
ihr habt euch geändert
Sie haben sich geändert
sie haben sich geändert

PLUPERFECT
ich hatte mich geändert
du hattest dich geändert
er/sie hatte sich geändert
wir hatten uns geändert
ihr hattet euch geändert
Sie hatten sich geändert
sie hatten sich geändert

CONDITIONAL
ich würde mich ändern
du würdest dich ändern
er/sie würde sich ändern
wir würden uns ändern
ihr würdet euch ändern
Sie würden sich ändern
sie würden sich ändern

SUBJUNCTIVE

PRESENT
ich ändere mich
du änderest dich
er/sie ändere sich
wir ändern uns
ihr änderet euch
Sie ändern sich
sie änderen sich

PERFECT
ich habe mich geändert
du habest dich geändert
er/sie habe sich geändert
wir haben uns geändert
ihr habet euch geändert
Sie haben sich geändert
sie haben sich geändert

INFINITIVE

PRESENT
sich ändern
PAST
sich geändert haben

PARTICIPLE

PRESENT
mich/sich _etc._ ändernd

IMPERFECT
ich änderte mich
du ändertest dich
er/sie änderte dich
wir änderten uns
ihr ändertet euch
Sie änderten sich
sie änderten sich

PLUPERFECT
ich hätte mich geändert
du hättest dich geändert
er/sie hätte sich geändert
wir hätten uns geändert
ihr hättet euch geändert
Sie hätten sich geändert
sie hätten sich geändert

IMPERATIVE

änd(e)re dich!
ändert euch!
ändern Sie sich!
ändern wir uns!

FUTURE PERFECT
ich werde mich geändert haben
du wirst dich geändert haben _etc_

PRESENT
ich fange an
du fängst an
er/sie fängt an
wir fangen an
ihr fangt an
Sie fangen an
sie fangen an

PERFECT
ich habe angefangen
du hast angefangen
er/sie hat angefangen
wir haben angefangen
ihr habt angefangen
Sie haben angefangen
sie haben angefangen

IMPERFECT
ich fing an
du fingst an
er/sie fing an
wir fingen an
ihr fingt an
Sie fingen an
sie fingen an

PLUPERFECT
ich hatte angefangen
du hattest angefangen
er/sie hatte angefangen
wir hatten angefangen
ihr hattet angefangen
Sie hatten angefangen
sie hatten angefangen

FUTURE
ich werde anfangen
du wirst anfangen
er/sie wird anfangen
wir werden anfangen
ihr werdet anfangen
Sie werden anfangen
sie werden anfangen

CONDITIONAL
ich würde anfangen
du würdest anfangen
er/sie würde anfangen
wir würden anfangen
ihr würdet anfangen
Sie würden anfangen
sie würden anfangen

SUBJUNCTIVE

PRESENT
ich fange an
du fangest an
er/sie fange an
wir fangen an
ihr fanget an
Sie fangen an
sie fangen an

IMPERFECT
ich finge an
du fingest an
er/sie finge an
wir fingen an
ihr finget an
Sie fingen an
sie fingen an

PERFECT
ich habe angefangen
du habest angefangen
er/sie habe angefangen
wir haben angefangen
ihr habet angefangen
Sie haben angefangen
sie haben angefangen

PLUPERFECT
ich hätte angefangen
du hättest angefangen
er/sie hätte angefangen
wir hätten angefangen
ihr hättet angefangen
Sie hätten angefangen
sie hätten angefangen

FUTURE PERFECT
ich werde angefangen haben
du wirst angefangen haben *etc*

INFINITIVE

PRESENT
anfangen
PAST
angefangen haben

PARTICIPLE

PRESENT
anfangend
PAST
angefangen

IMPERATIVE
fang(e) an!
fangt an!
fangen Sie an!
fangen wir an!

SICH ANHÖREN
5 to listen to

PRESENT
ich höre mir an
du hörst dir an
er/sie hört sich an
wir hören uns an
ihr hört euch an
Sie hören sich an
sie hören sich an

IMPERFECT
ich hörte mir an
du hörtest dir an
er/sie hörte sich an
wir hörten uns an
ihr hörtet euch an
Sie hörten sich an
sie hörten sich an

FUTURE
ich werde mir anhören
du wirst dir anhören
er/sie wird sich anhören
wir werden uns anhören
ihr werdet euch anhören
Sie werden sich anhören
sie werden sich anhören

PERFECT
ich habe mir angehört
du hast dir angehört
er/sie hat sich angehört
wir haben uns angehört
ihr habt euch angehört
Sie haben sich angehört
sie haben sich angehört

PLUPERFECT
ich hatte mir angehört
du hattest dir angehört
er/sie hatte sich angehört
wir hatten uns angehört
ihr hattet euch angehört
Sie hatten sich angehört
sie hatten sich angehört

CONDITIONAL
ich würde mir anhören
du würdest dir anhören
er/sie würde sich anhören
wir würden uns anhören
ihr würdet euch anhören
Sie würden sich anhören
sie würden sich anhören

SUBJUNCTIVE

PRESENT
ich höre mir an
du hörest dir an
er/sie höre sich an
wir hören uns an
ihr höret euch an
Sie hören sich an
sie hören sich an

PERFECT
ich habe mir angehört
du habest dir angehört
er/sie habe sich angehört
wir haben uns angehört
ihr habet euch angehört
Sie haben sich angehört
sie haben sich angehört

INFINITIVE

PRESENT
sich anhören
PAST
sich angehört haben

PARTICIPLE

PRESENT
mir/sich *etc*. anhörend

IMPERFECT
ich hörte mir an
du hörtest dir an
er/sie hörte sich an
wir hörten uns an
ihr hörtet euch an
Sie hörten sich an
sie hörten sich an

PLUPERFECT
ich hätte mir angehört
du hättest dir angehört
er/sie hätte sich angehört
wir hätten uns angehört
ihr hättet euch angehört
Sie hätten sich angehört
sie hätten sich angehört

IMPERATIVE

hör(e) dir an!
hört euch an!
hören Sie sich an!
hören wir uns an!

FUTURE PERFECT
ich werde mir angehört haben
du wirst dir angehört haben *etc*

PRESENT
ich komme an
du kommst an
er/sie kommt an
wir kommen an
ihr kommt an
Sie kommen an
sie kommen an

IMPERFECT
ich kam an
du kamst an
er/sie kam an
wir kamen an
ihr kamt an
Sie kamen an
sie kamen an

FUTURE
ich werde ankommen
du wirst ankommen
er/sie wird ankommen
wir werden ankommen
ihr werdet ankommen
Sie werden ankommen
sie werden ankommen

PERFECT
ich bin angekommen
du bist angekommen
er/sie ist angekommen
wir sind angekommen
ihr seid angekommen
Sie sind angekommen
sie sind angekommen

PLUPERFECT
ich war angekommen
du warst angekommen
er/sie war angekommen
wir waren angekommen
ihr wart angekommen
Sie waren angekommen
sie waren angekommen

CONDITIONAL
ich würde ankommen
du würdest ankommen
er/sie würde ankommen
wir würden ankommen
ihr würdet ankommen
Sie würden ankommen
sie würden ankommen

SUBJUNCTIVE

PRESENT
ich komme an
du kommest an
er/sie komme an
wir kommen an
ihr kommet an
Sie kommen an
sie kommen

PERFECT
ich sei angekommen
du sei(e)st angekommen
er/sie sei angekommen
wir seien angekommen
ihr seiet angekommen
Sie seien angekommen
sie seien angekommen

INFINITIVE

PRESENT
ankommen
PAST
angekommen sein

PARTICIPLE

PRESENT
ankommend

IMPERFECT
ich käme an
du kämest an
er/sie käme an
wir kämen an
ihr kämet an
Sie kämen an
sie kämen an

PLUPERFECT
ich wäre angekommen
du wär(e)st angekommen
er/sie wäre angekommen
wir wären angekommen
ihr wär(e)t angekommen
Sie wären angekommen
sie wären angekommen

PAST
angekommen

IMPERATIVE

komm(e) an!
kommt an!
kommen Sie an!
kommen wir an!

FUTURE PERFECT
ich werde angekommen sein
du wirst angekommen sein *etc*

SICH ANMELDEN
7 *to register*

PRESENT
ich melde mich an
du meldest dich an
er/sie meldet sich an
wir melden uns an
ihr meldet euch an
Sie melden sich an
sie melden sich an

PERFECT
ich habe mich angemeldet
du hast dich angemeldet
er/sie hat sich angemeldet
wir haben uns angemeldet
ihr habt euch angemeldet
Sie haben sich angemeldet
sie haben sich angemeldet

IMPERFECT
ich meldete mich an
du meldetest dich an
er/sie meldete sich an
wir meldeten uns an
ihr meldetet euch an
Sie meldeten sich an
sie meldeten sich an

PLUPERFECT
ich hatte mich angemeldet
du hattest dich angemeldet
er/sie hatte sich angemeldet
wir hatten uns angemeldet
ihr hattet euch angemeldet
Sie hatten sich angemeldet
sie hatten sich angemeldet

FUTURE
ich werde mich anmelden
du wirst dich anmelden
er/sie wird sich anmelden
wir werden uns anmelden
ihr werdet euch anmelden
Sie werden sich anmelden
sie werden sich anmelden

CONDITIONAL
ich würde mich anmelden
du würdest dich anmelden
er/sie würde sich anmelden
wir würden uns anmelden
ihr würdet euch anmelden
Sie würden sich anmelden
sie würden sich anmelden

SUBJUNCTIVE

PRESENT
ich melde mich an
du meldest dich an
er/sie melde sich an
wir melden uns an
ihr meldet euch an
Sie melden sich an
sie melden sich an

IMPERFECT
ich meldete mich an
du meldetest dich an
er/sie meldete sich an
wir meldeten uns an
ihr meldetet euch an
Sie meldeten sich an
sie meldeten sich an

FUTURE PERFECT
ich werde mich angemeldet haben
du wirst dich angemeldet haben *etc*

PERFECT
ich habe mich angemeldet
du habest dich angemeldet
er/sie habe sich angemeldet
wir haben uns angemeldet
ihr habet euch angemeldet
Sie haben sich angemeldet
sie haben sich angemeldet

PLUPERFECT
ich hätte mich angemeldet
du hättest dich angemeldet
er/sie hätte sich angemeldet
wir hätten uns angemeldet
ihr hättet euch angemeldet
Sie hätten sich angemeldet
sie hätten sich angemeldet

INFINITIVE

PRESENT
sich anmelden

PAST
sich angemeldet haben

PARTICIPLE

PRESENT
mich/sich *etc.* anmeldend

IMPERATIVE

meld(e) dich an!
meldet euch an!
melden Sie sich an!
melden wir uns an!

PRESENT
ich ärg(e)re
du ärgerst
er/sie ärgert
wir ärgern
ihr ärgert
Sie ärgern
sie ärgern

PERFECT
ich habe geärgert
du hast geärgert
er/sie hat geärgert
wir haben geärgert
ihr habt geärgert
Sie haben geärgert
sie haben geärgert

IMPERFECT
ich ärgerte
du ärgertest
er/sie ärgerte
wir ärgerten
ihr ärgertet
Sie ärgerten
sie ärgerten

PLUPERFECT
ich hatte geärgert
du hattest geärgert
er/sie hatte geärgert
wir hatten geärgert
ihr hattet geärgert
Sie hatten geärgert
sie hatten geärgert

FUTURE
ich werde ärgern
du wirst ärgern
er/sie wird ärgern
wir werden ärgern
ihr werdet ärgern
Sie werden ärgern
sie werden ärgern

CONDITIONAL
ich würde ärgern
du würdest ärgern
er/sie würde ärgern
wir würden ärgern
ihr würdet ärgern
Sie würden ärgern
sie würden ärgern

SUBJUNCTIVE

PRESENT
ich ärgere
du ärgerest
er/sie ärgere
wir ärgeren
ihr ärgeret
Sie ärgeren
sie ärgeren

IMPERFECT
ich ärgerte
du ärgertest
er/sie ärgerte
wir ärgerten
ihr ärgertet
Sie ärgerten
sie ärgerten

FUTURE PERFECT
ich werde geärgert haben
du wirst geärgert haben *etc*

PERFECT
ich habe geärgert
du habest geärgert
er/sie habe geärgert
wir haben geärgert
ihr habet geärgert
Sie haben geärgert
sie haben geärgert

PLUPERFECT
ich hätte geärgert
du hättest geärgert
er/sie hätte geärgert
wir hätten geärgert
ihr hättet geärgert
Sie hätten geärgert
sie hätten geärgert

INFINITIVE

PRESENT
ärgern
PAST
geärgert haben

PARTICIPLE

PRESENT
ärgernd

PAST
geärgert

IMPERATIVE

ärg(e)re!
ärgert!
ärgern Sie!
ärgern wir!

BACKEN
9 to bake

PRESENT
ich backe
du backst *(1)*
er/sie backt *(1)*
wir backen
ihr backt
Sie backen
sie backen

PERFECT
ich habe gebacken
du hast gebacken
er/sie hat gebacken
wir haben gebacken
ihr habt gebacken
Sie haben gebacken
sie haben gebacken

IMPERFECT *(2)*
ich backte
du backtest
er/sie backte
wir backten
ihr backtet
Sie backten
sie backten

PLUPERFECT
ich hatte gebacken
du hattest gebacken
er/sie hatte gebacken
wir hatten gebacken
ihr hattet gebacken
Sie hatten gebacken
sie hatten gebacken

FUTURE
ich werde backen
du wirst backen
er/sie wird backen
wir werden backen
ihr werdet backen
Sie werden backen
sie werden backen

CONDITIONAL
ich würde backen
du würdest backen
er/sie würde backen
wir würden backen
ihr würdet backen
Sie würden backen
sie würden backen

SUBJUNCTIVE

PRESENT
ich backe
du backest
er/sie backe
wir backen
ihr backet
Sie backen
sie backen

IMPERFECT
ich backte
du backtest
er/sie backte
wir backten
ihr backtet
Sie backten
sie backten

FUTURE PERFECT
ich werde gebacken haben
du wirst gebacken haben *etc*

PERFECT
ich habe gebacken
du habest gebacken
er/sie habe gebacken
wir haben gebacken
ihr habet gebacken
Sie haben gebacken
sie haben gebacken

PLUPERFECT
ich hätte gebacken
du hättest gebacken
er/sie hätte gebacken
wir hätten gebacken
ihr hättet gebacken
Sie hätten gebacken
sie hätten gebacken

INFINITIVE

PRESENT
backen
PAST
gebacken haben

PARTICIPLE

PRESENT
backend
PAST
gebacken haben

IMPERATIVE
back(e)!
backt!
backen Sie!
backen wir!

NOTE

(1) du bäckst and er/sie bäckt are also possible
(2) older forms: ich buk, du bukst, er/sie buk etc

32

PRESENT
ich beeile mich
du beeilst dich
er/sie beeilt sich
wir beeilen uns
ihr beeilt euch
Sie beeilen sich
sie beeilen sich

PERFECT
ich habe mich beeilt
du hast dich beeilt
er/sie hat sich beeilt
wir haben uns beeilt
ihr habt euch beeilt
Sie haben sich beeilt
sie haben sich beeilt

IMPERFECT
ich beeilte mich
du beeiltest dich
er/sie beeilte sich
wir beeilten uns
ihr beeiltet euch
Sie beeilten sich
sie beeilten sich

PLUPERFECT
ich hatte mich beeilt
du hattest dich beeilt
er/sie hatte sich beeilt
wir hatten uns beeilt
ihr hattet euch beeilt
Sie hatten sich beeilt
sie hatten sich beeilt

FUTURE
ich werde mich beeilen
du wirst dich beeilen
er/sie wird sich beeilen
wir werden uns beeilen
ihr werdet euch beeilen
Sie werden sich beeilen
sie werden sich beeilen

CONDITIONAL
ich würde mich beeilen
du würdest dich beeilen
er/sie würde sich beeilen
wir würden uns beeilen
ihr würdet euch beeilen
Sie würden sich beeilen
sie würden sich beeilen

SUBJUNCTIVE

PRESENT
ich beeile mich
du beeilest dich
er/sie beeile sich
wir beeilen uns
ihr beeilet euch
Sie beeilen sich
sie beeilen sich

IMPERFECT
ich beeilte mich
du beeiltest dich
er/sie beeilte sich
wir beeilten uns
ihr beeiltet euch
Sie beeilten sich
sie beeilten sich

FUTURE PERFECT
ich werde mich beeilt haben
du wirst dich beeilt haben *etc*

PERFECT
ich habe mich beeilt
du habest dich beeilt
er/sie habe sich beeilt
wir haben uns beeilt
ihr habet euch beeilt
Sie haben sich beeilt
sie haben sich beeilt

PLUPERFECT
ich hätte mich beeilt
du hättest dich beeilt
er/sie hätte sich beeilt
wir hätten uns beeilt
ihr hättet euch beeilt
Sie hätten sich beeilt
sie hätten sich beeilt

INFINITIVE

PRESENT
sich beeilen

PAST
sich beeilt haben

PARTICIPLE

PRESENT
mich/sich *etc.* beeilend

IMPERATIVE

beeile dich!
beeilt euch!
beeilen Sie sich!
beeilen wir uns!

BEFEHLEN
11 *to order*

PRESENT	IMPERFECT	FUTURE
ich befehle	ich befahl	ich werde befehlen
du befiehlst	du befahlst	du wirst befehlen
er/sie befiehlt	er/sie befahl	er/sie wird befehlen
wir befehlen	wir befahlen	wir werden befehlen
ihr befehlt	ihr befahlt	ihr werdet befehlen
Sie befehlen	Sie befahlen	Sie werden befehlen
sie befehlen	sie befahlen	sie werden befehlen

PERFECT	PLUPERFECT	CONDITIONAL
ich habe befohlen	ich hatte befohlen	ich würde befehlen
du hast befohlen	du hattest befohlen	du würdest befehlen
er/sie hat befohlen	er/sie hatte befohlen	er/sie würde befehlen
wir haben befohlen	wir hatten befohlen	wir würden befehlen
ihr habt befohlen	ihr hattet befohlen	ihr würdet befehlen
Sie haben befohlen	Sie hatten befohlen	Sie würden befehlen
sie haben befohlen	sie hatten befohlen	sie würden befehlen

SUBJUNCTIVE

PRESENT	PERFECT
ich befehle	ich habe befohlen
du befehlest	du habest befohlen
er/sie befehle	er/sie habe befohlen
wir befehlen	wir haben befohlen
ihr befehlet	ihr habet befohlen
Sie befehlen	Sie haben befohlen
sie befehlen	sie haben befohlen

IMPERFECT *(1)*	PLUPERFECT
ich befähle	ich hätte befohlen
du befählest	du hättest befohlen
er/sie befähle	er/sie hätte befohlen
wir befählen	wir hätten befohlen
ihr befählet	ihr hättet befohlen
Sie befählen	Sie hätten befohlen
sie befählen	sie hätten befohlen

FUTURE PERFECT
ich werde befohlen haben
du wirst befohlen haben *etc*

INFINITIVE

PRESENT
befehlen

PAST
befohlen haben

PARTICIPLE

PRESENT
befehlend

PAST
befohlen

IMPERATIVE

befiehl!
befehlt!
befehlen Sie!
befehlen wir!

NOTE

(1) ich **beföhle**, du **befÖhlest** *etc is also possible*

34

PRESENT
ich begegne
du begegnest
er/sie begegnet
wir begegnen
ihr begegnet
Sie begegnen
sie begegnen

PERFECT
ich bin begegnet
du bist begegnet
er/sie ist begegnet
wir sind begegnet
ihr seid begegnet
Sie sind begegnet
sie sind begegnet

IMPERFECT
ich begegnete
du begegnetest
er/sie begegnete
wir begegneten
ihr begegnetet
Sie begegneten
sie begegneten

PLUPERFECT
ich war begegnet
du warst begegnet
er/sie war begegnet
wir waren begegnet
ihr wart begegnet
Sie waren begegnet
sie waren begegnet

FUTURE
ich werde begegnen
du wirst begegnen
er/sie wird begegnen
wir werden begegnen
ihr werdet begegnen
Sie werden begegnen
sie werden begegnen

CONDITIONAL
ich würde begegnen
du würdest begegnen
er/sie würde begegnen
wir würden begegnen
ihr würdet begegnen
Sie würden begegnen
sie würden begegnen

SUBJUNCTIVE

PRESENT
ich begegne
du begegnest
er/sie begegnet
wir begegnen
ihr begegnet
Sie begegnen
sie begegnen

IMPERFECT
ich begegnete
du begegnetest
er/sie begegnete
wir begegneten
ihr begegnetet
Sie begegneten
sie begegneten

FUTURE PERFECT
ich werde begegnet sein
du wirst begegnet sein *etc*

PERFECT
ich sei begegnet
du sei(e)st begegnet
er/sie sei begegnet
wir seien begegnet
ihr seiet begegnet
Sie seien begegnet
sie seien begegnet

PLUPERFECT
ich wäre begegnet
du wär(e)st begegnet
er/sie wäre begegnet
wir wären begegnet
ihr wär(e)t begegnet
Sie wären begegnet
sie wären begegnet

INFINITIVE

PRESENT
begegnen

PAST
begegnet sein

PARTICIPLE

PRESENT
begegnend

PAST
begegnet

IMPERATIVE

begegn(e)!
begegnet!
begegnen Sie!
begegnen wir!

NOTE

takes the dative: **ich begegne ihm, ich bin ihm begegnet** *etc*

BEGINNEN
13 *to begin*

PRESENT
ich beginne
du beginnst
er/sie beginnt
wir beginnen
ihr beginnt
Sie beginnen
sie beginnen

PERFECT
ich habe begonnen
du hast begonnen
er/sie hat begonnen
wir haben begonnen
ihr habt begonnen
Sie haben begonnen
sie haben begonnen

IMPERFECT
ich begann
du begannst
er/sie begann
wir begannen
ihr begannt
Sie begannen
sie begannen

PLUPERFECT
ich hatte begonnen
du hattest begonnen
er/sie hatte begonnen
wir hatten begonnen
ihr hattet begonnen
Sie hatten begonnen
sie hatten begonnen

FUTURE
ich werde beginnen
du wirst beginnen
er/sie wird beginnen
wir werden beginnen
ihr werdet beginnen
Sie werden beginnen
sie werden beginnen

CONDITIONAL
ich würde beginnen
du würdest beginnen
er/sie würde beginnen
wir würden beginnen
ihr würdet beginnen
Sie würden beginnen
sie würden beginnen

SUBJUNCTIVE

PRESENT
ich beginne
du beginnest
er/sie beginne
wir beginnen
ihr beginnet
Sie beginnen
sie beginnen

IMPERFECT
ich begänne
du begännest
er/sie begänne
wir begännen
ihr begännet
Sie begännen
sie begännen

FUTURE PERFECT
ich werde begonnen haben
du wirst begonnen haben *etc*

PERFECT
ich habe begonnen
du habest begonnen
er/sie habe begonnen
wir haben begonnen
ihr habet begonnen
Sie haben begonnen
sie haben begonnen

PLUPERFECT
ich hätte begonnen
du hättest begonnen
er/sie hätte begonnen
wir hätten begonnen
ihr hättet begonnen
Sie hätten begonnen
sie hätten begonnen

INFINITIVE

PRESENT
beginnen
PAST
begonnen haben

PARTICIPLE

PRESENT
beginnend

PAST
begonnen

IMPERATIVE

beginn(e)!
beginnt!
beginnen Sie!
beginnen wir!

PRESENT
ich beiße
du beißt
er/sie beißt
wir beißen
ihr beißt
Sie beißen
sie beißen

IMPERFECT
ich biss
du bissest
er/sie biss
wir bissen
ihr bisst
Sie bissen
sie bissen

FUTURE
ich werde beißen
du wirst beißen
er/sie wird beißen
wir werden beißen
ihr werdet beißen
Sie werden beißen
sie werden beißen

PERFECT
ich habe gebissen
du hast gebissen
er/sie hat gebissen
wir haben gebissen
ihr habt gebissen
Sie haben gebissen
sie haben gebissen

PLUPERFECT
ich hatte gebissen
du hattest gebissen
er/sie hatte gebissen
wir hatten gebissen
ihr hattet gebissen
Sie hatten gebissen
sie hatten gebissen

CONDITIONAL
ich würde beißen
du würdest beißen
er/sie würde beißen
wir würden beißen
ihr würdet beißen
Sie würden beißen
sie würden beißen

SUBJUNCTIVE

PRESENT
ich beiße
du beißest
er/sie beiße
wir beißen
ihr beißet
Sie beißen
sie beißen

PERFECT
ich habe gebissen
du habest gebissen
er/sie habe gebissen
wir haben gebissen
ihr habet gebissen
Sie haben gebissen
sie haben gebissen

INFINITIVE

PRESENT
beißen
PAST
gebissen haben

PARTICIPLE

PRESENT
beißend

IMPERFECT
ich bisse
du bissest
er/sie bisse
wir bissen
ihr bisset
Sie bissen
sie bissen

PLUPERFECT
ich hätte gebissen
du hättest gebissen
er/sie hätte gebissen
wir hätten gebissen
ihr hättet gebissen
Sie hätten gebissen
sie hätten gebissen

PAST
gebissen

IMPERATIVE

beiß(e)!
beißt!
beißen Sie!
beißen wir!

FUTURE PERFECT
ich werde gebissen haben
du wirst gebissen haben *etc*

BEKOMMEN
15 _to get_

PRESENT
ich bekomme
du bekommst
er/sie bekommt
wir bekommen
ihr bekommt
Sie bekommen
sie bekommen

PERFECT
ich habe bekommen
du hast bekommen
er/sie hat bekommen
wir haben bekommen
ihr habt bekommen
Sie haben bekommen
sie haben bekommen

IMPERFECT
ich bekam
du bekamst
er/sie bekam
wir bekamen
ihr bekamt
Sie bekamen
sie bekamen

PLUPERFECT
ich hatte bekommen
du hattest bekommen
er/sie hatte bekommen
wir hatten bekommen
ihr hattet bekommen
Sie hatten bekommen
sie hatten bekommen

FUTURE
ich werde bekommen
du wirst bekommen
er/sie wird bekommen
wir werden bekommen
ihr werdet bekommen
Sie werden bekommen
sie werden bekommen

CONDITIONAL
ich würde bekommen
du würdest bekommen
er/sie würde bekommen
wir würden bekommen
ihr würdet bekommen
Sie würden bekommen
sie würden bekommen

SUBJUNCTIVE

PRESENT
ich bekomme
du bekommest
er/sie bekomme
wir bekommen
ihr bekommet
Sie bekommen
sie bekommen

IMPERFECT
ich bekäme
du bekämest
er/sie bekäme
wir bekämen
ihr bekämet
Sie bekämen
sie bekämen

FUTURE PERFECT
ich werde bekommen haben
du wirst bekommen haben _etc_

PERFECT
ich habe bekommen
du habest bekommen
er/sie habe bekommen
wir haben bekommen
ihr habet bekommen
Sie haben bekommen
sie haben bekommen

PLUPERFECT
ich hätte bekommen
du hättest bekommen
er/sie hätte bekommen
wir hätten bekommen
ihr hättet bekommen
Sie hätten bekommen
sie hätten bekommen

INFINITIVE

PRESENT
bekommen
PAST
bekommen haben

PARTICIPLE

PRESENT
bekommend
PAST
bekommen

IMPERATIVE

bekomm(e)!
bekommt!
bekommen Sie!
bekommen wir!

PRESENT
ich berge
du birgst
er/sie birgt
wir bergen
ihr bergt
Sie bergen
sie bergen

IMPERFECT
ich barg
du bargest
er/sie barg
wir bargen
ihr bargt
Sie bargen
sie bargen

FUTURE
ich werde bergen
du wirst bergen
er/sie wird bergen
wir werden bergen
ihr werdet bergen
Sie werden bergen
sie werden bergen

PERFECT
ich habe geborgen
du hast geborgen
er/sie hat geborgen
wir haben geborgen
ihr habt geborgen
Sie haben geborgen
sie haben geborgen

PLUPERFECT
ich hatte geborgen
du hattest geborgen
er/sie hatte geborgen
wir hatten geborgen
ihr hattet geborgen
Sie hatten geborgen
sie hatten geborgen

CONDITIONAL
ich würde bergen
du würdest bergen
er/sie würde bergen
wir würden bergen
ihr würdet bergen
Sie würden bergen
sie würden bergen

SUBJUNCTIVE

PRESENT
ich berge
du bergest
er/sie berge
wir bergen
ihr berget
Sie bergen
sie bergen

PERFECT
ich habe geborgen
du habest geborgen
er/sie habe geborgen
wir haben geborgen
ihr habet geborgen
Sie haben geborgen
sie haben geborgen

INFINITIVE

PRESENT
bergen
PAST
geborgen haben

IMPERFECT
ich bärge
du bärgest
er/sie bärge
wir bärgen
ihr bärget
Sie bärgen
sie bärgen

PLUPERFECT
ich hätte geborgen
du hättest geborgen
er/sie hätte geborgen
wir hätten geborgen
ihr hättet geborgen
Sie hätten geborgen
sie hätten geborgen

PARTICIPLE

PRESENT
bergend

PAST
geborgen

IMPERATIVE

birg!
bergt!
bergen Sie!
bergen wie!

FUTURE PERFECT
ich werde geborgen haben
du wirst geborgen haben *etc*

BERSTEN
17   *to burst*

PRESENT
ich berste
du birst
er/sie birst
wir bersten
ihr berstet
Sie bersten
sie bersten

PERFECT
ich bin geborsten
du bist geborsten
er/sie ist geborsten
wir sind geborsten
ihr seid geborsten
Sie sind geborsten
sie sind geborsten

IMPERFECT
ich barst
du barstest
er/sie barst
wir barsten
ihr barstet
Sie barsten
sie barsten

PLUPERFECT
ich war geborsten
du warst geborsten
er/sie war geborsten
wir waren geborsten
ihr wart geborsten
Sie waren geborsten
sie waren geborsten

FUTURE
ich werde bersten
du wirst bersten
er/sie wird bersten
wir werden bersten
ihr werdet bersten
Sie werden bersten
sie werden bersten

CONDITIONAL
ich würde bersten
du würdest bersten
er/sie würde bersten
wir würden bersten
ihr würdet bersten
Sie würden bersten
sie würden bersten

SUBJUNCTIVE

PRESENT
ich berste
du berstest
er/sie berste
wir bersten
ihr berstet
Sie bersten
sie bersten

IMPERFECT
ich bärste
du bärstest
er/sie bärste
wir bärsten
ihr bärstet
Sie bärsten
sie bärsten

FUTURE PERFECT
ich werde geborsten sein
du wirst geborsten sein *etc*

PERFECT
ich sei geborsten
du sei(e)st geborsten
er/sie sei geborsten
wir seien geborsten
ihr seiet geborsten
Sie seien geborsten
sie seien geborsten

PLUPERFECT
ich wäre geborsten
du wär(e)st geborsten
er/sie wäre geborsten
wir wären geborsten
ihr wär(e)t geborsten
Sie wären geborsten
sie wären geborsten

INFINITIVE

PRESENT
bersten
PAST
geborsten sein

PARTICIPLE

PRESENT
berstend
PAST
geborsten

IMPERATIVE

birst!
berstet!
bersten Sie!
bersten wir!

PRESENT
ich bestelle
du bestellst
er/sie bestellt
wir bestellen
ihr bestellt
Sie bestellen
sie bestellen

PERFECT
ich habe bestellt
du hast bestellt
er/sie hat bestellt
wir haben bestellt
ihr habt bestellt
Sie haben bestellt
sie haben bestellt

IMPERFECT
ich bestellte
du bestelltest
er/sie bestellte
wir bestellten
ihr bestelltet
Sie bestellten
sie bestellten

PLUPERFECT
ich hatte bestellt
du hattest bestellt
er/sie hatte bestellt
wir hatten bestellt
ihr hattet bestellt
Sie hatten bestellt
sie hatten bestellt

FUTURE
ich werde bestellen
du wirst bestellen
er/sie wird bestellen
wir werden bestellen
ihr werdet bestellen
Sie werden bestellen
sie werden bestellen

CONDITIONAL
ich würde bestellen
du würdest bestellen
er/sie würde bestellen
wir würden bestellen
ihr würdet bestellen
Sie würden bestellen
sie würden bestellen

SUBJUNCTIVE

PRESENT
ich bestelle
du bestellest
er/sie bestelle
wir bestellen
ihr bestellet
Sie bestellen
sie bestellen

IMPERFECT
ich bestellte
du bestelltest
er/sie bestellte
wir bestellten
ihr bestelltet
Sie bestellten
sie bestellten

FUTURE PERFECT
ich werde bestellt haben
du wirst bestellt haben *etc*

PERFECT
ich habe bestellt
du habest bestellt
er/sie habe bestellt
wir haben bestellt
ihr habet bestellt
Sie haben bestellt
sie haben bestellt

PLUPERFECT
ich hätte bestellt
du hättest bestellt
er/sie hätte bestellt
wir hätten bestellt
ihr hättet bestellt
Sie hätten bestellt
sie hätten bestellt

INFINITIVE

PRESENT
bestellen
PAST
bestellt haben

PARTICIPLE

PRESENT
bestellend
PAST
bestellt

IMPERATIVE

bestell(e)!
bestellt!
bestellen Sie!
bestellen wir!

BEWEGEN
19 *to induce, to persuade (1)*

PRESENT
ich bewege
du bewegst
er/sie bewegt
wir bewegen
ihr bewegt
Sie bewegen
sie bewegen

IMPERFECT
ich bewog
du bewogst
er/sie bewog
wir bewogen
ihr bewogt
Sie bewogen
sie bewogen

FUTURE
ich werde bewegen
du wirst bewegen
er/sie wird bewegen
wir werden bewegen
ihr werdet bewegen
Sie werden bewegen
sie werden bewegen

PERFECT
ich habe bewogen
du hast bewogen
er/sie hat bewogen
wir haben bewogen
ihr habt bewogen
Sie haben bewogen
sie haben bewogen

PLUPERFECT
ich hatte bewogen
du hattest bewogen
er/sie hatte bewogen
wir hatten bewogen
ihr hattet bewogen
Sie hatten bewogen
sie hatten bewogen

CONDITIONAL
ich würde bewegen
du würdest bewegen
er/sie würde bewegen
wir würden bewegen
ihr würdet bewegen
Sie würden bewegen
sie würden bewegen

SUBJUNCTIVE

PRESENT
ich bewege
du bewegest
er/sie bewege
wir bewegen
ihr beweget
Sie bewegen
sie bewegen

PERFECT
ich habe bewogen
du habest bewogen
er/sie habe bewogen
wir haben bewogen
ihr habet bewogen
Sie haben bewogen
sie haben bewogen

INFINITIVE

PRESENT
bewegen
PAST
bewogen haben

PARTICIPLE
PRESENT
bewegend

IMPERFECT
ich bewöge
du bewögest
er/sie bewöge
wir bewögen
ihr bewöget
Sie bewögen
sie bewögen

PLUPERFECT
ich hätte bewogen
du hättest bewogen
er/sie hätte bewogen
wir hätten bewogen
ihr hättet bewogen
Sie hätten bewogen
sie hätten bewogen

PAST
bewogen

IMPERATIVE
beweg(e)!
bewegt!
bewegen Sie!
bewegen wir!

FUTURE PERFECT
ich werde bewogen haben
du wirst bewogen haben *etc*

NOTE

(1) also a weak verb meaning 'to move': ich bewegte, ich habe bewegt etc

PRESENT
ich biege
du biegst
er/sie biegt
wir biegen
ihr biegt
Sie biegen
sie biegen

PERFECT *(1)*
ich habe gebogen
du hast gebogen
er/sie hat gebogen
wir haben gebogen
ihr habt gebogen
Sie haben gebogen
sie haben gebogen

IMPERFECT
ich bog
du bogst
er/sie bog
wir bogen
ihr bogt
Sie bogen
sie bogen

PLUPERFECT *(2)*
ich hatte gebogen
du hattest gebogen
er/sie hatte gebogen
wir hatten gebogen
ihr hattet gebogen
Sie hatten gebogen
sie hatten gebogen

FUTURE
ich werde biegen
du wirst biegen
er/sie wird biegen
wir werden biegen
ihr werdet biegen
Sie werden biegen
sie werden biegen

CONDITIONAL
ich würde biegen
du würdest biegen
er/sie würde biegen
wir würden biegen
ihr würdet biegen
Sie würden biegen
sie würden biegen

SUBJUNCTIVE

PRESENT
ich biege
du biegest
er/sie biege
wir biegen
ihr bieget
Sie biegen
sie biegen

IMPERFECT
ich böge
du bögest
er/sie böge
wir bögen
ihr böget
Sie bögen
sie bögen

FUTURE PERFECT *(5)*
ich werde gebogen haben
du wirst gebogen haben *etc*

PERFECT *(3)*
ich habe gebogen
du habest gebogen
er/sie habe gebogen
wir haben gebogen
ihr habet gebogen
Sie haben gebogen
sie haben gebogen

PLUPERFECT *(4)*
ich hätte gebogen
du hättest gebogen
er/sie hätte gebogen
wir hätten gebogen
ihr hättet gebogen
Sie hätten gebogen
sie hätten gebogen

INFINITIVE

PRESENT
biegen
PAST *(6)*
gebogen haben

PARTICIPLE

PRESENT

PAST
gebogen

IMPERATIVE
bieg(e)!
biegt!
biegen Sie!
biegen wir!

NOTE

also intransitive ('to turn'): (1) **ich bin gebogen** *etc*
(2) **ich war gebogen** *etc (3)* **ich sei gebogen** *etc*
(4) **ich wäre gebogen** *etc (5)* **ich werde gebogen**
sein *etc (6)* **gebogen sein**

BIETEN
21 *to offer*

PRESENT
ich biete
du bietest
er/sie bietet
wir bieten
ihr bietet
Sie bieten
sie bieten

IMPERFECT
ich bot
du bot(e)st
er/sie bot
wir boten
ihr botet
Sie boten
sie boten

FUTURE
ich werde bieten
du wirst bieten
er/sie wird bieten
wir werden bieten
ihr werdet bieten
Sie werden bieten
sie werden bieten

PERFECT
ich habe geboten
du hast geboten
er/sie hat geboten
wir haben geboten
ihr habt geboten
Sie haben geboten
sie haben geboten

PLUPERFECT
ich hatte geboten
du hattest geboten
er/sie hatte geboten
wir hatten geboten
ihr hattet geboten
Sie hatten geboten
sie hatten geboten

CONDITIONAL
ich würde bieten
du würdest bieten
er/sie würde bieten
wir würden bieten
ihr würdet bieten
Sie würden bieten
sie würden bieten

SUBJUNCTIVE

PRESENT
ich biete
du bietest
er/sie biete
wir bieten
ihr bietet
Sie bieten
sie bieten

PERFECT
ich habe geboten
du habest geboten
er/sie habe geboten
wir haben geboten
ihr habet geboten
Sie haben geboten
sie haben geboten

INFINITIVE

PRESENT
bieten
PAST
geboten haben

PARTICIPLE

PRESENT
bietend

IMPERFECT
ich böte
du bötest
er/sie böte
wir böten
ihr bötet
Sie böten
sie böten

PLUPERFECT
ich hätte geboten
du hättest geboten
er/sie hätte geboten
wir hätten geboten
ihr hättet geboten
Sie hätten geboten
sie hätten geboten

PAST
geboten

IMPERATIVE

biet(e)!
bietet!
bieten Sie!
bieten wir!

FUTURE PERFECT
ich werde geboten haben
du wirst geboten haben *etc*

PRESENT
ich binde
du bindest
er/sie bindet
wir binden
ihr bindet
Sie binden
sie binden

PERFECT *(1)*
ich habe gebunden
du hast gebunden
er/sie hat gebunden
wir haben gebunden
ihr habt gebunden
Sie haben gebunden
sie haben gebunden

IMPERFECT
ich band
du band(e)st
er/sie band
wir banden
ihr bandet
Sie banden
sie banden

PLUPERFECT *(2)*
ich hatte gebunden
du hattest gebunden
er/sie hatte gebunden
wir hatten gebunden
ihr hattet gebunden
Sie hatten gebunden
sie hatten gebunden

FUTURE
ich werde binden
du wirst binden
er/sie wird binden
wir werden binden
ihr werdet binden
Sie werden binden
sie werden binden

CONDITIONAL
ich würde binden
du würdest binden
er/sie würde binden
wir würden binden
ihr würdet binden
Sie würden binden
sie würden binden

SUBJUNCTIVE

PRESENT
ich binde
du bindest
er/sie binde
wir binden
ihr bindet
Sie binden
sie binden

IMPERFECT
ich bände
du bändest
er/sie bände
wir bänden
ihr bändet
Sie bänden
sie bänden

FUTURE PERFECT *(5)*
ich werde gebunden haben
du wirst gebunden haben *etc*

PERFECT *(3)*
ich habe gebunden
du habest gebunden
er/sie habe gebunden
wir haben gebunden
ihr habet gebunden
Sie haben gebunden
sie haben gebunden

PLUPERFECT *(4)*
ich hätte gebunden
du hättest gebunden
er/sie hätte gebunden
wir hätten gebunden
ihr hättet gebunden
Sie hätten gebunden
sie hätten gebunden

INFINITIVE

PRESENT
binden
PAST *(6)*
gebunden haben

PARTICIPLE

PRESENT
bindend
PAST
gebunden

IMPERATIVE

bind(e)!
bindet!
binden Sie!
binden wir!

NOTE

also intransitive: (1) ich bin gebunden *etc*
(2) ich war gebunden *etc (3)* ich sei gebunden
etc (4) ich wäre gebunden *etc (5)* ich werde
gebunden sein *etc (6)* gebunden sein

BITTEN
23 — *to ask, to request*

PRESENT
ich bitte
du bittest
er/sie bittet
wir bitten
ihr bittet
Sie bitten
sie bitten

PERFECT
ich habe gebeten
du hast gebeten
er/sie hat gebeten
wir haben gebeten
ihr habt gebeten
Sie haben gebeten
sie haben gebeten

IMPERFECT
ich bat
du bat(e)st
er/sie bat
wir baten
ihr batet
Sie baten
sie baten

PLUPERFECT
ich hatte gebeten
du hattest gebeten
er/sie hatte gebeten
wir hatten gebeten
ihr hattet gebeten
Sie hatten gebeten
sie hatten gebeten

FUTURE
ich werde bitten
du wirst bitten
er/sie wird bitten
wir werden bitten
ihr werdet bitten
Sie werden bitten
sie werden bitten

CONDITIONAL
ich würde bitten
du würdest bitten
er/sie würde bitten
wir würden bitten
ihr würdet bitten
Sie würden bitten
sie würden bitten

SUBJUNCTIVE

PRESENT
ich bitte
du bittest
er/sie bitte
wir bitten
ihr bittet
Sie bitten
sie bitten

IMPERFECT
ich bäte
du bätest
er/sie bäte
wir bäten
ihr bätet
Sie bäten
sie bäten

PERFECT
ich habe gebeten
du habest gebeten
er/sie habe gebeten
wir haben gebeten
ihr habet gebeten
Sie haben gebeten
sie haben gebeten

PLUPERFECT
ich hätte gebeten
du hättest gebeten
er/sie hätte gebeten
wir hätten gebeten
ihr hättet gebeten
Sie hätten gebeten
sie hätten gebeten

FUTURE PERFECT
ich werde gebeten haben
du wirst gebeten haben *etc*

INFINITIVE

PRESENT
bitten

PAST
gebeten haben

PARTICIPLE

PRESENT
bittend

PAST
gebeten

IMPERATIVE
bitt(e)!
bittet!
bitten Sie!
bitten wir!

PRESENT
ich blase
du bläst
er/sie bläst
wir blasen
ihr blast
Sie blasen
sie blasen

PERFECT
ich habe geblasen
du hast geblasen
er/sie hat geblasen
wir haben geblasen
ihr habt geblasen
Sie haben geblasen
sie haben geblasen

IMPERFECT
ich blies
du bliesest
er/sie blies
wir bliesen
ihr bliest
Sie bliesen
sie bliesen

PLUPERFECT
ich hatte geblasen
du hattest geblasen
er/sie hatte geblasen
wir hatten geblasen
ihr hattet geblasen
Sie hatten geblasen
sie hatten geblasen

FUTURE
ich werde blasen
du wirst blasen
er/sie wird blasen
wir werden blasen
ihr werdet blasen
Sie werden blasen
sie werden blasen

CONDITIONAL
ich würde blasen
du würdest blasen
er/sie würde blasen
wir würden blasen
ihr würdet blasen
Sie würden blasen
sie würden blasen

SUBJUNCTIVE

PRESENT
ich blase
du blasest
er/sie blase
wir blasen
ihr blaset
Sie blasen
sie blasen

IMPERFECT
ich bliese
du bliesest
er/sie bliese
wir bliesen
ihr blieset
Sie bliesen
sie bliesen

FUTURE PERFECT
ich werde geblasen haben
du wirst geblasen haben *etc*

PERFECT
ich habe geblasen
du habest geblasen
er/sie habe geblasen
wir haben geblasen
ihr habet geblasen
Sie haben geblasen
sie haben geblasen

PLUPERFECT
ich hätte geblasen
du hättest geblasen
er/sie hätte geblasen
wir hätten geblasen
ihr hättet geblasen
Sie hätten geblasen
sie hätten geblasen

INFINITIVE

PRESENT
blasen
PAST
geblasen haben

PARTICIPLE

PRESENT
blasend

PAST
geblasen

IMPERATIVE

blas(e)!
blast!
blasen Sie!
blasen wir!

BLEIBEN
25 *to stay, to remain*

PRESENT
ich bleibe
du bleibst
er/sie bleibt
wir bleiben
ihr bleibt
Sie bleiben
sie bleiben

PERFECT
ich bin geblieben
du bist geblieben
er/sie ist geblieben
wir sind geblieben
ihr seid geblieben
Sie sind geblieben
sie sind geblieben

IMPERFECT
ich blieb
du bliebst
er/sie blieb
wir blieben
ihr bliebt
Sie blieben
sie blieben

PLUPERFECT
ich war geblieben
du warst geblieben
er/sie war geblieben
wir waren geblieben
ihr wart geblieben
Sie waren geblieben
sie waren geblieben

FUTURE
ich werde bleiben
du wirst bleiben
er/sie wird bleiben
wir werden bleiben
ihr werdet bleiben
Sie werden bleiben
sie werden bleiben

CONDITIONAL
ich würde bleiben
du würdest bleiben
er/sie würde bleiben
wir würden bleiben
ihr würdet bleiben
Sie würden bleiben
sie würden bleiben

SUBJUNCTIVE

PRESENT
ich bleibe
du bleibest
er/sie bleibe
wir bleiben
ihr bleibet
Sie bleiben
sie bleiben

IMPERFECT
ich bliebe
du bliebest
er/sie bliebe
wir blieben
ihr bliebet
Sie blieben
sie blieben

FUTURE PERFECT
ich werde geblieben sein
du wirst geblieben sein *etc*

PERFECT
ich sei geblieben
du sei(e)st geblieben
er/sie sei geblieben
wir seien geblieben
ihr seiet geblieben
Sie seien geblieben
sie seien geblieben

PLUPERFECT
ich wäre geblieben
du wär(e)st geblieben
er/sie wäre geblieben
wir wären geblieben
ihr wär(e)t geblieben
Sie wären geblieben
sie wären geblieben

INFINITIVE

PRESENT
bleiben

PAST
geblieben sein

PARTICIPLE

PRESENT
bleibend

PAST
geblieben

IMPERATIVE
bleib(e)!
bleibt!
bleiben Sie!
bleiben wir!

PRESENT
ich brate
du brätst
er/sie brät
wir braten
ihr bratet
Sie braten
sie braten

PERFECT
ich habe gebraten
du hast gebraten
er/sie hat gebraten
wir haben gebraten
ihr habt gebraten
Sie haben gebraten
sie haben gebraten

IMPERFECT
ich briet
du brietst
er/sie briet
wir brieten
ihr brietet
Sie brieten
sie brieten

PLUPERFECT
ich hatte gebraten
du hattest gebraten
er/sie hatte gebraten
wir hatten gebraten
ihr hattet gebraten
Sie hatten gebraten
sie hatten gebraten

FUTURE
ich werde braten
du wirst braten
er/sie wird braten
wir werden braten
ihr werdet braten
Sie werden braten
sie werden braten

CONDITIONAL
ich würde braten
du würdest braten
er/sie würde braten
wir würden braten
ihr würdet braten
Sie würden braten
sie würden braten

SUBJUNCTIVE

PRESENT
ich brate
du bratest
er/sie brate
wir braten
ihr bratet
Sie braten
sie braten

IMPERFECT
ich briete
du brietest
er/sie briete
wir brieten
ihr brietet
Sie brieten
sie brieten

PERFECT
ich habe gebraten
du habest gebraten
er/sie habe gebraten
wir haben gebraten
ihr habet gebraten
Sie haben gebraten
sie haben gebraten

PLUPERFECT
ich hätte gebraten
du hättest gebraten
er/sie hätte gebraten
wir hätten gebraten
ihr hättet gebraten
Sie hätten gebraten
sie hätten gebraten

FUTURE PERFECT
ich werde gebraten haben
du wirst gebraten haben *etc*

INFINITIVE

PRESENT
braten
PAST
gebraten haben

PARTICIPLE

PRESENT
bratend
PAST
gebraten

IMPERATIVE

brat(e)!
bratet!
braten Sie!
braten wir!

BRACHEN
27 *to need*

PRESENT
ich brauche
du brauchst
er/sie braucht
wir brauchen
ihr braucht
Sie brauchen
sie brauchen

PERFECT
ich habe gebraucht
du hast gebraucht
er/sie hat gebraucht
wir haben gebraucht
ihr habt gebraucht
Sie haben gebraucht
sie haben gebraucht

IMPERFECT
ich brauchte
du brauchtest
er/sie brauchte
wir brauchten
ihr brauchtet
Sie brauchten
sie brauchten

PLUPERFECT
ich hatte gebraucht
du hattest gebraucht
er/sie hatte gebraucht
wir hatten gebraucht
ihr hattet gebraucht
Sie hatten gebraucht
sie hatten gebraucht

FUTURE
ich werde brauchen
du wirst brauchen
er/sie wird brauchen
wir werden brauchen
ihr werdet brauchen
Sie werden brauchen
sie werden brauchen

CONDITIONAL
ich würde brauchen
du würdest brauchen
er/sie würde brauchen
wir würden brauchen
ihr würdet brauchen
Sie würden brauchen
sie würden brauchen

SUBJUNCTIVE

PRESENT
ich brauche
du brauchest
er/sie brauche
wir brauchen
ihr brauchet
Sie brauchen
sie brauchen

IMPERFECT
ich brauchte
du brauchtest
er/sie brauchte
wir brauchten
ihr brauchtet
Sie brauchten
sie brauchten

FUTURE PERFECT
ich werde gebraucht haben
du wirst gebraucht haben *etc*

PERFECT
ich habe gebraucht
du habest gebraucht
er/sie habe gebraucht
wir haben gebraucht
ihr habet gebraucht
Sie haben gebraucht
sie haben gebraucht

PLUPERFECT
ich hätte gebraucht
du hättest gebraucht
er/sie hätte gebraucht
wir hätten gebraucht
ihr hättet gebraucht
Sie hätten gebraucht
sie hätten gebraucht

INFINITIVE

PRESENT
brauchen

PAST
gebraucht haben

PARTICIPLE

PRESENT
brauchend

PAST
gebraucht

IMPERATIVE

brauch(e)!
braucht!
brauchen Sie!
brauchen wir!

PRESENT
ich breche
du brichst
er/sie bricht
wir brechen
ihr brecht
Sie brechen
sie brechen

PERFECT *(1)*
ich habe gebrochen
du hast gebrochen
er/sie hat gebrochen
wir haben gebrochen
ihr habt gebrochen
Sie haben gebrochen
sie haben gebrochen

IMPERFECT
ich brach
du brachst
er/sie brach
wir brachen
ihr bracht
Sie brachen
sie brachen

PLUPERFECT *(2)*
ich hatte gebrochen
du hattest gebrochen
er/sie hatte gebrochen
wir hatten gebrochen
ihr hattet gebrochen
Sie hatten gebrochen
sie hatten gebrochen

FUTURE
ich werde brechen
du wirst brechen
er/sie wird brechen
wir werden brechen
ihr werdet brechen
Sie werden brechen
sie werden brechen

CONDITIONAL
ich würde brechen
du würdest brechen
er/sie würde brechen
wir würden brechen
ihr würdet brechen
Sie würden brechen
sie würden brechen

SUBJUNCTIVE

PRESENT
ich breche
du brechest
er/sie breche
wir brechen
ihr brechet
Sie brechen
sie brechen

IMPERFECT
ich bräche
du brächest
er/sie bräche
wir brächen
ihr brächet
Sie brächen
sie brächen

FUTURE PERFECT *(5)*
ich werde gebrochen haben
du wirst gebrochen haben *etc*

PERFECT *(3)*
ich habe gebrochen
du habest gebrochen
er/sie habe gebrochen
wir haben gebrochen
ihr habet gebrochen
Sie haben gebrochen
sie haben gebrochen

PLUPERFECT *(4)*
ich hätte gebrochen
du hättest gebrochen
er/sie hätte gebrochen
wir hätten gebrochen
ihr hättet gebrochen
Sie hätten gebrochen
sie hätten gebrochen

INFINITIVE

PRESENT
brechen
PAST *(6)*
gebrochen haben

PARTICIPLE

PRESENT
brechend

PAST
gebrochen

IMPERATIVE
brich!
brecht!
brechen Sie!
brechen wir!

NOTE

*also intransitive: (1) ich bin gebrochen etc
(2) ich war gebrochen etc (3) ich sei gebrochen
etc (4) ich wäre gebrochen etc (5) ich werde
gebrochen sein etc (6) gebrochen sein*

BRENNEN
29 *to burn*

PRESENT
ich brenne
du brennst
er/sie brennt
wir brennen
ihr brennt
Sie brennen
sie brennen

IMPERFECT
ich brannte
du branntest
er/sie brannte
wir brannten
ihr branntet
Sie brannten
sie brannten

FUTURE
ich werde brennen
du wirst brennen
er/sie wird brennen
wir werden brennen
ihr werdet brennen
Sie werden brennen
sie werden brennen

PERFECT
ich habe gebrannt
du hast gebrannt
er/sie hat gebrannt
wir haben gebrannt
ihr habt gebrannt
Sie haben gebrannt
sie haben gebrannt

PLUPERFECT
ich hatte gebrannt
du hattest gebrannt
er/sie hatte gebrannt
wir hatten gebrannt
ihr hattet gebrannt
Sie hatten gebrannt
sie hatten gebrannt

CONDITIONAL
ich würde brennen
du würdest brennen
er/sie würde brennen
wir würden brennen
ihr würdet brennen
Sie würden brennen
sie würden brennen

SUBJUNCTIVE

PRESENT
ich brenne
du brennest
er/sie brenne
wir brennen
ihr brennet
Sie brennen
sie brennen

PERFECT
ich habe gebrannt
du habest gebrannt
er/sie habe gebrannt
wir haben gebrannt
ihr habet gebrannt
Sie haben gebrannt
sie haben gebrannt

INFINITIVE

PRESENT
brennen
PAST
gebrannt haben

IMPERFECT
ich brennte
du brenntest
er/sie brennte
wir brennten
ihr brenntet
Sie brennten
sie brennten

PLUPERFECT
ich hätte gebrannt
du hättest gebrannt
er/sie hätte gebrannt
wir hätten gebrannt
ihr hättet gebrannt
Sie hätten gebrannt
sie hätten gebrannt

PARTICIPLE

PRESENT
brennend
PAST
gebrannt

IMPERATIVE
brenn(e)!
brennt!
brennen Sie!
brennen wir!

FUTURE PERFECT
ich werde gebrannt haben
du wirst gebrannt haben *etc*

PRESENT
ich bringe
du bringst
er/sie bringt
wir bringen
ihr bringt
Sie bringen
sie bringen

IMPERFECT
ich brachte
du brachtest
er/sie brachte
wir brachten
ihr brachtet
Sie brachten
sie brachten

FUTURE
ich werde bringen
du wirst bringen
er/sie wird bringen
wir werden bringen
ihr werdet bringen
Sie werden bringen
sie werden bringen

PERFECT
ich habe gebracht
du hast gebracht
er/sie hat gebracht
wir haben gebracht
ihr habt gebracht
Sie haben gebracht
sie haben gebracht

PLUPERFECT
ich hatte gebracht
du hattest gebracht
er/sie hatte gebracht
wir hatten gebracht
ihr hattet gebracht
Sie hatten gebracht
sie hatten gebracht

CONDITIONAL
ich würde bringen
du würdest bringen
er/sie würde bringen
wir würden bringen
ihr würdet bringen
Sie würden bringen
sie würden bringen

SUBJUNCTIVE

PRESENT
ich bringe
du bringest
er/sie bringe
wir bringen
ihr bringet
Sie bringen
sie bringen

PERFECT
ich habe gebracht
du habest gebracht
er/sie habe gebracht
wir haben gebracht
ihr habet gebracht
Sie haben gebracht
sie haben gebracht

INFINITIVE

PRESENT
bringen
PAST
gebracht haben

PARTICIPLE

PRESENT
bringend

IMPERFECT
ich brächte
du brächtest
er/sie brächte
wir brächten
ihr brächtet
Sie brächten
sie brächten

PLUPERFECT
ich hätte gebracht
du hättest gebracht
er/sie hätte gebracht
wir hätten gebracht
ihr hättet gebracht
Sie hätten gebracht
sie hätten gebracht

PAST
gebracht

IMPERATIVE

bring(e)!
bringt!
bringen Sie!
bringen wir!

FUTURE PERFECT
ich werde gebracht haben
du wirst gebracht haben *etc*

PRESENT
ich bin da
du bist da
er/sie ist da
wir sind da
ihr seid da
Sie sind da
sie sind da

PERFECT
ich bin da gewesen
du bist da gewesen
er/sie ist da gewesen
wir sind da gewesen
ihr seid da gewesen
Sie sind da gewesen
sie sind da gewesen

IMPERFECT
ich war da
du warst da
er/sie war da
wir waren da
ihr wart da
Sie waren da
sie waren da

PLUPERFECT
ich war da gewesen
du warst da gewesen
er/sie war da gewesen
wir waren da gewesen
ihr wart da gewesen
Sie waren da gewesen
sie waren da gewesen

FUTURE
ich werde da sein
du wirst da sein
er/sie wird da sein
wir werden da sein
ihr werdet da sein
Sie werden da sein
sie werden da sein

CONDITIONAL
ich würde da sein
du würdest da sein
er/sie würde da sein
wir würden da sein
ihr würdet da sein
Sie würden da sein
sie würden da sein

SUBJUNCTIVE

PRESENT
ich sei da
du sei(e)st da
er/sie sei da
wir seien da
ihr seiet da
Sie seien da
sie seien da

IMPERFECT
ich wäre da
du wär(e)st da
er/sie wäre da
wir wären da
ihr wär(e)t da
Sie wären da
sie wären da

FUTURE PERFECT
ich werde da gewesen sein
du wirst da gewesen sein *etc*

PERFECT
ich sei da gewesen
du sei(e)st da gewesen
er/sie sei da gewesen
wir seien da gewesen
ihr seiet da gewesen
Sie seien da gewesen
sie seien da gewesen

PLUPERFECT
ich wäre da gewesen
du wär(e)st da gewesen
er/sie wäre da gewesen
wir wären da gewesen
ihr wär(e)t da gewesen
Sie wären da gewesen
sie wären da gewesen

INFINITIVE

PRESENT
da sein
PAST
da gewesen sein

PARTICIPLE

PRESENT
da seiend
PAST
da gewesen

IMPERATIVE

sei da!
seid da!
seien Sie da!
seien wir da!

PRESENT	IMPERFECT	FUTURE
ich denke	ich dachte	ich werde denken
du denkst	du dachtest	du wirst denken
er/sie denkt	er/sie dachte	er/sie wird denken
wir denken	wir dachten	wir werden denken
ihr denkt	ihr dachtet	ihr werdet denken
Sie denken	Sie dachten	Sie werden denken
sie denken	sie dachten	sie werden denken

PERFECT	PLUPERFECT	CONDITIONAL
ich habe gedacht	ich hatte gedacht	ich würde denken
du hast gedacht	du hattest gedacht	du würdest denken
er/sie hat gedacht	er/sie hatte gedacht	er/sie würde denken
wir haben gedacht	wir hatten gedacht	wir würden denken
ihr habt gedacht	ihr hattet gedacht	ihr würdet denken
Sie haben gedacht	Sie hatten gedacht	Sie würden denken
sie haben gedacht	sie hatten gedacht	sie würden denken

SUBJUNCTIVE

PRESENT	PERFECT
ich denke	ich habe gedacht
du denkest	du habest gedacht
er/sie denke	er/sie habe gedacht
wir denken	wir haben gedacht
ihr denket	ihr habet gedacht
Sie denken	Sie haben gedacht
sie denken	sie haben gedacht

IMPERFECT	PLUPERFECT
ich dächte	ich hätte gedacht
du dächtest	du hättest gedacht
er/sie dächte	er/sie hätte gedacht
wir dächten	wir hätten gedacht
ihr dächtet	ihr hättet gedacht
Sie dächten	Sie hätten gedacht
sie dächten	sie hätten gedacht

FUTURE PERFECT
ich werde gedacht haben
du wirst gedacht haben *etc*

INFINITIVE

PRESENT
denken

PAST
gedacht haben

PARTICIPLE

PRESENT
denkend

PAST
gedacht

IMPERATIVE

denk(e)!
denkt!
denken Sie!
denken wir!

DRESCHEN

33 *to thresh*

PRESENT
ich dresche
du drischst
er/sie drischt
wir dreschen
ihr drescht
Sie dreschen
sie dreschen

IMPERFECT *(1)*
ich drosch
du droschst
er/sie drosch
wir droschen
ihr droscht
Sie droschen
sie droschen

FUTURE
ich werde dreschen
du wirst dreschen
er/sie wird dreschen
wir werden dreschen
ihr werdet dreschen
Sie werden dreschen
sie werden dreschen

PERFECT
ich habe gedroschen
du hast gedroschen
er/sie hat gedroschen
wir haben gedroschen
ihr habt gedroschen
Sie haben gedroschen
sie haben gedroschen

PLUPERFECT
ich hatte gedroschen
du hattest gedroschen
er/sie hatte gedroschen
wir hatten gedroschen
ihr hattet gedroschen
Sie hatten gedroschen
sie hatten gedroschen

CONDITIONAL
ich würde dreschen
du würdest dreschen
er/sie würde dreschen
wir würden dreschen
ihr würdet dreschen
Sie würden dreschen
sie würden dreschen

SUBJUNCTIVE

PRESENT
ich dresche
du dreschest
er/sie dresche
wir dreschen
ihr dreschet
Sie dreschen
sie dreschen

PERFECT
ich habe gedroschen
du habest gedroschen
er/sie habe gedroschen
wir haben gedroschen
ihr habet gedroschen
Sie haben gedroschen
sie haben gedroschen

INFINITIVE

PRESENT
dreschen

PAST
gedroschen haben

PARTICIPLE

PRESENT
dreschend

IMPERFECT
ich drösche
du dröschest
er/sie drösche
wir dröschen
ihr dröschet
Sie dröschen
sie dröschen

PLUPERFECT
ich hätte gedroschen
du hättest gedroschen
er/sie hätte gedroschen
wir hätten gedroschen
ihr hättet gedroschen
Sie hätten gedroschen
sie hätten gedroschen

PAST
gedroschen

IMPERATIVE

drisch!
drescht!
dreschen Sie!
dreschen wir!

FUTURE PERFECT
ich werde gedroschen haben
du wirst gedroschen haben *etc*

NOTE

(1) older forms: ich drasch, du draschst *etc*

PRESENT
ich dringe
du dringst
er/sie dringt
wir dringen
ihr dringt
Sie dringen
sie dringen

IMPERFECT
ich drang
du drangst
er/sie drang
wir drangen
ihr drangt
Sie drangen
sie drangen

FUTURE
ich werde dringen
du wirst dringen
er/sie wird dringen
wir werden dringen
ihr werdet dringen
Sie werden dringen
sie werden dringen

PERFECT
ich bin gedrungen
du bist gedrungen
er/sie ist gedrungen
wir sind gedrungen
ihr seid gedrungen
Sie sind gedrungen
sie sind gedrungen

PLUPERFECT
ich war gedrungen
du warst gedrungen
er/sie war gedrungen
wir waren gedrungen
ihr wart gedrungen
Sie waren gedrungen
sie waren gedrungen

CONDITIONAL
ich würde dringen
du würdest dringen
er/sie würde dringen
wir würden dringen
ihr würdet dringen
Sie würden dringen
sie würden dringen

SUBJUNCTIVE

PRESENT
ich dringe
du dringest
er/sie dringe
wir dringen
ihr dringet
Sie dringen
sie dringen

PERFECT
ich sei gedrungen
du sei(e)st gedrungen
er/sie sei gedrungen
wir seien gedrungen
ihr seiet gedrungen
Sie seien gedrungen
sie seien gedrungen

INFINITIVE

PRESENT
dringen
PAST
gedrungen sein

IMPERFECT
ich dränge
du drängest
er/sie dränge
wir drängen
ihr dränget
Sie drängen
sie drängen

PLUPERFECT
ich wäre gedrungen
du wär(e)st gedrungen
er/sie wäre gedrungen
wir wären gedrungen
ihr wär(e)t gedrungen
Sie wären gedrungen
sie wären gedrungen

PARTICIPLE

PRESENT
dringend
PAST
gedrungen

IMPERATIVE

dring(e)!
dringt!
dringen Sie!
dringen wir!

FUTURE PERFECT
ich werde gedrungen sein
du wirst gedrungen sein *etc*

DÜRFEN
35 *to be allowed to*

PRESENT
ich darf
du darfst
er/sie darf
wir dürfen
ihr dürft
Sie dürfen
sie dürfen

PERFECT *(1)*
ich habe gedurft
du hast gedurft
er/sie hat gedurft
wir haben gedurft
ihr habt gedurft
Sie haben gedurft
sie haben gedurft

IMPERFECT
ich durfte
du durftest
er/sie durfte
wir durften
ihr durftet
Sie durften
sie durften

PLUPERFECT *(2)*
ich hatte gedurft
du hattest gedurft
er/sie hatte gedurft
wir hatten gedurft
ihr hattet gedurft
Sie hatten gedurft
sie hatten gedurft

FUTURE
ich werde dürfen
du wirst dürfen
er/sie wird dürfen
wir werden dürfen
ihr werdet dürfen
Sie werden dürfen
sie werden dürfen

CONDITIONAL
ich würde dürfen
du würdest dürfen
er/sie würde dürfen
wir würden dürfen
ihr würdet dürfen
Sie würden dürfen
sie würden dürfen

SUBJUNCTIVE

PRESENT
ich dürfe
du dürfest
er/sie dürfe
wir dürfen
ihr dürfet
Sie dürfen
sie dürfen

IMPERFECT
ich dürfte
du dürftest
er/sie dürfte
wir dürften
ihr dürftet
Sie dürften
sie dürften

PERFECT *(1)*
ich habe gedurft
du habest gedurft
er/sie habe gedurft
wir haben gedurft
ihr habet gedurft
Sie haben gedurft
sie haben gedurft

PLUPERFECT *(3)*
ich hätte gedurft
du hättest gedurft
er/sie hätte gedurft
wir hätten gedurft
ihr hättet gedurft
Sie hätten gedurft
sie hätten gedurft

INFINITIVE

PRESENT
dürfen

PAST
gedurft haben

PARTICIPLE

PRESENT
dürfend

PAST
gedurft

NOTE

when preceded by an infinitive: (1) ich habe ... dürfen
etc (2) ich hatte ... dürfen *etc* (3) ich hätte ... dürfen *etc*

PRESENT	**IMPERFECT**	**FUTURE**
ich eile	ich eilte	ich werde eilen
du eilst	du eiltest	du wirst eilen
er/sie eilt	er/sie eilte	er/sie wird eilen
wir eilen	wir eilten	wir werden eilen
ihr eilt	ihr eiltet	ihr werdet eilen
Sie eilen	Sie eilten	Sie werden eilen
sie eilen	sie eilten	sie werden eilen

PERFECT	**PLUPERFECT**	**CONDITIONAL**
ich bin geeilt	ich war geeilt	ich würde eilen
du bist geeilt	du warst geeilt	du würdest eilen
er/sie ist geeilt	er/sie war geeilt	er/sie würde eilen
wir sind geeilt	wir waren geeilt	wir würden eilen
ihr seid geeilt	ihr wart geeilt	ihr würdet eilen
Sie sind geeilt	Sie waren geeilt	Sie würden eilen
sie sind geeilt	sie waren geeilt	sie würden eilen

SUBJUNCTIVE

PRESENT	**PERFECT**
ich eile	ich sei geeilt
du eilest	du sei(e)st geeilt
er/sie eile	er/sie sei geeilt
wir eilen	wir seien geeilt
ihr eilet	ihr seiet geeilt
Sie eilen	Sie seien geeilt
sie eilen	sie seien geeilt

IMPERFECT	**PLUPERFECT**
ich eilte	ich wäre geeilt
du eiltest	du wär(e)st geeilt
er/sie eilte	er/sie wäre geeilt
wir eilten	wir wären geeilt
ihr eiltet	ihr wär(e)t geeilt
Sie eilten	Sie wären geeilt
sie eilten	sie wären geeilt

FUTURE PERFECT
ich werde geeilt sein
du wirst geeilt sein *etc*

INFINITIVE

PRESENT
eilen

PAST
geeilt sein

PARTICIPLE

PRESENT
eilend

PAST
geeilt

IMPERATIVE

eil(e)!
eilt!
eilen Sie!
eilen wir!

EMPFEHLEN

37 *to recommend*

PRESENT	IMPERFECT	FUTURE
ich empfehle	ich empfahl	ich werde empfehlen
du empfiehlst	du empfahlst	du wirst empfehlen
er/sie empfiehlt	er/sie empfahl	er/sie wird empfehlen
wir empfehlen	wir empfahlen	wir werden empfehlen
ihr empfehlt	ihr empfahlt	ihr werdet empfehlen
Sie empfehlen	Sie empfahlen	Sie werden empfehlen
sie empfehlen	sie empfahlen	sie werden empfehlen

PERFECT	PLUPERFECT	CONDITIONAL
ich habe empfohlen	ich hatte empfohlen	ich würde empfehlen
du hast empfohlen	du hattest empfohlen	du würdest empfehlen
er/sie hat empfohlen	er/sie hatte empfohlen	er/sie würde empfehlen
wir haben empfohlen	wir hatten empfohlen	wir würden empfehlen
ihr habt empfohlen	ihr hattet empfohlen	ihr würdet empfehlen
Sie haben empfohlen	Sie hatten empfohlen	Sie würden empfehlen
sie haben empfohlen	sie hatten empfohlen	sie würden empfehlen

SUBJUNCTIVE

PRESENT	PERFECT
ich empfehle	ich habe empfohlen
du empfehlest	du habest empfohlen
er/sie empfehle	er/sie habe empfohlen
wir empfehlen	wir haben empfohlen
ihr empfehlet	ihr habet empfohlen
Sie empfehlen	Sie haben empfohlen
sie empfehlen	sie haben empfohlen

IMPERFECT *(1)*	PLUPERFECT
ich empföhle	ich hätte empfohlen
du empföhlest	du hättest empfohlen
er/sie empföhle	er/sie hätte empfohlen
wir empföhlen	wir hätten empfohlen
ihr empföhlet	ihr hättet empfohlen
Sie empföhlen	Sie hätten empfohlen
sie empföhlen	sie hätten empfohlen

FUTURE PERFECT
ich werde empfohlen haben
du wirst empfohlen haben *etc*

INFINITIVE

PRESENT
empfehlen
PAST
empfohlen haben

PARTICIPLE

PRESENT
empfehlend
PAST
empfohlen

IMPERATIVE

empfiehl!
empfehlt!
empfehlen Sie!
empfehlen wir!

NOTE

(1) ich empfähle, du empfählest etc is also possible

PRESENT
ich entscheide
du entscheidest
er/sie entscheidet
wir entscheiden
ihr entscheidet
Sie entscheiden
sie entscheiden

IMPERFECT
ich entschied
du entschiedest
er/sie entschied
wir entschieden
ihr entschiedet
Sie entschieden
sie entschieden

FUTURE
ich werde entscheiden
du wirst entscheiden
er/sie wird entscheiden
wir werden entscheiden
ihr werdet entscheiden
Sie werden entscheiden
sie werden entscheiden

PERFECT
ich habe entschieden
du hast entschieden
er/sie hat entschieden
wir haben entschieden
ihr habt entschieden
Sie haben entschieden
sie haben entschieden

PLUPERFECT
ich hatte entschieden
du hattest entschieden
er/sie hatte entschieden
wir hatten entschieden
ihr hattet entschieden
Sie hatten entschieden
sie hatten entschieden

CONDITIONAL
ich würde entscheiden
du würdest entscheiden
er/sie würde entscheiden
wir würden entscheiden
ihr würdet entscheiden
Sie würden entscheiden
sie würden entscheiden

SUBJUNCTIVE

PRESENT
ich entscheide
du entscheidest
er/sie entscheide
wir entscheiden
ihr entscheidet
Sie entscheiden
sie entscheiden

PERFECT
ich habe entschieden
du habest entschieden
er/sie habe entschieden
wir haben entschieden
ihr habet entschieden
Sie haben entschieden
sie haben entschieden

INFINITIVE

PRESENT
entscheiden
PAST
entschieden haben

IMPERFECT
ich entschiede
du entschiedest
er/sie entschiede
wir entschieden
ihr entschiedet
Sie entschieden
sie entschieden

PLUPERFECT
ich hätte entschieden
du hättest entschieden
er/sie hätte entschieden
wir hätten entschieden
ihr hättet entschieden
Sie hätten entschieden
sie hätten entschieden

PARTICIPLE

PRESENT
entscheidend
PAST
entschieden

IMPERATIVE
entscheid(e)!
entscheidet!
entscheiden Sie!
entscheiden wir!

FUTURE PERFECT
ich werde entschieden haben
du wirst entschieden haben *etc*

ERKLIMMEN
39 to climb

PRESENT
ich erklimme
du erklimmst
er/sie erklimmt
wir erklimmen
ihr erklimmt
Sie erklimmen
sie erklimmen

IMPERFECT
ich erklomm
du erklommst
er/sie erklomm
wir erklommen
ihr erklommt
Sie erklommen
sie erklommen

FUTURE
ich werde erklimmen
du wirst erklimmen
er/sie wird erklimmen
wir werden erklimmen
ihr werdet erklimmen
Sie werden erklimmen
sie werden erklimmen

PERFECT
ich habe erklommen
du hast erklommen
er/sie hat erklommen
wir haben erklommen
ihr habt erklommen
Sie haben erklommen
sie haben erklommen

PLUPERFECT
ich hatte erklommen
du hattest erklommen
er/sie hatte erklommen
wir hatten erklommen
ihr hattet erklommen
Sie hatten erklommen
sie hatten erklommen

CONDITIONAL
ich würde erklimmen
du würdest erklimmen
er/sie würde erklimmen
wir würden erklimmen
ihr würdet erklimmen
Sie würden erklimmen
sie würden erklimmen

SUBJUNCTIVE

PRESENT
ich erklimme
du erklimmest
er/sie erklimme
wir erklimmen
ihr erklimmet
Sie erklimmen
sie erklimmen

PERFECT
ich habe erklommen
du habest erklommen
er/sie habe erklommen
wir haben erklommen
ihr habet erklommen
Sie haben erklommen
sie haben erklommen

IMPERFECT
ich erklömme
du erklömmest
er/sie erklömme
wir erklömmen
ihr erklömmet
Sie erklömmen
sie erklömmen

PLUPERFECT
ich hätte erklommen
du hättest erklommen
er/sie hätte erklommen
wir hätten erklommen
ihr hättet erklommen
Sie hätten erklommen
sie hätten erklommen

FUTURE PERFECT
ich werde erklommen haben
du wirst erklommen haben *etc*

INFINITIVE

PRESENT
erklimmen

PAST
erklommen haben

PARTICIPLE

PRESENT
erklimmend

PAST
erklommen

IMPERATIVE
erklimm(e)!
erklimmt!
erklimmen Sie!
erklimmen wir!

PRESENT
ich erschrecke
du erschrickst
er/sie erschrickt
wir erschrecken
ihr erschreckt
Sie erschrecken
sie erschrecken

PERFECT
ich bin erschrocken
du bist erschrocken
er/sie ist erschrocken
wir sind erschrocken
ihr seid erschrocken
Sie sind erschrocken
sie sind erschrocken

IMPERFECT
ich erschrak
du erschrakst
er/sie erschrak
wir erschraken
ihr erschrakt
Sie erschraken
sie erschraken

PLUPERFECT
ich war erschrocken
du warst erschrocken
er/sie war erschrocken
wir waren erschrocken
ihr wart erschrocken
Sie waren erschrocken
sie waren erschrocken

FUTURE
ich werde erschrecken
du wirst erschrecken
er/sie wird erschrecken
wir werden erschrecken
ihr werdet erschrecken
Sie werden erschrecken
sie werden erschrecken

CONDITIONAL
ich würde erschrecken
du würdest erschrecken
er/sie würde erschrecken
wir würden erschrecken
ihr würdet erschrecken
Sie würden erschrecken
sie würden erschrecken

SUBJUNCTIVE

PRESENT
ich erschrecke
du erschreckst
er/sie erschreckt
wir erschrecken
ihr erschrecket
Sie erschrecken
sie erschrecken

IMPERFECT
ich erschräke
du erschräkest
er/sie erschräke
wir erschräken
ihr erschräket
Sie erschräken
sie erschräken

FUTURE PERFECT
ich werde erschrocken sein
du wirst erschrocken sein *etc*

PERFECT
ich sei erschrocken
du sei(e)st erschrocken
er/sie sei erschrocken
wir seien erschrocken
ihr seiet erschrocken
Sie seien erschrocken
sie seien erschrocken

PLUPERFECT
ich wäre erschrocken
du wär(e)st erschrocken
er/sie wäre erschrocken
wir wären erschrocken
ihr wär(e)t erschrocken
Sie wären erschrocken
sie wären erschrocken

INFINITIVE

PRESENT
erschrecken
PAST
erschrocken sein

PARTICIPLE

PRESENT
erschreckend

PAST
erschrocken

IMPERATIVE
erschreck(e)!
erschreckt!
erschrecken Sie!
erschrecken wir!

NOTE

(1) also a weak transitive verb meaning 'to frighten', conjugated with haben: ich erschreckte, ich habe erschreckt *etc*

ERWÄGEN
41 *to consider*

PRESENT
ich erwäge
du erwägst
er/sie erwägt
wir erwägen
ihr erwägt
Sie erwägen
sie erwägen

PERFECT
ich habe erwogen
du hast erwogen
er/sie hat erwogen
wir haben erwogen
ihr habt erwogen
Sie haben erwogen
sie haben erwogen

IMPERFECT
ich erwog
du erwogst
er/sie erwog
wir erwogen
ihr erwogt
Sie erwogen
sie erwogen

PLUPERFECT
ich hatte erwogen
du hattest erwogen
er/sie hatte erwogen
wir hatten erwogen
ihr hattet erwogen
Sie hatten erwogen
sie hatten erwogen

FUTURE
ich werde erwägen
du wirst erwägen
er/sie wird erwägen
wir werden erwägen
ihr werdet erwägen
Sie werden erwägen
sie werden erwägen

CONDITIONAL
ich würde erwägen
du würdest erwägen
er/sie würde erwägen
wir würden erwägen
ihr würdet erwägen
Sie würden erwägen
sie würden erwägen

SUBJUNCTIVE

PRESENT
ich erwäge
du erwägest
er/sie erwäge
wir erwägen
ihr erwäget
Sie erwägen
sie erwägen

IMPERFECT
ich erwöge
du erwögest
er/sie erwöge
wir erwögen
ihr erwöget
Sie erwögen
sie erwögen

FUTURE PERFECT
ich werde erwogen haben
du wirst erwogen haben *etc*

PERFECT
ich habe erwogen
du habest erwogen
er/sie habe erwogen
wir haben erwogen
ihr habet erwogen
Sie haben erwogen
sie haben erwogen

PLUPERFECT
ich hätte erwogen
du hättest erwogen
er/sie hätte erwogen
wir hätten erwogen
ihr hättet erwogen
Sie hätten erwogen
sie hätten erwogen

INFINITIVE

PRESENT
erwägen
PAST
erwogen haben

PARTICIPLE

PRESENT
erwägend
PAST
erwogen

IMPERATIVE

erwäg(e)!
erwägt!
erwägen Sie!
erwägen wir!

PRESENT
ich esse
du isst
er/sie isst
wir essen
ihr esst
Sie essen
sie essen

PERFECT
ich habe gegessen
du hast gegessen
er/sie hat gegessen
wir haben gegessen
ihr habt gegessen
Sie haben gegessen
sie haben gegessen

IMPERFECT
ich aß
du aßest
er/sie aß
wir aßen
ihr aßt
Sie aßen
sie aßen

PLUPERFECT
ich hatte gegessen
du hattest gegessen
er/sie hatte gegessen
wir hatten gegessen
ihr hattet gegessen
Sie hatten gegessen
sie hatten gegessen

FUTURE
ich werde essen
du wirst essen
er/sie wird essen
wir werden essen
ihr werdet essen
Sie werden essen
sie werden essen

CONDITIONAL
ich würde essen
du würdest essen
er/sie würde essen
wir würden essen
ihr würdet essen
Sie würden essen
sie würden essen

SUBJUNCTIVE

PRESENT
ich esse
du essest
er/sie esse
wir essen
ihr esset
Sie essen
sie essen

IMPERFECT
ich äße
du äßest
er/sie äße
wir äßen
ihr äßet
Sie äßen
sie äßen

FUTURE PERFECT
ich werde gegessen haben
du wirst gegessen haben *etc*

PERFECT
ich habe gegessen
du habest gegessen
er/sie habe gegessen
wir haben gegessen
ihr habet gegessen
Sie haben gegessen
sie haben gegessen

PLUPERFECT
ich hätte gegessen
du hättest gegessen
er/sie hätte gegessen
wir hätten gegessen
ihr hättet gegessen
Sie hätten gegessen
sie hätten gegessen

INFINITIVE

PRESENT
essen
PAST
gegessen haben

PARTICIPLE

PRESENT
essend
PAST
gegessen

IMPERATIVE

iss!
esst!
essen Sie!
essen wir!

FAHREN
43 to go; to drive

PRESENT	IMPERFECT	FUTURE
ich fahre	ich fuhr	ich werde fahren
du fährst	du fuhrst	du wirst fahren
er/sie fährt	er/sie fuhr	er/sie wird fahren
wir fahren	wir fuhren	wir werden fahren
ihr fahrt	ihr fuhrt	ihr werdet fahren
Sie fahren	Sie fuhren	Sie werden fahren
sie fahren	sie fuhren	sie werden fahren

PERFECT *(1)*	PLUPERFECT *(2)*	CONDITIONAL
ich bin gefahren	ich war gefahren	ich würde fahren
du bist gefahren	du warst gefahren	du würdest fahren
er/sie ist gefahren	er/sie war gefahren	er/sie würde fahren
wir sind gefahren	wir waren gefahren	wir würden fahren
ihr seid gefahren	ihr wart gefahren	ihr würdet fahren
Sie sind gefahren	Sie waren gefahren	Sie würden fahren
sie sind gefahren	sie waren gefahren	sie würden fahren

SUBJUNCTIVE

PRESENT	PERFECT *(1)*
ich fahre	ich sei gefahren
du fahrest	du sei(e)st gefahren
er/sie fahre	er/sie sei gefahren
wir fahren	wir seien gefahren
ihr fahret	ihr seiet gefahren
Sie fahren	Sie seien gefahren
sie fahren	sie seien gefahren

IMPERFECT	PLUPERFECT *(3)*
ich führe	ich wäre gefahren
du führest	du wär(e)st gefahren
er/sie führe	er/sie wäre gefahren
wir führen	wir wären gefahren
ihr führet	ihr wär(e)t gefahren
Sie führen	Sie wären gefahren
sie führen	sie wären gefahren

FUTURE PERFECT *(4)*
ich werde gefahren sein
du wirst gefahren sein *etc*

INFINITIVE

PRESENT
fahren

PAST *(5)*
gefahren sein

PARTICIPLE

PRESENT
fahrend

PAST
gefahren

IMPERATIVE

fahr(e)!
fahrt!
fahren Sie!
fahern wir!

NOTE

also transitive ('to drive'): **(1)** ich habe gefahren *etc*
(2) ich hatte gefahren *etc* **(3)** ich hätte gefahren *etc*
(4) ich werde gefahren haben *etc* **(5)** gefahren haben

PRESENT
ich falle
du fällst
er/sie fällt
wir fallen
ihr fallt
Sie fallen
sie fallen

IMPERFECT
ich fiele
du fielst
er/sie fiel
wir fielen
ihr fielt
Sie fielen
sie fielen

FUTURE
ich werde fallen
du wirst fallen
er/sie wird fallen
wir werden fallen
ihr werdet fallen
Sie werden fallen
sie werden fallen

PERFECT
ich bin gefallen
du bist gefallen
er/sie ist gefallen
wir sind gefallen
ihr seid gefallen
Sie sind gefallen
sie sind gefallen

PLUPERFECT
ich war gefallen
du warst gefallen
er/sie war gefallen
wir waren gefallen
ihr wart gefallen
Sie waren gefallen
sie waren gefallen

CONDITIONAL
ich würde fallen
du würdest fallen
er/sie würde fallen
wir würden fallen
ihr würdet fallen
Sie würden fallen
sie würden fallen

SUBJUNCTIVE

PRESENT
ich falle
du fallest
er/sie falle
wir fallen
ihr fallet
Sie fallen
sie fallen

PERFECT
ich sei gefallen
du sei(e)st gefallen
er/sie sei gefallen
wir seien gefallen
ihr seiet gefallen
Sie seien gefallen
sie seien gefallen

INFINITIVE

PRESENT
fallen
PAST
gefallen sein

IMPERFECT
ich fiele
du fielest
er/sie fiele
wir fielen
ihr fielet
Sie fielen
sie fielen

PLUPERFECT
ich wäre gefallen
du wär(e)st gefallen
er/sie wäre gefallen
wir wären gefallen
ihr wär(e)t gefallen
Sie wären gefallen
sie wären gefallen

PARTICIPLE

PRESENT
fallend
PAST
gefallen

IMPERATIVE

fall(e)!
fallt!
fallen Sie!
fallen wir!

FUTURE PERFECT
ich werde gefallen sein
du wirst gefallen sein *etc*

FANGEN
45 *to catch*

PRESENT	IMPERFECT	FUTURE
ich fange	ich fing	ich werde fangen
du fängst	du fingst	du wirst fangen
er/sie fängt	er/sie fing	er/sie wird fangen
wir fangen	wir fingen	wir werden fangen
ihr fangt	ihr fingt	ihr werdet fangen
Sie fangen	Sie fingen	Sie werden fangen
sie fangen	sie fingen	sie werden fangen

PERFECT	PLUPERFECT	CONDITIONAL
ich habe gefangen	ich hatte gefangen	ich würde fangen
du hast gefangen	du hattest gefangen	du würdest fangen
er/sie hat gefangen	er/sie hatte gefangen	er/sie würde fangen
wir haben gefangen	wir hatten gefangen	wir würden fangen
ihr habt gefangen	ihr hattet gefangen	ihr würdet fangen
Sie haben gefangen	Sie hatten gefangen	Sie würden fangen
sie haben gefangen	sie hatten gefangen	sie würden fangen

SUBJUNCTIVE

PRESENT	PERFECT
ich fange	ich habe gefangen
du fangest	du habest gefangen
er/sie fange	er/sie habe gefangen
wir fangen	wir haben gefangen
ihr fanget	ihr habet gefangen
Sie fangen	Sie haben gefangen
sie fangen	sie haben gefangen

IMPERFECT	PLUPERFECT
ich finge	ich hätte gefangen
du fingest	du hättest gefangen
er/sie finge	er/sie hätte gefangen
wir fingen	wir hätten gefangen
ihr finget	ihr hättet gefangen
Sie fingen	Sie hätten gefangen
sie fingen	sie hätten gefangen

FUTURE PERFECT
ich werde gefangen haben
du wirst gefangen haben *etc*

INFINITIVE

PRESENT
fangen

PAST
gefangen haben

PARTICIPLE

PRESENT
fangend

PAST
gefangen

IMPERATIVE

fang(e)!
fangt!
fangen Sie!
fangen wir!

PRESENT
ich fechte
du fichtst *(1)*
er/sie ficht
wir fechten
ihr fechtet
Sie fechten
sie fechten

IMPERFECT
ich focht
du fochtest
er/sie focht
wir fochten
ihr fochtet
Sie fochten
sie fochten

FUTURE
ich werde fechten
du wirst fechten
er/sie wird fechten
wir werden fechten
ihr werdet fechten
Sie werden fechten
sie werden fechten

PERFECT
ich habe gefochten
du hast gefochten
er/sie hat gefochten
wir haben gefochten
ihr habt gefochten
Sie haben gefochten
sie haben gefochten

PLUPERFECT
ich hatte gefochten
du hattest gefochten
er/sie hatte gefochten
wir hatten gefochten
ihr hattet gefochten
Sie hatten gefochten
sie hatten gefochten

CONDITIONAL
ich würde fechten
du würdest fechten
er/sie würde fechten
wir würden fechten
ihr würdet fechten
Sie würden fechten
sie würden fechten

SUBJUNCTIVE

PRESENT
ich fechte
du fechtest
er/sie fechte
wir fechten
ihr fechtet
Sie fechten
sie fechten

PERFECT
ich habe gefochten
du habest gefochten
er/sie habe gefochten
wir haben gefochten
ihr habet gefochten
Sie haben gefochten
sie haben gefochten

INFINITIVE

PRESENT
fechten

PAST
gefochten haben

IMPERFECT
ich föchte
du föchtest
er/sie föchte
wir föchten
ihr föchtet
Sie föchten
sie föchten

PLUPERFECT
ich hätte gefochten
du hättest gefochten
er/sie hätte gefochten
wir hätten gefochten
ihr hättet gefochten
Sie hätten gefochten
sie hätten gefochten

PARTICIPLE

PRESENT
fechtend

PAST
gefochten

IMPERATIVE
ficht!
fechtet!
fechten Sie!
fechten wir!

FUTURE PERFECT
ich werde gefochten haben
du wirst gefochten haben *etc*

NOTE

(1) **du fichst** *is also possible*

FINDEN
47 *to find*

PRESENT	IMPERFECT	FUTURE
ich finde	ich fand	ich werde finden
du findest	du fandest	du wirst finden
er/sie findet	er/sie fand	er/sie wird finden
wir finden	wir fanden	wir werden finden
ihr findet	ihr fandet	ihr werdet finden
Sie finden	Sie fanden	Sie werden finden
sie finden	sie fanden	sie werden finden

PERFECT	PLUPERFECT	CONDITIONAL
ich habe gefunden	ich hatte gefunden	ich würde finden
du hast gefunden	du hattest gefunden	du würdest finden
er/sie hat gefunden	er/sie hatte gefunden	er/sie würde finden
wir haben gefunden	wir hatten gefunden	wir würden finden
ihr habt gefunden	ihr hattet gefunden	ihr würdet finden
Sie haben gefunden	Sie hatten gefunden	Sie würden finden
sie haben gefunden	sie hatten gefunden	sie würden finden

SUBJUNCTIVE

PRESENT	PERFECT
ich finde	ich habe gefunden
du findest	du habest gefunden
er/sie finde	er/sie habe gefunden
wir finden	wir haben gefunden
ihr findet	ihr habet gefunden
Sie finden	Sie haben gefunden
sie finden	sie haben gefunden

IMPERFECT	PLUPERFECT
ich fände	ich hätte gefunden
du fändest	du hättest gefunden
er/sie fände	er/sie hätte gefunden
wir fänden	wir hätten gefunden
ihr fändet	ihr hättet gefunden
Sie fänden	Sie hätten gefunden
sie fänden	sie hätten gefunden

FUTURE PERFECT
ich werde gefunden haben
du wirst gefunden haben *etc*

INFINITIVE

PRESENT
finden

PAST
gefunden haben

PARTICIPLE

PRESENT
findend

PAST
gefunden

IMPERATIVE

find(e)!
findet!
finden Sie!
finden wir!

PRESENT
ich flechte
du flichtst *(1)*
er/sie flicht
wir flechten
ihr flechtet
Sie flechten
sie flechten

IMPERFECT
ich flocht
du flochtest
er/sie flocht
wir flochten
ihr flochtet
Sie flochten
sie flochten

FUTURE
ich werde flechten
du wirst flechten
er/sie wird flechten
wir werden flechten
ihr werdet flechten
Sie werden flechten
sie werden flechten

PERFECT
ich habe geflochten
du hast geflochten
er/sie hat geflochten
wir haben geflochten
ihr habt geflochten
Sie haben geflochten
sie haben geflochten

PLUPERFECT
ich hatte geflochten
du hattest geflochten
er/sie hatte geflochten
wir hatten geflochten
ihr hattet geflochten
Sie hatten geflochten
sie hatten geflochten

CONDITIONAL
ich würde flechten
du würdest flechten
er/sie würde flechten
wir würden flechten
ihr würdet flechten
Sie würden flechten
sie würden flechten

SUBJUNCTIVE

PRESENT
ich flechte
du flechtest
er/sie flechte
wir flechten
ihr flechtet
Sie flechten
sie flechten

PERFECT
ich habe geflochten
du habest geflochten
er/sie habe geflochten
wir haben geflochten
ihr habet geflochten
Sie haben geflochten
sie haben geflochten

INFINITIVE

PRESENT
flechten
PAST
geflochten haben

IMPERFECT
ich flöchte
du flöchtest
er/sie flöchte
wir flöchten
ihr flöchtet
Sie flöchten
sie flöchten

PLUPERFECT
ich hätte geflochten
du hättest geflochten
er/sie hätte geflochten
wir hätten geflochten
ihr hättet geflochten
Sie hätten geflochten
sie hätten geflochten

PARTICIPLE

PRESENT
flechtend
PAST
geflochten

IMPERATIVE

flicht!
flechtet!
flechten Sie!
flechten wir!

FUTURE PERFECT
ich werde geflochten haben
du wirst geflochten haben *etc*

NOTE

(1) du flichst *is also possible*

FLIEGEN
49 *to fly*

PRESENT
ich fliege
du fliegst
er/sie fliegt
wir fliegen
ihr fliegt
Sie fliegen
sie fliegen

PERFECT *(1)*
ich bin geflogen
du bist geflogen
er/sie ist geflogen
wir sind geflogen
ihr seid geflogen
Sie sind geflogen
sie sind geflogen

IMPERFECT
ich flog
du flogst
er/sie flog
wir flogen
ihr flogt
Sie flogen
sie flogen

PLUPERFECT *(2)*
ich war geflogen
du warst geflogen
er/sie war geflogen
wir waren geflogen
ihr wart geflogen
Sie waren geflogen
sie waren geflogen

FUTURE
ich werde fliegen
du wirst fliegen
er/sie wird fliegen
wir werden fliegen
ihr werdet fliegen
Sie werden fliegen
sie werden fliegen

CONDITIONAL
ich würde fliegen
du würdest fliegen
er/sie würde fliegen
wir würden fliegen
ihr würdet fliegen
Sie würden fliegen
sie würden fliegen

SUBJUNCTIVE

PRESENT
ich fliege
du fliegest
er/sie fliege
wir fliegen
ihr flieget
Sie fliegen
sie fliegen

IMPERFECT
ich flöge
du flögest
er/sie flöge
wir flögen
ihr flöget
Sie flögen
sie flögen

FUTURE PERFECT *(4)*
ich werde geflogen sein
du wirst geflogen sein *etc*

PERFECT *(1)*
ich sei geflogen
du sei(e)st geflogen
er/sie sei geflogen
wir seien geflogen
ihr seiet geflogen
Sie seien geflogen
sie seien geflogen

PLUPERFECT *(3)*
ich wäre geflogen
du wär(e)st geflogen
er/sie wäre geflogen
wir wären geflogen
ihr wär(e)t geflogen
Sie wären geflogen
sie wären geflogen

INFINITIVE

PRESENT
fliegen
PAST *(5)*
geflogen sein

PARTICIPLE

PRESENT
fliegend

PAST
geflogen

IMPERATIVE

flieg(e)!
fliegt!
fliegen Sie!
fliegen wir!

NOTE

also transitive: **(1) ich habe geflogen** *etc* **(2) ich hatte geflogen** *etc* **(3) ich hätte geflogen** *etc* **(4) ich werde geflogen haben** *etc* **(5) geflogen haben**

PRESENT
ich fliehe
du fliehst
er/sie flieht
wir fliehen
ihr flieht
Sie fliehen
sie fliehen

PERFECT
ich bin geflohen
du bist geflohen
er/sie ist geflohen
wir sind geflohen
ihr seid geflohen
Sie sind geflohen
sie sind geflohen

IMPERFECT
ich floh
du flohst
er/sie floh
wir flohen
ihr floht
Sie flohen
sie flohen

PLUPERFECT
ich war geflohen
du warst geflohen
er/sie war geflohen
wir waren geflohen
ihr wart geflohen
Sie waren geflohen
sie waren geflohen

FUTURE
ich werde fliehen
du wirst fliehen
er/sie wird fliehen
wir werden fliehen
ihr werdet fliehen
Sie werden fliehen
sie werden fliehen

CONDITIONAL
ich würde fliehen
du würdest fliehen
er/sie würde fliehen
wir würden fliehen
ihr würdet fliehen
Sie würden fliehen
sie würden fliehen

SUBJUNCTIVE

PRESENT
ich fliehe
du fliehest
er/sie fliehe
wir fliehen
ihr fliehet
Sie fliehen
sie fliehen

IMPERFECT
ich flöhe
du flöhest
er/sie flöhe
wir flöhen
ihr flöhet
Sie flöhen
sie flöhen

FUTURE PERFECT
ich werde geflohen sein
du wirst geflohen sein *etc*

PERFECT
ich sei geflohen
du sei(e)st geflohen
er/sie sei geflohen
wir seien geflohen
ihr seiet geflohen
Sie seien geflohen
sie seien geflohen

PLUPERFECT
ich wäre geflohen
du wär(e)st geflohen
er/sie wäre geflohen
wir wären geflohen
ihr wär(e)t geflohen
Sie wären geflohen
sie wären geflohen

INFINITIVE

PRESENT
fliehen
PAST
geflohen sein

PARTICIPLE

PRESENT
fliehend
PAST
geflohen

IMPERATIVE

flieh(e)!
flieht!
fliehen Sie!
fliehen wir!

FLIESSEN
51 *to flow*

PRESENT
ich fließe
du fließ(es)t
er/sie fließt
wir fließen
ihr fließt
Sie fließen
sie fließen

IMPERFECT
ich floss
du flossest
er/sie floss
wir flossen
ihr flosst
Sie flossen
sie flossen

FUTURE
ich werde fließen
du wirst fließen
er/sie wird fließen
wir werden fließen
ihr werdet fließen
Sie werden fließen
sie werden fließen

PERFECT
ich bin geflossen
du bist geflossen
er/sie ist geflossen
wir sind geflossen
ihr seid geflossen
Sie sind geflossen
sie sind geflossen

PLUPERFECT
ich war geflossen
du warst geflossen
er/sie war geflossen
wir waren geflossen
ihr wart geflossen
Sie waren geflossen
sie waren geflossen

CONDITIONAL
ich würde fließen
du würdest fließen
er/sie würde fließen
wir würden fließen
ihr würdet fließen
Sie würden fließen
sie würden fließen

SUBJUNCTIVE

PRESENT
ich fließe
du fließest
er/sie fließe
wir fließen
ihr fließet
Sie fließen
sie fließen

PERFECT
ich sei geflossen
du sei(e)st geflossen
er/sie sei geflossen
wir seien geflossen
ihr seiet geflossen
Sie seien geflossen
sie seien geflossen

INFINITIVE

PRESENT
fließen
PAST
geflossen sein

PARTICIPLE

PRESENT
fließend

IMPERFECT
ich flösse
du flössest
er/sie flösse
wir flössen
ihr flösset
Sie flössen
sie flössen

PLUPERFECT
ich wäre geflossen
du wär(e)st geflossen
er/sie wäre geflossen
wir wären geflossen
ihr wär(e)t geflossen
Sie wären geflossen
sie wären geflossen

PAST
geflossen

IMPERATIVE

fließ(e)!
fließt!
fließen Sie!
fließen wir!

FUTURE PERFECT
ich werde geflossen sein
du wirst geflossen sein *etc*

PRESENT
ich frage
du fragst
er/sie fragt
wir fragen
ihr fragt
Sie fragen
sie fragen

IMPERFECT *(1)*
ich fragte
du fragtest
er/sie fragte
wir fragten
ihr fragtet
Sie fragten
sie fragten

FUTURE
ich werde fragen
du wirst fragen
er/sie wird fragen
wir werden fragen
ihr werdet fragen
Sie werden fragen
sie werden fragen

PERFECT
ich habe gefragt
du hast gefragt
er/sie hat gefragt
wir haben gefragt
ihr habt gefragt
Sie haben gefragt
sie haben gefragt

PLUPERFECT
ich hatte gefragt
du hattest gefragt
er/sie hatte gefragt
wir hatten gefragt
ihr hattet gefragt
Sie hatten gefragt
sie hatten gefragt

CONDITIONAL
ich würde fragen
du würdest fragen
er/sie würde fragen
wir würden fragen
ihr würdet fragen
Sie würden fragen
sie würden fragen

SUBJUNCTIVE

PRESENT
ich frage
du fragest
er/sie frage
wir fragen
ihr fraget
Sie fragen
sie fragen

PERFECT
ich habe gefragt
du habest gefragt
er/sie habe gefragt
wir haben gefragt
ihr habet gefragt
Sie haben gefragt
sie haben gefragt

INFINITIVE

PRESENT
fragen

PAST
gefragt haben

IMPERFECT
ich fragte
du fragtest
er/sie fragte
wir fragten
ihr fragtet
Sie fragten
sie fragten

PLUPERFECT
ich hätte gefragt
du hättest gefragt
er/sie hätte gefragt
wir hätten gefragt
ihr hättet gefragt
Sie hätten gefragt
sie hätten gefragt

PARTICIPLE

PRESENT
fragend

PAST
gefragt

IMPERATIVE
frag(e)!
fragt!
fragen Sie!
fragen wir!

FUTURE PERFECT
ich werde gefragt haben
du wirst gefragt haben *etc*

NOTE

(1) older forms: ich frug, du frugst *etc*

PRESENT
ich fresse
du frisst
er/sie frisst
wir fressen
ihr fresst
Sie fressen
sie fressen

IMPERFECT
ich fraß
du fraßest
er/sie fraß
wir fraßen
ihr fraßt
Sie fraßen
sie fraßen

FUTURE
ich werde fressen
du wirst fressen
er/sie wird fressen
wir werden fressen
ihr werdet fressen
Sie werden fressen
sie werden fressen

PERFECT
ich habe gefressen
du hast gefressen
er/sie hat gefressen
wir haben gefressen
ihr habt gefressen
Sie haben gefressen
sie haben gefressen

PLUPERFECT
ich hatte gefressen
du hattest gefressen
er/sie hatte gefressen
wir hatten gefressen
ihr hattet gefressen
Sie hatten gefressen
sie hatten gefressen

CONDITIONAL
ich würde fressen
du würdest fressen
er/sie würde fressen
wir würden fressen
ihr würdet fressen
Sie würden fressen
sie würden fressen

SUBJUNCTIVE

PRESENT
ich fresse
du fressest
er/sie fresse
wir fressen
ihr fresset
Sie fressen
sie fressen

PERFECT
ich habe gefressen
du habest gefressen
er/sie habe gefressen
wir haben gefressen
ihr habet gefressen
Sie haben gefressen
sie haben gefressen

INFINITIVE

PRESENT
fressen
PAST
gefressen haben

IMPERFECT
ich fräße
du fräßest
er/sie fräße
wir fräßen
ihr fräßet
Sie fräßen
sie fräßen

PLUPERFECT
ich hätte gefressen
du hättest gefressen
er/sie hätte gefressen
wir hätten gefressen
ihr hättet gefressen
Sie hätten gefressen
sie hätten gefressen

PARTICIPLE

PRESENT
fressend

PAST
gefressen

IMPERATIVE

friss!
fresst!
fressen Sie!
fressen wir!

FUTURE PERFECT
ich werde gefressen haben
du wirst gefressen haben *etc*

PRESENT
ich friere
du frierst
er/sie friert
wir frieren
ihr friert
Sie frieren
sie frieren

PERFECT *(1)*
ich habe gefroren
du hast gefroren
er/sie hat gefroren
wir haben gefroren
ihr habt gefroren
Sie haben gefroren
sie haben gefroren

IMPERFECT
ich fror
du frorst
er/sie fror
wir froren
ihr fort
Sie froren
sie froren

PLUPERFECT *(2)*
ich hatte gefroren
du hattest gefroren
er/sie hatte gefroren
wir hatten gefroren
ihr hattet gefroren
Sie hatten gefroren
sie hatten gefroren

FUTURE
ich werde frieren
du wirst frieren
er/sie wird frieren
wir werden frieren
ihr werdet frieren
Sie werden frieren
sie werden frieren

CONDITIONAL
ich würde frieren
du würdest frieren
er/sie würde frieren
wir würden frieren
ihr würdet frieren
Sie würden frieren
sie würden frieren

SUBJUNCTIVE

PRESENT
ich friere
du frierest
er/sie friere
wir frieren
ihr frieret
Sie frieren
sie frieren

IMPERFECT
ich fröre
du frörest
er/sie fröre
wir frören
ihr fröret
Sie frören
sie frören

FUTURE PERFECT *(5)*
ich werde gefroren haben
du wirst gefroren haben *etc*

PERFECT *(3)*
ich habe gefroren
du habest gefroren
er/sie habe gefroren
wir haben gefroren
ihr habet gefroren
Sie haben gefroren
sie haben gefroren

PLUPERFECT *(4)*
ich hätte gefroren
du hättest gefroren
er/sie hätte gefroren
wir hätten gefroren
ihr hättet gefroren
Sie hätten gefroren
sie hätten gefroren

INFINITIVE

PRESENT
frieren
PAST *(6)*
gefroren haben

PARTICIPLE

PRESENT
frierend

PAST
gefroren

IMPERATIVE
frier(e)!
friert!
frieren Sie!
frieren wir!

NOTE

also intransitive: (1) ich bin gefroren *etc (2)* ich war gefroren *etc (3)* ich sei gefroren *etc (4)* ich wäre gefroren *etc (5)* ich werde gefroren sein *etc (6)* gefroren sein

GEBÄREN
55 *to give birth*

PRESENT
ich gebäre
du gebärst *(1)*
er/sie gebärt *(2)*
wir gebären
ihr gebärt
Sie gebären
sie gebären

IMPERFECT
ich gebar
du gebarst
er/sie gebar
wir gebaren
ihr gebart
Sie gebaren
sie gebaren

FUTURE
ich werde gebären
du wirst gebären
er/sie wird gebären
wir werden gebären
ihr werdet gebären
Sie werden gebären
sie werden gebären

PERFECT
ich habe geboren
du hast geboren
er/sie hat geboren
wir haben geboren
ihr habt geboren
Sie haben geboren
sie haben geboren

PLUPERFECT
ich hatte geboren
du hattest geboren
er/sie hatte geboren
wir hatten geboren
ihr hattet geboren
Sie hatten geboren
sie hatten geboren

CONDITIONAL
ich würde gebären
du würdest gebären
er/sie würde gebären
wir würden gebären
ihr würdet gebären
Sie würden gebären
sie würden gebären

SUBJUNCTIVE

PRESENT
ich gebäre
du gebärest
er/sie gebäre
wir gebären
ihr gebäret
Sie gebären
sie gebären

PERFECT
ich habe geboren
du habest geboren
er/sie habe geboren
wir haben geboren
ihr habet geboren
Sie haben geboren
sie haben geboren

INFINITIVE

PRESENT
gebären
PAST
geboren haben

PARTICIPLE

PRESENT
gebärend

IMPERFECT
ich gebäre
du gebärest
er/sie gebäre
wir gebären
ihr gebäret
Sie gebären
sie gebären

PLUPERFECT
ich hätte geboren
du hättest geboren
er/sie hätte geboren
wir hätten geboren
ihr hättet geboren
Sie hätten geboren
sie hätten geboren

PAST
geboren

IMPERATIVE

gebär(e)! *(3)*
gebärt!
gebären Sie!
gebären wir!

FUTURE PERFECT
ich werde geboren haben
du wirst geboren haben *etc*

NOTE

older forms: (1) du gebierst (2) er/sie gebiert
(3) gebier!

PRESENT
ich gebe
du gibst
er/sie gibt
wir geben
ihr gebt
Sie geben
sie geben

PERFECT
ich habe gegeben
du hast gegeben
er/sie hat gegeben
wir haben gegeben
ihr habt gegeben
Sie haben gegeben
sie haben gegeben

IMPERFECT
ich gab
du gabst
er/sie gab
wir gaben
ihr gabt
Sie gaben
sie gaben

PLUPERFECT
ich hatte gegeben
du hattest gegeben
er/sie hatte gegeben
wir hatten gegeben
ihr hattet gegeben
Sie hatten gegeben
sie hatten gegeben

FUTURE
ich werde geben
du wirst geben
er/sie wird geben
wir werden geben
ihr werdet geben
Sie werden geben
sie werden geben

CONDITIONAL
ich würde geben
du würdest geben
er/sie würde geben
wir würden geben
ihr würdet geben
Sie würden geben
sie würden geben

SUBJUNCTIVE

PRESENT
ich gebe
du gebest
er/sie gebe
wir geben
ihr gebet
Sie geben
sie geben

IMPERFECT
ich gäbe
du gäbest
er/sie gäbe
wir gäben
ihr gäbet
Sie gäben
sie gäben

FUTURE PERFECT
ich werde gegeben haben
du wirst gegeben haben *etc*

PERFECT
ich habe gegeben
du habest gegeben
er/sie habe gegeben
wir haben gegeben
ihr habet gegeben
Sie haben gegeben
sie haben gegeben

PLUPERFECT
ich hätte gegeben
du hättest gegeben
er/sie hätte gegeben
wir hätten gegeben
ihr hättet gegeben
Sie hätten gegeben
sie hätten gegeben

INFINITIVE

PRESENT
geben
PAST
gegeben haben

PARTICIPLE

PRESENT
gebend
PAST
gegeben

IMPERATIVE

gib!
gebt!
geben Sie!
geben wir!

GEDEIHEN
57 *to thrive*

PRESENT
ich gedeihe
du gedeihst
er/sie gedeiht
wir gedeihen
ihr gedeiht
Sie gedeihen
sie gedeihen

IMPERFECT
ich gedieh
du gediehst
er/sie gedieh
wir gediehen
ihr gedieht
Sie gediehen
sie gediehen

FUTURE
ich werde gedeihen
du wirst gedeihen
er/sie wird gedeihen
wir werden gedeihen
ihr werdet gedeihen
Sie werden gedeihen
sie werden gedeihen

PERFECT
ich bin gediehen
du bist gediehen
er/sie ist gediehen
wir sind gediehen
ihr seid gediehen
Sie sind gediehen
sie sind gediehen

PLUPERFECT
ich war gediehen
du warst gediehen
er/sie war gediehen
wir waren gediehen
ihr wart gediehen
Sie waren gediehen
sie waren gediehen

CONDITIONAL
ich würde gedeihen
du würdest gedeihen
er/sie würde gedeihen
wir würden gedeihen
ihr würdet gedeihen
Sie würden gedeihen
sie würden gedeihen

SUBJUNCTIVE

PRESENT
ich gedeihe
du gedeihest
er/sie gedeihe
wir gedeihen
ihr gedeihet
Sie gedeihen
sie gedeihen

PERFECT
ich sei gediehen
du sei(e)st gediehen
er/sie sei gediehen
wir seien gediehen
ihr seiet gediehen
Sie seien gediehen
sie seien gediehen

IMPERFECT
ich gediehe
du gediehest
er/sie gediehe
wir gediehen
ihr gediehet
Sie gediehen
sie gediehen

PLUPERFECT
ich wäre gediehen
du wär(e)st gediehen
er/sie wäre gediehen
wir wären gediehen
ihr wär(e)t gediehen
Sie wären gediehen
sie wären gediehen

FUTURE PERFECT
ich werde gediehen sein
du wirst gediehen sein *etc*

INFINITIVE

PRESENT
gedeihen

PAST
gediehen sein

PARTICIPLE

PRESENT
gedeihend

PAST
gediehen

IMPERATIVE

gedeih(e)!
gedeiht!
gedeihen Sie!
gedeihen wir!

PRESENT
ich gehe
du gehst
er/sie geht
wir gehen
ihr geht
Sie gehen
sie gehen

PERFECT
ich bin gegangen
du bist gegangen
er/sie ist gegangen
wir sind gegangen
ihr seid gegangen
Sie sind gegangen
sie sind gegangen

IMPERFECT
ich ging
du gingst
er/sie ging
wir gingen
ihr gingt
Sie gingen
sie gingen

PLUPERFECT
ich war gegangen
du warst gegangen
er/sie war gegangen
wir waren gegangen
ihr wart gegangen
Sie waren gegangen
sie waren gegangen

FUTURE
ich werde gehen
du wirst gehen
er/sie wird gehen
wir werden gehen
ihr werdet gehen
Sie werden gehen
sie werden gehen

CONDITIONAL
ich würde gehen
du würdest gehen
er/sie würde gehen
wir würden gehen
ihr würdet gehen
Sie würden gehen
sie würden gehen

SUBJUNCTIVE

PRESENT
ich gehe
du gehest
er/sie gehe
wir gehen
ihr gehet
Sie gehen
sie gehen

IMPERFECT
ich ginge
du gingest
er/sie ginge
wir gingen
ihr ginget
Sie gingen
sie gingen

FUTURE PERFECT
ich werde gegangen sein
du wirst gegangen sein *etc*

PERFECT
ich sei gegangen
du sei(e)st gegangen
er/sie sei gegangen
wir seien gegangen
ihr seiet gegangen
Sie seien gegangen
sie seien gegangen

PLUPERFECT
ich wäre gegangen
du wär(e)st gegangen
er/sie wäre gegangen
wir wären gegangen
ihr wär(e)t gegangen
Sie wären gegangen
sie wären gegangen

INFINITIVE

PRESENT
gehen
PAST
gegangen sein

PARTICIPLE

PRESENT
gehend
PAST
gegangen

IMPERATIVE
geh(e)!
geht!
gehen Sie!
gehen wir!

GELINGEN
59 *to succeed*

PRESENT
es gelingt

IMPERFECT
es gelang

FUTURE
es wird gelingen

PERFECT
es ist gelungen

PLUPERFECT
es war gelungen

CONDITIONAL
es würde gelingen

SUBJUNCTIVE

INFINITIVE

PRESENT
es gelinge

PERFECT
es sei gelungen

PRESENT
gelingen

PAST
gelungen sein

PARTICIPLE

PRESENT
gelingend

IMPERFECT
es gelänge

PLUPERFECT
es wäre gelungen

PAST
gelungen

IMPERATIVE
geling(e)!
gelingt!

FUTURE PERFECT
es wird gelungen sein

NOTE
impersonal verb, only used in 3rd person singular

PRESENT
ich gelte
du giltst
er/sie gilt
wir gelten
ihr geltet
Sie gelten
sie gelten

IMPERFECT
ich galt
du galtst
er/sie galt
wir galten
ihr galtet
Sie galten
sie galten

FUTURE
ich werde gelten
du wirst gelten
er/sie wird gelten
wir werden gelten
ihr werdet gelten
Sie werden gelten
sie werden gelten

PERFECT
ich habe gegolten
du hast gegolten
er/sie hat gegolten
wir haben gegolten
ihr habt gegolten
Sie haben gegolten
sie haben gegolten

PLUPERFECT
ich hatte gegolten
du hattest gegolten
er/sie hatte gegolten
wir hatten gegolten
ihr hattet gegolten
Sie hatten gegolten
sie hatten gegolten

CONDITIONAL
ich würde gelten
du würdest gelten
er/sie würde gelten
wir würden gelten
ihr würdet gelten
Sie würden gelten
sie würden gelten

SUBJUNCTIVE

PRESENT
ich gelte
du geltest
er/sie gelte
wir gelten
ihr geltet
Sie gelten
sie gelten

IMPERFECT *(1)*
ich gälte
du gältest
er/sie gälte
wir gälten
ihr gältet
Sie gälten
sie gälten

FUTURE PERFECT
ich werde gegolten haben
du wirst gegolten haben *etc*

PERFECT
ich habe gegolten
du habest gegolten
er/sie habe gegolten
wir haben gegolten
ihr habet gegolten
Sie haben gegolten
sie haben gegolten

PLUPERFECT
ich hätte gegolten
du hättest gegolten
er/sie hätte gegolten
wir hätten gegolten
ihr hättet gegolten
Sie hätten gegolten
sie hätten gegolten

INFINITIVE

PRESENT
gelten
PAST
gegolten haben

PARTICIPLE

PRESENT
geltend
PAST
gegolten

IMPERATIVE

gilt!
geltet!
gelten Sie!
gelten wir!

NOTE

(1) **ich gölte, du göltest** *etc is also possible*

GENESEN
61 *to convalesce, to recover*

PRESENT
ich genese
du genest
er/sie genest
wir genesen
ihr genest
Sie genesen
sie genesen

IMPERFECT
ich genas
du genasest
er/sie genas
wir genasen
ihr genast
Sie genasen
sie genasen

FUTURE
ich werde genesen
du wirst genesen
er/sie wird genesen
wir werden genesen
ihr werdet genesen
Sie werden genesen
sie werden genesen

PERFECT
ich bin genesen
du bist genesen
er/sie ist genesen
wir sind genesen
ihr seid genesen
Sie sind genesen
sie sind genesen

PLUPERFECT
ich war genesen
du warst genesen
er/sie war genesen
wir waren genesen
ihr wart genesen
Sie waren genesen
sie waren genesen

CONDITIONAL
ich würde genesen
du würdest genesen
er/sie würde genesen
wir würden genesen
ihr würdet genesen
Sie würden genesen
sie würden genesen

SUBJUNCTIVE

PRESENT
ich genese
du genesest
er/sie genese
wir genesen
ihr geneset
Sie genesen
sie genesen

PERFECT
ich sei genesen
du sei(e)st genesen
er/sie sei genesen
wir seien genesen
ihr seiet genesen
Sie seien genesen
sie seien genesen

IMPERFECT
ich genäse
du genäsest
er/sie genäse
wir genäsen
ihr genäset
Sie genäsen
sie genäsen

PLUPERFECT
ich wäre genesen
du wär(e)st genesen
er/sie wäre genesen
wir wären genesen
ihr wär(e)t genesen
Sie wären genesen
sie wären genesen

FUTURE PERFECT
ich werde genesen sein
du wirst genesen sein *etc*

INFINITIVE

PRESENT
genesen
PAST
genesen sein

PARTICIPLE

PRESENT
genesend
PAST
genesen

IMPERATIVE
genes(e)!
genest!
genesen Sie!
genesen wir!

PRESENT
ich genieße
du genießt
er/sie genießt
wir genießen
ihr genießt
Sie genießen
sie genießen

IMPERFECT
ich genoss
du genossest
er/sie genoss
wir genossen
ihr genosst
Sie genossen
sie genossen

FUTURE
ich werde genießen
du wirst genießen
er/sie wird genießen
wir werden genießen
ihr werdet genießen
Sie werden genießen
sie werden genießen

PERFECT
ich habe genossen
du hast genossen
er/sie hat genossen
wir haben genossen
ihr habt genossen
Sie haben genossen
sie haben genossen

PLUPERFECT
ich hatte genossen
du hattest genossen
er/sie hatte genossen
wir hatten genossen
ihr hattet genossen
Sie hatten genossen
sie hatten genossen

CONDITIONAL
ich würde genießen
du würdest genießen
er/sie würde genießen
wir würden genießen
ihr würdet genießen
Sie würden genießen
sie würden genießen

SUBJUNCTIVE

PRESENT
ich genieße
du genießest
er/sie genieße
wir genießen
ihr genießet
Sie genießen
sie genießen

PERFECT
ich habe genossen
du habest genossen
er/sie habe genossen
wir haben genossen
ihr habet genossen
Sie haben genossen
sie haben genossen

INFINITIVE

PRESENT
genießen
PAST
genossen haben

IMPERFECT
ich genösse
du genössest
er/sie genösse
wir genössen
ihr genösset
Sie genössen
sie genössen

PLUPERFECT
ich hätte genossen
du hättest genossen
er/sie hätte genossen
wir hätten genossen
ihr hättet genossen
Sie hätten genossen
sie hätten genossen

PARTICIPLE

PRESENT
genießend
PAST
genossen

IMPERATIVE
genieß(e)!
genießt!
genießen Sie!
genießen wir!

FUTURE PERFECT
ich werde genossen haben
du wirst genossen haben *etc*

GERATEN
63 *to get; to turn out*

PRESENT
ich gerate
du gerätst
er/sie gerät
wir geraten
ihr geratet
Sie geraten
sie geraten

PERFECT
ich bin geraten
du bist geraten
er/sie ist geraten
wir sind geraten
ihr seid geraten
Sie sind geraten
sie sind geraten

IMPERFECT
ich geriet
du gerietst
er/sie geriet
wir gerieten
ihr gerietet
Sie gerieten
sie gerieten

PLUPERFECT
ich war geraten
du warst geraten
er/sie war geraten
wir waren geraten
ihr wart geraten
Sie waren geraten
sie waren geraten

FUTURE
ich werde geraten
du wirst geraten
er/sie wird geraten
wir werden geraten
ihr werdet geraten
Sie werden geraten
sie werden geraten

CONDITIONAL
ich würde geraten
du würdest geraten
er/sie würde geraten
wir würden geraten
ihr würdet geraten
Sie würden geraten
sie würden geraten

SUBJUNCTIVE

PRESENT
ich gerate
du geratest
er/sie gerate
wir geraten
ihr geratet
Sie geraten
sie geraten

IMPERFECT
ich geriete
du gerietest
er/sie geriete
wir gerieten
ihr gerietet
Sie gerieten
sie gerieten

FUTURE PERFECT
ich werde geraten sein
du wirst geraten sein *etc*

PERFECT
ich sei geraten
du sei(e)st geraten
er/sie sei geraten
wir seien geraten
ihr seiet geraten
Sie seien geraten
sie seien geraten

PLUPERFECT
ich wäre geraten
du wär(e)st geraten
er/sie wäre geraten
wir wären geraten
ihr wär(e)t geraten
Sie wären geraten
sie wären geraten

INFINITIVE

PRESENT
geraten
PAST
geraten sein

PARTICIPLE

PRESENT
geratend
PAST
geraten

IMPERATIVE

gerat(e)!
geratet!
geraten Sie!
geraten wir!

PRESENT
es geschieht

IMPERFECT
es geschah

FUTURE
es wird geschehen

PERFECT
es ist geschehen

PLUPERFECT
es war geschehen

CONDITIONAL
es würde geschehen

SUBJUNCTIVE

PRESENT
es geschehe

PERFECT
es sei geschehen

INFINITIVE

PRESENT
geschehen

PAST
geschehen sein

PARTICIPLE

PRESENT
geschehend

IMPERFECT
es geschähe

PLUPERFECT
es wäre geschehen

PAST
geschehen

IMPERATIVE

gescheh(e)!
gescheht!

FUTURE PERFECT
es wird geschehen sein

NOTE

impersonal verb, only used in 3rd person singular

GEWINNEN
65 *to win*

PRESENT
ich gewinne
du gewinnst
er/sie gewinnt
wir gewinnen
ihr gewinnt
Sie gewinnen
sie gewinnen

PERFECT
ich habe gewonnen
du hast gewonnen
er/sie hat gewonnen
wir haben gewonnen
ihr habt gewonnen
Sie haben gewonnen
sie haben gewonnen

IMPERFECT
ich gewann
du gewannst
er/sie gewann
wir gewannen
ihr gewannt
Sie gewannen
sie gewannen

PLUPERFECT
ich hatte gewonnen
du hattest gewonnen
er/sie hatte gewonnen
wir hatten gewonnen
ihr hattet gewonnen
Sie hatten gewonnen
sie hatten gewonnen

FUTURE
ich werde gewinnen
du wirst gewinnen
er/sie wird gewinnen
wir werden gewinnen
ihr werdet gewinnen
Sie werden gewinnen
sie werden gewinnen

CONDITIONAL
ich würde gewinnen
du würdest gewinnen
er/sie würde gewinnen
wir würden gewinnen
ihr würdet gewinnen
Sie würden gewinnen
sie würden gewinnen

SUBJUNCTIVE

PRESENT
ich gewinne
du gewinnest
er/sie gewinne
wir gewinnen
ihr gewinnet
Sie gewinnen
sie gewinnen

IMPERFECT *(1)*
ich gewänne
du gewännest
er/sie gewänne
wir gewännen
ihr gewännet
Sie gewännen
sie gewännen

FUTURE PERFECT
ich werde gewonnen haben
du wirst gewonnen haben *etc*

PERFECT
ich habe gewonnen
du habest gewonnen
er/sie habe gewonnen
wir haben gewonnen
ihr habet gewonnen
Sie haben gewonnen
sie haben gewonnen

PLUPERFECT
ich hätte gewonnen
du hättest gewonnen
er/sie hätte gewonnen
wir hätten gewonnen
ihr hättet gewonnen
Sie hätten gewonnen
sie hätten gewonnen

INFINITIVE

PRESENT
gewinnen
PAST
gewonnen haben

PARTICIPLE

PRESENT
gewinnend
PAST
gewonnen

IMPERATIVE

gewinn(e)!
gewinnt!
gewinnen Sie!
gewinnen wir!

NOTE

(1) ich gewönne, du gewönnest etc is also possible

PRESENT
ich gieße
du gießt
er/sie gießt
wir gießen
ihr gießt
Sie gießen
sie gießen

IMPERFECT
ich goss
du gossest
er/sie goss
wir gossen
ihr gosst
Sie gossen
sie gossen

FUTURE
ich werde gießen
du wirst gießen
er/sie wird gießen
wir werden gießen
ihr werdet gießen
Sie werden gießen
sie werden gießen

PERFECT
ich habe gegossen
du hast gegossen
er/sie hat gegossen
wir haben gegossen
ihr habt gegossen
Sie haben gegossen
sie haben gegossen

PLUPERFECT
ich hatte gegossen
du hattest gegossen
er/sie hatte gegossen
wir hatten gegossen
ihr hattet gegossen
Sie hatten gegossen
sie hatten gegossen

CONDITIONAL
ich würde gießen
du würdest gießen
er/sie würde gießen
wir würden gießen
ihr würdet gießen
Sie würden gießen
sie würden gießen

SUBJUNCTIVE

PRESENT
ich gieße
du gießest
er/sie gieße
wir gießen
ihr gießet
Sie gießen
sie gießen

PERFECT
ich habe gegossen
du habest gegossen
er/sie habe gegossen
wir haben gegossen
ihr habet gegossen
Sie haben gegossen
sie haben gegossen

INFINITIVE

PRESENT
gießen

PAST
gegossen haben

PARTICIPLE

PRESENT
gießend

IMPERFECT
ich gösse
du gössest
er/sie gösse
wir gössen
ihr gösset
Sie gössen
sie gössen

PLUPERFECT
ich hätte gegossen
du hättest gegossen
er/sie hätte gegossen
wir hätten gegossen
ihr hättet gegossen
Sie hätten gegossen
sie hätten gegossen

PAST
gegossen

IMPERATIVE

gieß(e)!
gießt!
gießen Sie!
gießen wir!

FUTURE PERFECT
ich werde gegossen haben
du wirst gegossen haben *etc*

GLEICHEN
67 *to resemble, to be similar to*

PRESENT
ich gleiche
du gleichst
er/sie gleicht
wir gleichen
ihr gleicht
Sie gleichen
sie gleichen

IMPERFECT
ich glich
du glichst
er/sie glich
wir glichen
ihr glicht
Sie glichen
sie glichen

FUTURE
ich werde gleichen
du wirst gleichen
er/sie wird gleichen
wir werden gleichen
ihr werdet gleichen
Sie werden gleichen
sie werden gleichen

PERFECT
ich habe geglichen
du hast geglichen
er/sie hat geglichen
wir haben geglichen
ihr habt geglichen
Sie haben geglichen
sie haben geglichen

PLUPERFECT
ich hatte geglichen
du hattest geglichen
er/sie hatte geglichen
wir hatten geglichen
ihr hattet geglichen
Sie hatten geglichen
sie hatten geglichen

CONDITIONAL
ich würde gleichen
du würdest gleichen
er/sie würde gleichen
wir würden gleichen
ihr würdet gleichen
Sie würden gleichen
sie würden gleichen

SUBJUNCTIVE

PRESENT
ich gleiche
du gleichest
er/sie gleiche
wir gleichen
ihr gleichet
Sie gleichen
sie gleichen

PERFECT
ich habe geglichen
du habest geglichen
er/sie habe geglichen
wir haben geglichen
ihr habet geglichen
Sie haben geglichen
sie haben geglichen

IMPERFECT
ich gliche
du glichest
er/sie gliche
wir glichen
ihr glichet
Sie glichen
sie glichen

PLUPERFECT
ich hätte geglichen
du hättest geglichen
er/sie hätte geglichen
wir hätten geglichen
ihr hättet geglichen
Sie hätten geglichen
sie hätten geglichen

FUTURE PERFECT
ich werde geglichen haben
du wirst geglichen haben *etc*

INFINITIVE

PRESENT
gleichen
PAST
geglichen haben

PARTICIPLE

PRESENT
gleichend

PAST
geglichen

IMPERATIVE
gleich(e)!
gleicht!
gleichen Sie!
gleichen wir!

PRESENT
ich gleite
du gleitest
er/sie gleitet
wir gleiten
ihr gleitet
Sie gleiten
sie gleiten

PERFECT
ich bin geglitten
du bist geglitten
er/sie ist geglitten
wir sind geglitten
ihr seid geglitten
Sie sind geglitten
sie sind geglitten

IMPERFECT
ich glitt
du glittst
er/sie glitt
wir glitten
ihr glittet
Sie glitten
sie glitten

PLUPERFECT
ich war geglitten
du warst geglitten
er/sie war geglitten
wir waren geglitten
ihr wart geglitten
Sie waren geglitten
sie waren geglitten

FUTURE
ich werde gleiten
du wirst gleiten
er/sie wird gleiten
wir werden gleiten
ihr werdet gleiten
Sie werden gleiten
sie werden gleiten

CONDITIONAL
ich würde gleiten
du würdest gleiten
er/sie würde gleiten
wir würden gleiten
ihr würdet gleiten
Sie würden gleiten
sie würden gleiten

SUBJUNCTIVE

PRESENT
ich gleite
du gleitest
er/sie gleite
wir gleiten
ihr gleitet
Sie gleiten
sie gleiten

IMPERFECT
ich glitte
du glittest
er/sie glitte
wir glitten
ihr glittet
Sie glitten
sie glitten

PERFECT
ich sei geglitten
du sei(e)st geglitten
er/sie sei geglitten
wir seien geglitten
ihr seiet geglitten
Sie seien geglitten
sie seien geglitten

PLUPERFECT
ich wäre geglitten
du wär(e)st geglitten
er/sie wäre geglitten
wir wären geglitten
ihr wär(e)t geglitten
Sie wären geglitten
sie wären geglitten

FUTURE PERFECT
ich werde geglitten sein
du wirst geglitten sein *etc*

INFINITIVE

PRESENT
gleiten
PAST
geglitten sein

PARTICIPLE

PRESENT
gleitend
PAST
geglitten

IMPERATIVE

gleit(e)!
gleitet!
gleiten Sie!
gleiten wir!

GRABEN
69 _to dig_

PRESENT
ich grabe
du gräbst
er/sie gräbt
wir graben
ihr grabt
Sie graben
sie graben

IMPERFECT
ich grub
du grubst
er/sie grub
wir gruben
ihr grubt
Sie gruben
sie gruben

FUTURE
ich werde graben
du wirst graben
er/sie wird graben
wir werden graben
ihr werdet graben
Sie werden graben
sie werden graben

PERFECT
ich habe gegraben
du hast gegraben
er/sie hat gegraben
wir haben gegraben
ihr habt gegraben
Sie haben gegraben
sie haben gegraben

PLUPERFECT
ich hatte gegraben
du hattest gegraben
er/sie hatte gegraben
wir hatten gegraben
ihr hattet gegraben
Sie hatten gegraben
sie hatten gegraben

CONDITIONAL
ich würde graben
du würdest graben
er/sie würde graben
wir würden graben
ihr würdet graben
Sie würden graben
sie würden graben

SUBJUNCTIVE

PRESENT
ich grabe
du grabest
er/sie grabe
wir graben
ihr grabet
Sie graben
sie graben

PERFECT
ich habe gegraben
du habest gegraben
er/sie habe gegraben
wir haben gegraben
ihr habet gegraben
Sie haben gegraben
sie haben gegraben

INFINITIVE

PRESENT
graben
PAST
gegraben haben

IMPERFECT
ich grübe
du grübest
er/sie grübe
wir grüben
ihr grübet
Sie grüben
sie grüben

PLUPERFECT
ich hätte gegraben
du hättest gegraben
er/sie hätte gegraben
wir hätten gegraben
ihr hättet gegraben
Sie hätten gegraben
sie hätten gegraben

PARTICIPLE

PRESENT
grabend

PAST
gegraben

IMPERATIVE

grab(e)!
grabt!
graben Sie!
graben wir!

FUTURE PERFECT
ich werde gegraben haben
du wirst gegraben haben _etc_

PRESENT
ich greife
du greifst
er/sie greift
wir greifen
ihr greift
Sie greifen
sie greifen

IMPERFECT
ich griff
du griffst
er/sie griff
wir griffen
ihr grifft
Sie griffen
sie griffen

FUTURE
ich werde greifen
du wirst greifen
er/sie wird greifen
wir werden greifen
ihr werdet greifen
Sie werden greifen
sie werden greifen

PERFECT
ich habe gegriffen
du hast gegriffen
er/sie hat gegriffen
wir haben gegriffen
ihr habt gegriffen
Sie haben gegriffen
sie haben gegriffen

PLUPERFECT
ich hatte gegriffen
du hattest gegriffen
er/sie hatte gegriffen
wir hatten gegriffen
ihr hattet gegriffen
Sie hatten gegriffen
sie hatten gegriffen

CONDITIONAL
ich würde greifen
du würdest greifen
er/sie würde greifen
wir würden greifen
ihr würdet greifen
Sie würden greifen
sie würden greifen

SUBJUNCTIVE

PRESENT
ich greife
du greifest
er/sie greife
wir greifen
ihr greifet
Sie greifen
sie greifen

PERFECT
ich habe gegriffen
du habest gegriffen
er/sie habe gegriffen
wir haben gegriffen
ihr habet gegriffen
Sie haben gegriffen
sie haben gegriffen

INFINITIVE

PRESENT
greifen

PAST
gegriffen haben

PARTICIPLE

PRESENT
greifend

IMPERFECT
ich griffe
du griffest
er/sie griffe
wir griffen
ihr griffet
Sie griffen
sie griffen

PLUPERFECT
ich hätte gegriffen
du hättest gegriffen
er/sie hätte gegriffen
wir hätten gegriffen
ihr hättet gegriffen
Sie hätten gegriffen
sie hätten gegriffen

PAST
gegriffen

IMPERATIVE

greif(e)!
greift!
greifen Sie!
greifen wir!

FUTURE PERFECT
ich werde gegriffen haben
du wirst gegriffen haben *etc*

GRÜSSEN
71 *to greet, to salute*

PRESENT	IMPERFECT	FUTURE
ich grüße	ich grüßte	ich werde grüßen
du grüßt	du grüßtest	du wirst grüßen
er/sie grüßt	er/sie grüßte	er/sie wird grüßen
wir grüßen	wir grüßten	wir werden grüßen
ihr grüßt	ihr grüßtet	ihr werdet grüßen
Sie grüßen	Sie grüßten	Sie werden grüßen
sie grüßen	sie grüßten	sie werden grüßen

PERFECT	PLUPERFECT	CONDITIONAL
ich habe gegrüßt	ich hatte gegrüßt	ich würde grüßen
du hast gegrüßt	du hattest gegrüßt	du würdest grüßen
er/sie hat gegrüßt	er/sie hatte gegrüßt	er/sie würde grüßen
wir haben gegrüßt	wir hatten gegrüßt	wir würden grüßen
ihr habt gegrüßt	ihr hattet gegrüßt	ihr würdet grüßen
Sie haben gegrüßt	Sie hatten gegrüßt	Sie würden grüßen
sie haben gegrüßt	sie hatten gegrüßt	sie würden grüßen

SUBJUNCTIVE

PRESENT	PERFECT
ich grüße	ich habe gegrüßt
du grüßest	du habest gegrüßt
er/sie grüße	er/sie habe gegrüßt
wir grüßen	wir haben gegrüßt
ihr grüßet	ihr habet gegrüßt
Sie grüßen	Sie haben gegrüßt
sie grüßen	sie haben gegrüßt

IMPERFECT	PLUPERFECT
ich grüßte	ich hätte gegrüßt
du grüßtest	du hättest gegrüßt
er/sie grüßte	er/sie hätte gegrüßt
wir grüßten	wir hätten gegrüßt
ihr grüßtet	ihr hättet gegrüßt
Sie grüßten	Sie hätten gegrüßt
sie grüßten	sie hätten gegrüßt

FUTURE PERFECT
ich werde gegrüßt haben
du wirst gegrüßt haben *etc*

INFINITIVE

PRESENT
grüßen

PAST
gegrüßt haben

PARTICIPLE

PRESENT
grüßend

PAST
gegrüßt

IMPERATIVE

grüß(e)!
grüßt!
grüßen Sie!
grüßen wir!

PRESENT
ich habe
du hast
er/sie hat
wir haben
ihr habt
Sie haben
sie haben

IMPERFECT
ich hatte
du hattest
er/sie hatte
wir hatten
ihr hattet
Sie hatten
sie hatten

FUTURE
ich werde haben
du wirst haben
er/sie wird haben
wir werden haben
ihr werdet haben
Sie werden haben
sie werden haben

PERFECT
ich habe gehabt
du hast gehabt
er/sie hat gehabt
wir haben gehabt
ihr habt gehabt
Sie haben gehabt
sie haben gehabt

PLUPERFECT
ich hatte gehabt
du hattest gehabt
er/sie hatte gehabt
wir hatten gehabt
ihr hattet gehabt
Sie hatten gehabt
sie hatten gehabt

CONDITIONAL
ich würde haben
du würdest haben
er/sie würde haben
wir würden haben
ihr würdet haben
Sie würden haben
sie würden haben

SUBJUNCTIVE

PRESENT
ich habe
du habest
er/sie habe
wir haben
ihr habet
Sie haben
sie haben

PERFECT
ich habe gehabt
du habest gehabt
er/sie habe gehabt
wir haben gehabt
ihr habet gehabt
Sie haben gehabt
sie haben gehabt

INFINITIVE

PRESENT
haben
PAST
gehabt haben

IMPERFECT
ich hätte
du hättest
er/sie hätte
wir hätten
ihr hättet
Sie hätten
sie hätten

PLUPERFECT
ich hätte gehabt
du hättest gehabt
er/sie hätte gehabt
wir hätten gehabt
ihr hättet gehabt
Sie hätten gehabt
sie hätten gehabt

PARTICIPLE

PRESENT
habend
PAST
gehabt

FUTURE PERFECT
ich werde gehabt haben
du wirst gehabt haben *etc*

IMPERATIVE

hab(e)!
habt!
haben Sie!
haben wir!

HALTEN
73 *to hold; to stop*

PRESENT
ich halte
du hältst
er/sie hält
wir halten
ihr haltet
Sie halten
sie halten

IMPERFECT
ich hielt
du hieltst
er/sie hielt
wir hielten
ihr hieltet
Sie hielten
sie hielten

FUTURE
ich werde halten
du wirst halten
er/sie wird halten
wir werden halten
ihr werdet halten
Sie werden halten
sie werden halten

PERFECT
ich habe gehalten
du hast gehalten
er/sie hat gehalten
wir haben gehalten
ihr habt gehalten
Sie haben gehalten
sie haben gehalten

PLUPERFECT
ich hatte gehalten
du hattest gehalten
er/sie hatte gehalten
wir hatten gehalten
ihr hattet gehalten
Sie hatten gehalten
sie hatten gehalten

CONDITIONAL
ich würde halten
du würdest halten
er/sie würde halten
wir würden halten
ihr würdet halten
Sie würden halten
sie würden halten

SUBJUNCTIVE

PRESENT
ich halte
du haltest
er/sie halte
wir halten
ihr haltet
Sie halten
sie halten

PERFECT
ich habe gehalten
du habest gehalten
er/sie habe gehalten
wir haben gehalten
ihr habet gehalten
Sie haben gehalten
sie haben gehalten

INFINITIVE

PRESENT
halten
PAST
gehalten haben

PARTICIPLE

PRESENT
haltend

IMPERFECT
ich hielte
du hieltest
er/sie hielte
wir hielten
ihr hieltet
Sie hielten
sie hielten

PLUPERFECT
ich hätte gehalten
du hättest gehalten
er/sie hätte gehalten
wir hätten gehalten
ihr hättet gehalten
Sie hätten gehalten
sie hätten gehalten

PAST
gehalten

IMPERATIVE

halt(e)!
haltet!
halten Sie!
halten wir!

FUTURE PERFECT
ich werde gehalten haben
du wirst gehalten haben *etc*

PRESENT
ich hänge
du hängst
er/sie hängt
wir hängen
ihr hängt
Sie hängen
sie hängen

PERFECT
ich habe gehangen
du hast gehangen
er/sie hat gehangen
wir haben gehangen
ihr habt gehangen
Sie haben gehangen
sie haben gehangen

IMPERFECT
ich hing
du hingst
er/sie hing
wir hingen
ihr hingt
Sie hingen
sie hingen

PLUPERFECT
ich hatte gehangen
du hattest gehangen
er/sie hatte gehangen
wir hatten gehangen
ihr hattet gehangen
Sie hatten gehangen
sie hatten gehangen

FUTURE
ich werde hängen
du wirst hängen
er/sie wird hängen
wir werden hängen
ihr werdet hängen
Sie werden hängen
sie werden hängen

CONDITIONAL
ich würde hängen
du würdest hängen
er/sie würde hängen
wir würden hängen
ihr würdet hängen
Sie würden hängen
sie würden hängen

SUBJUNCTIVE

PRESENT
ich hänge
du hängest
er/sie hänge
wir hängen
ihr hänget
Sie hängen
sie hängen

IMPERFECT
ich hinge
du hingest
er/sie hinge
wir hingen
ihr hinget
Sie hingen
sie hingen

FUTURE PERFECT
ich werde gehangen haben
du wirst gehangen haben *etc*

PERFECT
ich habe gehangen
du habest gehangen
er/sie habe gehangen
wir haben gehangen
ihr habet gehangen
Sie haben gehangen
sie haben gehangen

PLUPERFECT
ich hätte gehangen
du hättest gehangen
er/sie hätte gehangen
wir hätten gehangen
ihr hättet gehangen
Sie hätten gehangen
sie hätten gehangen

INFINITIVE

PRESENT
hängen
PAST
gehangen haben

PARTICIPLE

PRESENT
hängend

PAST
gehangen

IMPERATIVE

häng(e)!
hängt!
hängen Sie!
hängen wir!

NOTE

(1) also a weak verb when transitive: **ich hängte,**
ich habe gehängt *etc*

HAUEN
75 to hit; to hew (1)

PRESENT
ich haue
du haust
er/sie haut
wir hauen
ihr haut
Sie hauen
sie hauen

PERFECT
ich habe gehauen
du hast gehauen
er/sie hat gehauen
wir haben gehauen
ihr habt gehauen
Sie haben gehauen
sie haben gehauen

IMPERFECT
ich hieb
du hiebst
er/sie hieb
wir hieben
ihr hiebt
Sie hieben
sie hieben

PLUPERFECT
ich hatte gehauen
du hattest gehauen
er/sie hatte gehauen
wir hatten gehauen
ihr hattet gehauen
Sie hatten gehauen
sie hatten gehauen

FUTURE
ich werde hauen
du wirst hauen
er/sie wird hauen
wir werden hauen
ihr werdet hauen
Sie werden hauen
sie werden hauen

CONDITIONAL
ich würde hauen
du würdest hauen
er/sie würde hauen
wir würden hauen
ihr würdet hauen
Sie würden hauen
sie würden hauen

SUBJUNCTIVE

PRESENT
ich haue
du hauest
er/sie haue
wir hauen
ihr hauet
Sie hauen
sie hauen

IMPERFECT
ich hiebe
du hiebest
er/sie hiebe
wir hieben
ihr hiebet
Sie hieben
sie hieben

FUTURE PERFECT
ich werde gehauen haben
du wirst gehauen haben etc

PERFECT
ich habe gehauen
du habest gehauen
er/sie habe gehauen
wir haben gehauen
ihr habet gehauen
Sie haben gehauen
sie haben gehauen

PLUPERFECT
ich hätte gehauen
du hättest gehauen
er/sie hätte gehauen
wir hätten gehauen
ihr hättet gehauen
Sie hätten gehauen
sie hätten gehauen

INFINITIVE

PRESENT
hauen

PAST
gehauen haben

PARTICIPLE

PRESENT
hauend

PAST
gehauen

IMPERATIVE
hau(e)!
haut!
hauen Sie!
hauen wir!

NOTE

(1) also a weak verb: **ich haute, ich habe gehaut** *etc*

98

PRESENT
ich hebe
du hebst
er/sie hebt
wir heben
ihr hebt
Sie heben
sie heben

PERFECT
ich habe gehoben
du hast gehoben
er/sie hat gehoben
wir haben gehoben
ihr habt gehoben
Sie haben gehoben
sie haben gehoben

IMPERFECT
ich hob
du hobst
er/sie hob
wir hoben
ihr hobt
Sie hoben
sie hoben

PLUPERFECT
ich hatte gehoben
du hattest gehoben
er/sie hatte gehoben
wir hatten gehoben
ihr hattet gehoben
Sie hatten gehoben
sie hatten gehoben

FUTURE
ich werde heben
du wirst heben
er/sie wird heben
wir werden heben
ihr werdet heben
Sie werden heben
sie werden heben

CONDITIONAL
ich würde heben
du würdest heben
er/sie würde heben
wir würden heben
ihr würdet heben
Sie würden heben
sie würden heben

SUBJUNCTIVE

PRESENT
ich hebe
du hebest
er/sie hebe
wir heben
ihr hebet
Sie heben
sie heben

IMPERFECT
ich höbe
du höbest
er/sie höbe
wir höben
ihr höbet
Sie höben
sie höben

FUTURE PERFECT
ich werde gehoben haben
du wirst gehoben haben *etc*

PERFECT
ich habe gehoben
du habest gehoben
er/sie habe gehoben
wir haben gehoben
ihr habet gehoben
Sie haben gehoben
sie haben gehoben

PLUPERFECT
ich hätte gehoben
du hättest gehoben
er/sie hätte gehoben
wir hätten gehoben
ihr hättet gehoben
Sie hätten gehoben
sie hätten gehoben

INFINITIVE

PRESENT
heben

PAST
gehoben haben

PARTICIPLE

PRESENT
hebend

PAST
gehoben

IMPERATIVE

heb(e)!
hebt!
heben Sie!
heben wir!

PRESENT
ich heiße
du heißt
er/sie heißt
wir heißen
ihr heißt
Sie heißen
sie heißen

PERFECT
ich habe geheißen
du hast geheißen
er/sie hat geheißen
wir haben geheißen
ihr habt geheißen
Sie haben geheißen
sie haben geheißen

IMPERFECT
ich hieß
du hießest
er/sie hieß
wir hießen
ihr hießt
Sie hießen
sie hießen

PLUPERFECT
ich hatte geheißen
du hattest geheißen
er/sie hatte geheißen
wir hatten geheißen
ihr hattet geheißen
Sie hatten geheißen
sie hatten geheißen

FUTURE
ich werde heißen
du wirst heißen
er/sie wird heißen
wir werden heißen
ihr werdet heißen
Sie werden heißen
sie werden heißen

CONDITIONAL
ich würde heißen
du würdest heißen
er/sie würde heißen
wir würden heißen
ihr würdet heißen
Sie würden heißen
sie würden heißen

SUBJUNCTIVE

PRESENT
ich heiße
du heißest
er/sie heiße
wir heißen
ihr heißet
Sie heißen
sie heißen

IMPERFECT
ich hieße
du hießest
er/sie hieße
wir hießen
ihr hießet
Sie hießen
sie hießen

PERFECT
ich habe geheißen
du habest geheißen
er/sie habe geheißen
wir haben geheißen
ihr habet geheißen
Sie haben geheißen
sie haben geheißen

PLUPERFECT
ich hätte geheißen
du hättest geheißen
er/sie hätte geheißen
wir hätten geheißen
ihr hättet geheißen
Sie hätten geheißen
sie hätten geheißen

FUTURE PERFECT
ich werde geheißen haben
du wirst geheißen haben *etc*

INFINITIVE

PRESENT
heißen
PAST
geheißen haben

PARTICIPLE

PRESENT
heißend
PAST
geheißen

IMPERATIVE

heiß(e)!
heißt!
heißen Sie!
heißen wir!

PRESENT
ich helfe
du hilfst
er/sie hilft
wir helfen
ihr helft
Sie helfen
sie helfen

PERFECT
ich habe geholfen
du hast geholfen
er/sie hat geholfen
wir haben geholfen
ihr habt geholfen
Sie haben geholfen
sie haben geholfen

IMPERFECT
ich half
du halfst
er/sie half
wir halfen
ihr halft
Sie halfen
sie halfen

PLUPERFECT
ich hatte geholfen
du hattest geholfen
er/sie hatte geholfen
wir hatten geholfen
ihr hattet geholfen
Sie hatten geholfen
sie hatten geholfen

FUTURE
ich werde helfen
du wirst helfen
er/sie wird helfen
wir werden helfen
ihr werdet helfen
Sie werden helfen
sie werden helfen

CONDITIONAL
ich würde helfen
du würdest helfen
er/sie würde helfen
wir würden helfen
ihr würdet helfen
Sie würden helfen
sie würden helfen

SUBJUNCTIVE

PRESENT
ich helfe
du helfest
er/sie helfe
wir helfen
ihr helfet
Sie helfen
sie helfen

IMPERFECT
ich hülfe
du hülfest
er/sie hülfe
wir hülfen
ihr hülfet
Sie hülfen
sie hülfen

FUTURE PERFECT
ich werde geholfen haben
du wirst geholfen haben *etc*

PERFECT
ich habe geholfen
du habest geholfen
er/sie habe geholfen
wir haben geholfen
ihr habet geholfen
Sie haben geholfen
sie haben geholfen

PLUPERFECT
ich hätte geholfen
du hättest geholfen
er/sie hätte geholfen
wir hätten geholfen
ihr hättet geholfen
Sie hätten geholfen
sie hätten geholfen

INFINITIVE

PRESENT
helfen

PAST
geholfen haben

PARTICIPLE

PRESENT
helfend

PAST
geholfen

IMPERATIVE

hilf!
helft!
helfen Sie!
helfen wir!

NOTE

takes the dative: ich helfe ihm, ich habe ihm geholfen *etc*

PRESENT	IMPERFECT	FUTURE
ich kenne	ich kannte	ich werde kennen
du kennst	du kanntest	du wirst kennen
er/sie kennt	er/sie kannte	er/sie wird kennen
wir kennen	wir kannten	wir werden kennen
ihr kennt	ihr kanntet	ihr werdet kennen
Sie kennen	Sie kannten	Sie werden kennen
sie kennen	sie kannten	sie werden kennen

PERFECT	PLUPERFECT	CONDITIONAL
ich habe gekannt	ich hatte gekannt	ich würde kennen
du hast gekannt	du hattest gekannt	du würdest kennen
er/sie hat gekannt	er/sie hatte gekannt	er/sie würde kennen
wir haben gekannt	wir hatten gekannt	wir würden kennen
ihr habt gekannt	ihr hattet gekannt	ihr würdet kennen
Sie haben gekannt	Sie hatten gekannt	Sie würden kennen
sie haben gekannt	sie hatten gekannt	sie würden kennen

SUBJUNCTIVE

PRESENT	PERFECT
ich kenne	ich habe gekannt
du kennest	du habest gekannt
er/sie kenne	er/sie habe gekannt
wir kennen	wir haben gekannt
ihr kennet	ihr habet gekannt
Sie kennen	Sie haben gekannt
sie kennen	sie haben gekannt

IMPERFECT	PLUPERFECT
ich kennte	ich hätte gekannt
du kenntest	du hättest gekannt
er/sie kennte	er/sie hätte gekannt
wir kennten	wir hätten gekannt
ihr kenntet	ihr hättet gekannt
Sie kennten	Sie hätten gekannt
sie kennten	sie hätten gekannt

FUTURE PERFECT
ich werde gekannt haben
du wirst gekannt haben *etc*

INFINITIVE

PRESENT
kennen
PAST
gekannt haben

PARTICIPLE

PRESENT
kennend

PAST
gekannt

IMPERATIVE

kenn(e)!
kennt!
kennen Sie!
kennen wir!

PRESENT	IMPERFECT	FUTURE
ich lerne kennen	ich lernte kennen	ich werde kennenlernen
du lernst kennen	du lerntest kennen	du wirst kennenlernen
er/sie lernt kennen	er/sie lernte kennen	er/sie wird kennenlernen
wir lernen kennen	wir lernten kennen	wir werden kennenlernen
ihr lernt kennen	ihr lerntet kennen	ihr werdet kennenlernen
Sie lernen kennen	Sie lernten kennen	Sie werden kennenlernen
sie lernen kennen	sie lernten kennen	sie werden kennenlernen

PERFECT	PLUPERFECT	CONDITIONAL
ich habe kennengelernt	ich hatte kennengelernt	ich würde kennenlernen
du hast kennen`gelernt	du hattest kennengelernt	du würdest kennenlernen
er/sie hat kennengelernt	er/sie hatte kennengelernt	er/sie würde kennenlernen
wir haben kennengelernt	wir hatten kennengelernt	wir würden kennenlernen
ihr habt kennengelernt	ihr hattet kennengelernt	ihr würdet kennenlernen
Sie haben kennengelernt	Sie hatten kennengelernt	Sie würden kennenlernen
sie haben kennengelernt	sie hatten kennengelernt	sie würden kennenlernen

SUBJUNCTIVE

PRESENT	PERFECT
ich lerne kennen	ich habe kennengelernt
du lernest kennen	du habest kennengelernt
er/sie lerne kennen	er/sie habe kennengelernt
wir lernen kennen	wir haben kennengelernt
ihr lernet kennen	ihr habet kennengelernt
Sie lernen kennen	Sie haben kennengelernt
sie lernen kennen	sie haben kennengelernt

IMPERFECT	PLUPERFECT
ich lernte kennen	ich hätte kennengelernt
du lerntest kennen	du hättest kennengelernt
er/sie lernte kennen	er/sie hätte kennengelernt
wir lernten kennen	wir hätten kennengelernt
ihr lerntet kennen	ihr hättet kennengelernt
Sie lernten kennen	Sie hätten kennengelernt
sie lernten kennen	sie hätten kennengelernt

FUTURE PERFECT
ich werde kennengelernt
  haben
du wirst kennengelernt
  haben *etc*

INFINITIVE

PRESENT
kennenlernen
PAST
kennengelernt haben

PARTICIPLE

PRESENT
kennenlernend
PAST
kennengelernt

IMPERATIVE

lern(e) kennen!
lernt kennen!
lernen Sie kennen!
lernen wir kennen!

NOTE

two-word spelling also possible: kennen lernen, kennen gelernt

KLINGEN
81 *to sound*

PRESENT
ich klinge
du klingst
er/sie klingt
wir klingen
ihr klingt
Sie klingen
sie klingen

IMPERFECT
ich klang
du klangst
er/sie klang
wir klangen
ihr klangt
Sie klangen
sie klangen

FUTURE
ich werde klingen
du wirst klingen
er/sie wird klingen
wir werden klingen
ihr werdet klingen
Sie werden klingen
sie werden klingen

PERFECT
ich habe geklungen
du hast geklungen
er/sie hat geklungen
wir haben geklungen
ihr habt geklungen
Sie haben geklungen
sie haben geklungen

PLUPERFECT
ich hatte geklungen
du hattest geklungen
er/sie hatte geklungen
wir hatten geklungen
ihr hattet geklungen
Sie hatten geklungen
sie hatten geklungen

CONDITIONAL
ich würde klingen
du würdest klingen
er/sie würde klingen
wir würden klingen
ihr würdet klingen
Sie würden klingen
sie würden klingen

SUBJUNCTIVE

PRESENT
ich klinge
du klingest
er/sie klinge
wir klingen
ihr klinget
Sie klingen
sie klingen

PERFECT
ich habe geklungen
du habest geklungen
er/sie habe geklungen
wir haben geklungen
ihr habet geklungen
Sie haben geklungen
sie haben geklungen

INFINITIVE

PRESENT
klingen
PAST
geklungen haben

PARTICIPLE

PRESENT
klingend

IMPERFECT
ich klänge
du klängest
er/sie klänge
wir klängen
ihr klänget
Sie klängen
sie klängen

PLUPERFECT
ich hätte geklungen
du hättest geklungen
er/sie hätte geklungen
wir hätten geklungen
ihr hättet geklungen
Sie hätten geklungen
sie hätten geklungen

PAST
geklungen

IMPERATIVE
kling(e)!
klingt!
klingen Sie!
klingen wir!

FUTURE PERFECT
ich werde geklungen haben
du wirst geklungen haben *etc*

PRESENT
ich kneife
du kneifst
er/sie kneift
wir kneifen
ihr kneift
Sie kneifen
sie kneifen

IMPERFECT
ich kniff
du kniffst
er/sie kniff
wir kniffen
ihr knifft
Sie kniffen
sie kniffen

FUTURE
ich werde kneifen
du wirst kneifen
er/sie wird kneifen
wir werden kneifen
ihr werdet kneifen
Sie werden kneifen
sie werden kneifen

PERFECT
ich habe gekniffen
du hast gekniffen
er/sie hat gekniffen
wir haben gekniffen
ihr habt gekniffen
Sie haben gekniffen
sie haben gekniffen

PLUPERFECT
ich hatte gekniffen
du hattest gekniffen
er/sie hatte gekniffen
wir hatten gekniffen
ihr hattet gekniffen
Sie hatten gekniffen
sie hatten gekniffen

CONDITIONAL
ich würde kneifen
du würdest kneifen
er/sie würde kneifen
wir würden kneifen
ihr würdet kneifen
Sie würden kneifen
sie würden kneifen

SUBJUNCTIVE

PRESENT
ich kneife
du kneifest
er/sie kneife
wir kneifen
ihr kneifet
Sie kneifen
sie kneifen

PERFECT
ich habe gekniffen
du habest gekniffen
er/sie habe gekniffen
wir haben gekniffen
ihr habet gekniffen
Sie haben gekniffen
sie haben gekniffen

INFINITIVE

PRESENT
kneifen

PAST
gekniffen haben

IMPERFECT
ich kniffe
du kniffest
er/sie kniffe
wir kniffen
ihr kniffet
Sie kniffen
sie kniffen

PLUPERFECT
ich hätte gekniffen
du hättest gekniffen
er/sie hätte gekniffen
wir hätten gekniffen
ihr hättet gekniffen
Sie hätten gekniffen
sie hätten gekniffen

PARTICIPLE

PRESENT
kneifend

PAST
gekniffen

IMPERATIVE
kneif(e)!
kneift!
kneifen Sie!
kneifen wir!

FUTURE PERFECT
ich werde gekniffen haben
du wirst gekniffen haben *etc*

PRESENT	IMPERFECT	FUTURE
ich knie	ich kniete	ich werde knien
du kniest	du knietest	du wirst knien
er/sie kniet	er/sie kniete	er/sie wird knien
wir knien	wir knieten	wir werden knien
ihr kniet	ihr knietet	ihr werdet knien
Sie knien	Sie knieten	Sie werden knien
sie knien	sie knieten	sie werden knien

PERFECT	PLUPERFECT	CONDITIONAL
ich habe gekniet	ich hatte gekniet	ich würde knien
du hast gekniet	du hattest gekniet	du würdest knien
er/sie hat gekniet	er/sie hatte gekniet	er/sie würde knien
wir haben gekniet	wir hatten gekniet	wir würden knien
ihr habt gekniet	ihr hattet gekniet	ihr würdet knien
Sie haben gekniet	Sie hatten gekniet	Sie würden knien
sie haben gekniet	sie hatten gekniet	sie würden knien

SUBJUNCTIVE

INFINITIVE

PRESENT	PERFECT	
ich knie	ich habe gekniet	**PRESENT**
du kniest	du habest gekniet	knien
er/sie knie	er/sie habe gekniet	**PAST**
wir knien	wir haben gekniet	gekniet haben
ihr kniet	ihr habet gekniet	
Sie knien	Sie haben gekniet	**PARTICIPLE**
sie knien	sie haben gekniet	**PRESENT**

IMPERFECT	PLUPERFECT	
ich kniete	ich hätte gekniet	kniend
du knietest	du hättest gekniet	**PAST**
er/sie kniete	er/sie hätte gekniet	gekniet
wir knieten	wir hätten gekniet	
ihr knietet	ihr hättet gekniet	**IMPERATIVE**
Sie knieten	Sie hätten gekniet	knie!
sie knieten	sie hätten gekniet	kniet!
		knien Sie!
		knien wir!

FUTURE PERFECT
ich werde gekniet haben
du wirst gekniet haben *etc*

PRESENT
ich komme
du kommst
er/sie kommt
wir kommen
ihr kommt
Sie kommen
sie kommen

PERFECT
ich bin gekommen
du bist gekommen
er/sie ist gekommen
wir sind gekommen
ihr seid gekommen
Sie sind gekommen
sie sind gekommen

IMPERFECT
ich kam
du kamst
er/sie kam
wir kamen
ihr kamt
Sie kamen
sie kamen

PLUPERFECT
ich war gekommen
du warst gekommen
er/sie war gekommen
wir waren gekommen
ihr wart gekommen
Sie waren gekommen
sie waren gekommen

FUTURE
ich werde kommen
du wirst kommen
er/sie wird kommen
wir werden kommen
ihr werdet kommen
Sie werden kommen
sie werden kommen

CONDITIONAL
ich würde kommen
du würdest kommen
er/sie würde kommen
wir würden kommen
ihr würdet kommen
Sie würden kommen
sie würden kommen

SUBJUNCTIVE

PRESENT
ich komme
du kommest
er/sie komme
wir kommen
ihr kommet
Sie kommen
sie kommen

IMPERFECT
ich käme
du kämest
er/sie käme
wir kämen
ihr kämet
Sie kämen
sie kämen

FUTURE PERFECT
ich werde gekommen sein
du wirst gekommen sein *etc*

PERFECT
ich sei gekommen
du sei(e)st gekommen
er/sie sei gekommen
wir seien gekommen
ihr seiet gekommen
Sie seien gekommen
sie seien gekommen

PLUPERFECT
ich wäre gekommen
du wär(e)st gekommen
er/sie wäre gekommen
wir wären gekommen
ihr wär(e)t gekommen
Sie wären gekommen
sie wären gekommen

INFINITIVE

PRESENT
kommen

PAST
gekommen sein

PARTICIPLE

PRESENT
kommend

PAST
gekommen

IMPERATIVE

komm(e)!
kommt!
kommen Sie!
kommen wir!

KÖNNEN
85 *to be able to*

PRESENT
ich kann
du kannst
er/sie kann
wir können
ihr könnt
Sie können
sie können

IMPERFECT
ich konnte
du konntest
er/sie konnte
wir konnten
ihr konntet
Sie konnten
sie konnten

FUTURE
ich werde können
du wirst können
er/sie wird können
wir werden können
ihr werdet können
Sie werden können
sie werden können

PERFECT *(1)*
ich habe gekonnt
du hast gekonnt
er/sie hat gekonnt
wir haben gekonnt
ihr habt gekonnt
Sie haben gekonnt
sie haben gekonnt

PLUPERFECT *(2)*
ich hatte gekonnt
du hattest gekonnt
er/sie hatte gekonnt
wir hatten gekonnt
ihr hattet gekonnt
Sie hatten gekonnt
sie hatten gekonnt

CONDITIONAL
ich würde können
du würdest können
er/sie würde können
wir würden können
ihr würdet können
Sie würden können
sie würden können

SUBJUNCTIVE

PRESENT
ich könne
du könnest
er/sie könne
wir können
ihr könnet
Sie können
sie können

PERFECT *(1)*
ich habe gekonnt
du habest gekonnt
er/sie habe gekonnt
wir haben gekonnt
ihr habet gekonnt
Sie haben gekonnt
sie haben gekonnt

INFINITIVE

PRESENT
können
PAST
gekonnt haben

PARTICIPLE

PRESENT
könnend

IMPERFECT
ich könnte
du könntest
er/sie könnte
wir könnten
ihr könntet
Sie könnten
sie könnten

PLUPERFECT *(3)*
ich hätte gekonnt
du hättest gekonnt
er/sie hätte gekonnt
wir hätten gekonnt
ihr hättet gekonnt
Sie hätten gekonnt
sie hätten gekonnt

PAST
gekonnt

NOTE

when preceded by an infinitive: (1) **ich habe ... können** *etc (2)* **ich hatte ... können** *etc (3)* **ich hätte ... können** *etc*

PRESENT
ich krieche
du kriechst
er/sie kriecht
wir kriechen
ihr kriecht
Sie kriechen
sie kriechen

IMPERFECT
ich kroch
du krochst
er/sie kroch
wir krochen
ihr krocht
Sie krochen
sie krochen

FUTURE
ich werde kriechen
du wirst kriechen
er/sie wird kriechen
wir werden kriechen
ihr werdet kriechen
Sie werden kriechen
sie werden kriechen

PERFECT
ich bin gekrochen
du bist gekrochen
er/sie ist gekrochen
wir sind gekrochen
ihr seid gekrochen
Sie sind gekrochen
sie sind gekrochen

PLUPERFECT
ich war gekrochen
du warst gekrochen
er/sie war gekrochen
wir waren gekrochen
ihr wart gekrochen
Sie waren gekrochen
sie waren gekrochen

CONDITIONAL
ich würde kriechen
du würdest kriechen
er/sie würde kriechen
wir würden kriechen
ihr würdet kriechen
Sie würden kriechen
sie würden kriechen

SUBJUNCTIVE

PRESENT
ich krieche
du kriechest
er/sie krieche
wir kriechen
ihr kriechet
Sie kriechen
sie kriechen

PERFECT
ich sei gekrochen
du sei(e)st gekrochen
er/sie sei gekrochen
wir seien gekrochen
ihr seiet gekrochen
Sie seien gekrochen
sie seien gekrochen

INFINITIVE

PRESENT
kriechen

PAST
gekrochen sein

IMPERFECT
ich kröche
du kröchest
er/sie kröche
wir kröchen
ihr kröchet
Sie kröchen
sie kröchen

PLUPERFECT
ich wäre gekrochen
du wär(e)st gekrochen
er/sie wäre gekrochen
wir wären gekrochen
ihr wär(e)t gekrochen
Sie wären gekrochen
sie wären gekrochen

PARTICIPLE

PRESENT
kriechend

PAST
gekrochen

IMPERATIVE
kriech(e)!
kriecht!
kriechen Sie!
kriechen wir!

FUTURE PERFECT
ich werde gekrochen sein
du wirst gekrochen sein *etc*

LACHEN
87 *to laugh*

PRESENT
ich lache
du lachst
er/sie lacht
wir lachen
ihr lacht
Sie lachen
sie lachen

IMPERFECT
ich lachte
du lachtest
er/sie lachte
wir lachten
ihr lachtet
Sie lachten
sie lachten

FUTURE
ich werde lachen
du wirst lachen
er/sie wird lachen
wir werden lachen
ihr werdet lachen
Sie werden lachen
sie werden lachen

PERFECT
ich habe gelacht
du hast gelacht
er/sie hat gelacht
wir haben gelacht
ihr habt gelacht
Sie haben gelacht
sie haben gelacht

PLUPERFECT
ich hatte gelacht
du hattest gelacht
er/sie hatte gelacht
wir hatten gelacht
ihr hattet gelacht
Sie hatten gelacht
sie hatten gelacht

CONDITIONAL
ich würde lachen
du würdest lachen
er/sie würde lachen
wir würden lachen
ihr würdet lachen
Sie würden lachen
sie würden lachen

SUBJUNCTIVE

PRESENT
ich lache
du lachest
er/sie lache
wir lachen
ihr lachet
Sie lachen
sie lachen

PERFECT
ich habe gelacht
du habest gelacht
er/sie habe gelacht
wir haben gelacht
ihr habet gelacht
Sie haben gelacht
sie haben gelacht

INFINITIVE

PRESENT
lachen
PAST
gelacht haben

IMPERFECT
ich lachte
du lachtest
er/sie lachte
wir lachten
ihr lachtet
Sie lachten
sie lachten

PLUPERFECT
ich hätte gelacht
du hättest gelacht
er/sie hätte gelacht
wir hätten gelacht
ihr hättet gelacht
Sie hätten gelacht
sie hätten gelacht

PARTICIPLE

PRESENT
lachend

PAST
gelacht

IMPERATIVE
lach(e)!
lacht!
lachen Sie!
lachen wir!

FUTURE PERFECT
ich werde gelacht haben
du wirst gelacht haben *etc*

PRESENT
ich lade
du lädst
er/sie lädt
wir laden
ihr ladet
Sie laden
sie laden

IMPERFECT
ich lud
du ludst
er/sie lud
wir luden
ihr ludet
Sie luden
sie luden

FUTURE
ich werde laden
du wirst laden
er/sie wird laden
wir werden laden
ihr werdet laden
Sie werden laden
sie werden laden

PERFECT
ich habe geladen
du hast geladen
er/sie hat geladen
wir haben geladen
ihr habt geladen
Sie haben geladen
sie haben geladen

PLUPERFECT
ich hatte geladen
du hattest geladen
er/sie hatte geladen
wir hatten geladen
ihr hattet geladen
Sie hatten geladen
sie hatten geladen

CONDITIONAL
ich würde laden
du würdest laden
er/sie würde laden
wir würden laden
ihr würdet laden
Sie würden laden
sie würden laden

SUBJUNCTIVE

PRESENT
ich lade
du ladest
er/sie lade
wir laden
ihr ladet
Sie laden
sie laden

PERFECT
ich habe geladen
du habest geladen
er/sie habe geladen
wir haben geladen
ihr habet geladen
Sie haben geladen
sie haben geladen

INFINITIVE

PRESENT
laden
PAST
geladen haben

IMPERFECT
ich lüde
du lüdest
er/sie lüde
wir lüden
ihr lüdet
Sie lüden
sie lüden

PLUPERFECT
ich hätte geladen
du hättest geladen
er/sie hätte geladen
wir hätten geladen
ihr hättet geladen
Sie hätten geladen
sie hätten geladen

PARTICIPLE

PRESENT
ladend

PAST
geladen

IMPERATIVE

lad(e)!
ladet!
laden Sie!
laden wir!

FUTURE PERFECT
ich werde geladen haben
du wirst geladen haben *etc*

PRESENT
ich lande
du landest
er/sie landet
wir landen
ihr landet
Sie landen
sie landen

PERFECT
ich bin gelandet
du bist gelandet
er/sie ist gelandet
wir sind gelandet
ihr seid gelandet
Sie sind gelandet
sie sind gelandet

IMPERFECT
ich landete
du landetest
er/sie landete
wir landeten
ihr landetet
Sie landeten
sie landeten

PLUPERFECT
ich war gelandet
du warst gelandet
er/sie war gelandet
wir waren gelandet
ihr wart gelandet
Sie waren gelandet
sie waren gelandet

FUTURE
ich werde landen
du wirst landen
er/sie wird landen
wir werden landen
ihr werdet landen
Sie werden landen
sie werden landen

CONDITIONAL
ich würde landen
du würdest landen
er/sie würde landen
wir würden landen
ihr würdet landen
Sie würden landen
sie würden landen

SUBJUNCTIVE

PRESENT
ich lande
du landest
er/sie lande
wir landen
ihr landet
Sie landen
sie landen

IMPERFECT
ich landete
du landetest
er/sie landete
wir landeten
ihr landetet
Sie landeten
sie landeten

FUTURE PERFECT
ich werde gelandet sein
du wirst gelandet sein *etc*

PERFECT
ich sei gelandet
du sei(e)st gelandet
er/sie sei gelandet
wir seien gelandet
ihr seiet gelandet
Sie seien gelandet
sie seien gelandet

PLUPERFECT
ich wäre gelandet
du wär(e)st gelandet
er/sie wäre gelandet
wir wären gelandet
ihr wär(e)t gelandet
Sie wären gelandet
sie wären gelandet

INFINITIVE

PRESENT
landen

PAST
gelandet sein

PARTICIPLE

PRESENT
landend

PAST
gelandet

IMPERATIVE
land(e)!
landet!
landen Sie!
landen wir!

PRESENT
ich lasse
du lässt
er/sie lässt
wir lassen
ihr lasst
Sie lassen
sie lassen

PERFECT *(1)*
ich habe gelassen
du hast gelassen
er/sie hat gelassen
wir haben gelassen
ihr habt gelassen
Sie haben gelassen
sie haben gelassen

IMPERFECT
ich ließ
du ließest
er/sie ließ
wir ließen
ihr ließt
Sie ließen
sie ließen

PLUPERFECT *(2)*
ich hatte gelassen
du hattest gelassen
er/sie hatte gelassen
wir hatten gelassen
ihr hattet gelassen
Sie hatten gelassen
sie hatten gelassen

FUTURE
ich werde lassen
du wirst lassen
er/sie wird lassen
wir werden lassen
ihr werdet lassen
Sie werden lassen
sie werden lassen

CONDITIONAL
ich würde lassen
du würdest lassen
er/sie würde lassen
wir würden lassen
ihr würdet lassen
Sie würden lassen
sie würden lassen

SUBJUNCTIVE

PRESENT
ich lasse
du lassest
er/sie lasse
wir lassen
ihr lasset
Sie lassen
sie lassen

IMPERFECT
ich ließe
du ließest
er/sie ließe
wir ließen
ihr ließet
Sie ließen
sie ließen

FUTURE PERFECT
ich werde gelassen haben
du wirst gelassen haben *etc*

PERFECT *(1)*
ich habe gelassen
du habest gelassen
er/sie habe gelassen
wir haben gelassen
ihr habet gelassen
Sie haben gelassen
sie haben gelassen

PLUPERFECT *(3)*
ich hätte gelassen
du hättest gelassen
er/sie hätte gelassen
wir hätten gelassen
ihr hättet gelassen
Sie hätten gelassen
sie hätten gelassen

INFINITIVE

PRESENT
lassen
PAST
gelassen haben

PARTICIPLE

PRESENT
lassend
PAST
gelassen

IMPERATIVE
lass!
lasst!
lassen Sie!
lassen wir!

NOTE
when preceded by an infinitive: (1) ich habe ...
lassen *etc (2)* ich hatte ... lassen *etc (3)* ich
hätte ... lassen *etc*

LAUFEN
91 *to run*

PRESENT
ich laufe
du läufst
er/sie läuft
wir laufen
ihr lauft
Sie laufen
sie laufen

PERFECT
ich bin gelaufen
du bist gelaufen
er/sie ist gelaufen
wir sind gelaufen
ihr seid gelaufen
Sie sind gelaufen
sie sind gelaufen

IMPERFECT
ich lief
du liefst
er/sie lief
wir liefen
ihr lieft
Sie liefen
sie liefen

PLUPERFECT
ich war gelaufen
du warst gelaufen
er/sie war gelaufen
wir waren gelaufen
ihr wart gelaufen
Sie waren gelaufen
sie waren gelaufen

FUTURE
ich werde laufen
du wirst laufen
er/sie wird laufen
wir werden laufen
ihr werdet laufen
Sie werden laufen
sie werden laufen

CONDITIONAL
ich würde laufen
du würdest laufen
er/sie würde laufen
wir würden laufen
ihr würdet laufen
Sie würden laufen
sie würden laufen

SUBJUNCTIVE

PRESENT
ich laufe
du laufest
er/sie laufe
wir laufen
ihr laufet
Sie laufen
sie laufen

IMPERFECT
ich liefe
du liefest
er/sie liefe
wir liefen
ihr liefet
Sie liefen
sie liefen

FUTURE PERFECT
ich werde gelaufen sein
du wirst gelaufen sein *etc*

PERFECT
ich sei gelaufen
du sei(e)st gelaufen
er/sie sei gelaufen
wir seien gelaufen
ihr seiet gelaufen
Sie seien gelaufen
sie seien gelaufen

PLUPERFECT
ich wäre gelaufen
du wär(e)st gelaufen
er/sie wäre gelaufen
wir wären gelaufen
ihr wär(e)t gelaufen
Sie wären gelaufen
sie wären gelaufen

INFINITIVE

PRESENT
laufen
PAST
gelaufen sein

PARTICIPLE

PRESENT
laufend
PAST
gelaufen

IMPERATIVE

lauf(e)!
lauft!
laufen Sie!
laufen wir!

PRESENT
ich lebe
du lebst
er/sie lebt
wir leben
ihr lebt
Sie leben
sie leben

PERFECT
ich habe gelebt
du hast gelebt
er/sie hat gelebt
wir haben gelebt
ihr habt gelebt
Sie haben gelebt
sie haben gelebt

IMPERFECT
ich lebte
du lebtest
er/sie lebte
wir lebten
ihr lebtet
Sie lebten
sie lebten

PLUPERFECT
ich hatte gelebt
du hattest gelebt
er/sie hatte gelebt
wir hatten gelebt
ihr hattet gelebt
Sie hatten gelebt
sie hatten gelebt

FUTURE
ich werde leben
du wirst leben
er/sie wird leben
wir werden leben
ihr werdet leben
Sie werden leben
sie werden leben

CONDITIONAL
ich würde leben
du würdest leben
er/sie würde leben
wir würden leben
ihr würdet leben
Sie würden leben
sie würden leben

SUBJUNCTIVE

PRESENT
ich lebe
du lebest
er/sie lebe
wir leben
ihr lebet
Sie leben
sie leben

IMPERFECT
ich lebte
du lebtest
er/sie lebte
wir lebten
ihr lebtet
Sie lebten
sie lebten

FUTURE PERFECT
ich werde gelebt haben
du wirst gelebt haben *etc*

PERFECT
ich habe gelebt
du habest gelebt
er/sie habe gelebt
wir haben gelebt
ihr habet gelebt
Sie haben gelebt
sie haben gelebt

PLUPERFECT
ich hätte gelebt
du hättest gelebt
er/sie hätte gelebt
wir hätten gelebt
ihr hättet gelebt
Sie hätten gelebt
sie hätten gelebt

INFINITIVE

PRESENT
leben
PAST
gelebt haben

PARTICIPLE

PRESENT
lebend
PAST
gelebt

IMPERATIVE

leb(e)!
lebt!
leben Sie!
leben wir!

LEIDEN
93 *to suffer*

PRESENT	IMPERFECT	FUTURE
ich leide	ich litt	ich werde leiden
du leidest	du littst	du wirst leiden
er/sie leidet	er/sie litt	er/sie wird leiden
wir leiden	wir litten	wir werden leiden
ihr leidet	ihr littet	ihr werdet leiden
Sie leiden	Sie litten	Sie werden leiden
sie leiden	sie litten	sie werden leiden

PERFECT	PLUPERFECT	CONDITIONAL
ich habe gelitten	ich hatte gelitten	ich würde leiden
du hast gelitten	du hattest gelitten	du würdest leiden
er/sie hat gelitten	er/sie hatte gelitten	er/sie würde leiden
wir haben gelitten	wir hatten gelitten	wir würden leiden
ihr habt gelitten	ihr hattet gelitten	ihr würdet leiden
Sie haben gelitten	Sie hatten gelitten	Sie würden leiden
sie haben gelitten	sie hatten gelitten	sie würden leiden

SUBJUNCTIVE

PRESENT	PERFECT
ich leide	ich habe gelitten
du leidest	du habest gelitten
er/sie leide	er/sie habe gelitten
wir leiden	wir haben gelitten
ihr leidet	ihr habet gelitten
Sie leiden	Sie haben gelitten
sie leiden	sie haben gelitten

IMPERFECT	PLUPERFECT
ich litte	ich hätte gelitten
du littest	du hättest gelitten
er/sie litte	er/sie hätte gelitten
wir litten	wir hätten gelitten
ihr littet	ihr hättet gelitten
Sie litten	Sie hätten gelitten
sie litten	sie hätten gelitten

FUTURE PERFECT
ich werde gelitten haben
du wirst gelitten haben *etc*

INFINITIVE

PRESENT
leiden
PAST
gelitten haben

PARTICIPLE

PRESENT
leidend

PAST
gelitten

IMPERATIVE

leid(e)!
leidet!
leiden Sie!
leiden wir!

PRESENT
ich leihe
du leihst
er/sie leiht
wir leihen
ihr leiht
Sie leihen
sie leihen

IMPERFECT
ich lieh
du liehst
er/sie lieh
wir liehen
ihr lieht
Sie liehen
sie liehen

FUTURE
ich werde leihen
du wirst leihen
er/sie wird leihen
wir werden leihen
ihr werdet leihen
Sie werden leihen
sie werden leihen

PERFECT
ich habe geliehen
du hast geliehen
er/sie hat geliehen
wir haben geliehen
ihr habt geliehen
Sie haben geliehen
sie haben geliehen

PLUPERFECT
ich hatte geliehen
du hattest geliehen
er/sie hatte geliehen
wir hatten geliehen
ihr hattet geliehen
Sie hatten geliehen
sie hatten geliehen

CONDITIONAL
ich würde leihen
du würdest leihen
er/sie würde leihen
wir würden leihen
ihr würdet leihen
Sie würden leihen
sie würden leihen

SUBJUNCTIVE

PRESENT
ich leihe
du leihest
er/sie leihe
wir leihen
ihr leihet
Sie leihen
sie leihen

PERFECT
ich habe geliehen
du habest geliehen
er/sie habe geliehen
wir haben geliehen
ihr habet geliehen
Sie haben geliehen
sie haben geliehen

INFINITIVE

PRESENT
leihen
PAST
geliehen haben

IMPERFECT
ich liehe
du liehest
er/sie liehe
wir liehen
ihr liehet
Sie liehen
sie liehen

PLUPERFECT
ich hätte geliehen
du hättest geliehen
er/sie hätte geliehen
wir hätten geliehen
ihr hättet geliehen
Sie hätten geliehen
sie hätten geliehen

PARTICIPLE
PRESENT
leihend
PAST
geliehen

IMPERATIVE
leih(e)!
leiht!
leihen Sie!
leihen wir!

FUTURE PERFECT
ich werde geliehen haben
du wirst geliehen haben *etc*

PRESENT
ich lese
du liest
er/sie liest
wir lesen
ihr lest
Sie lesen
sie lesen

IMPERFECT
ich las
du lasest
er/sie las
wir lasen
ihr last
Sie lasen
sie lasen

FUTURE
ich werde lesen
du wirst lesen
er/sie wird lesen
wir werden lesen
ihr werdet lesen
Sie werden lesen
sie werden lesen

PERFECT
ich habe gelesen
du hast gelesen
er/sie hat gelesen
wir haben gelesen
ihr habt gelesen
Sie haben gelesen
sie haben gelesen

PLUPERFECT
ich hatte gelesen
du hattest gelesen
er/sie hatte gelesen
wir hatten gelesen
ihr hattet gelesen
Sie hatten gelesen
sie hatten gelesen

CONDITIONAL
ich würde lesen
du würdest lesen
er/sie würde lesen
wir würden lesen
ihr würdet lesen
Sie würden lesen
sie würden lesen

SUBJUNCTIVE

PRESENT
ich lese
du lesest
er/sie lese
wir lesen
ihr leset
Sie lesen
sie lesen

PERFECT
ich habe gelesen
du habest gelesen
er/sie habe gelesen
wir haben gelesen
ihr habet gelesen
Sie haben gelesen
sie haben gelesen

INFINITIVE

PRESENT
lesen

PAST
gelesen haben

IMPERFECT
ich läse
du läsest
er/sie läse
wir läsen
ihr läset
Sie läsen
sie läsen

PLUPERFECT
ich hätte gelesen
du hättest gelesen
er/sie hätte gelesen
wir hätten gelesen
ihr hättet gelesen
Sie hätten gelesen
sie hätten gelesen

PARTICIPLE

PRESENT
lesend

PAST
gelesen

IMPERATIVE
lies!
lest!
lesen Sie!
lesen wir!

FUTURE PERFECT
ich werde gelesen haben
du wirst gelesen haben *etc*

PRESENT
ich liege
du liegst
er/sie liegt
wir liegen
ihr liegt
Sie liegen
sie liegen

PERFECT *(1)*
ich habe gelegen
du hast gelegen
er/sie hat gelegen
wir haben gelegen
ihr habt gelegen
Sie haben gelegen
sie haben gelegen

IMPERFECT
ich lag
du lagst
er/sie lag
wir lagen
ihr lagt
Sie lagen
sie lagen

PLUPERFECT *(2)*
ich hatte gelegen
du hattest gelegen
er/sie hatte gelegen
wir hatten gelegen
ihr hattet gelegen
Sie hatten gelegen
sie hatten gelegen

FUTURE
ich werde liegen
du wirst liegen
er/sie wird liegen
wir werden liegen
ihr werdet liegen
Sie werden liegen
sie werden liegen

CONDITIONAL
ich würde liegen
du würdest liegen
er/sie würde liegen
wir würden liegen
ihr würdet liegen
Sie würden liegen
sie würden liegen

SUBJUNCTIVE

PRESENT
ich liege
du liegest
er/sie liege
wir liegen
ihr lieget
Sie liegen
sie liegen

IMPERFECT
ich läge
du lägest
er/sie läge
wir lägen
ihr läget
Sie lägen
sie lägen

FUTURE PERFECT *(5)*
ich werde gelegen haben
du wirst gelegen haben *etc*

PERFECT *(3)*
ich habe gelegen
du habest gelegen
er/sie habe gelegen
wir haben gelegen
ihr habet gelegen
Sie haben gelegen
sie haben gelegen

PLUPERFECT *(4)*
ich hätte gelegen
du hättest gelegen
er/sie hätte gelegen
wir hätten gelegen
ihr hättet gelegen
Sie hätten gelegen
sie hätten gelegen

INFINITIVE

PRESENT
liegen
PAST *(6)*
gelegen haben

PARTICIPLE

PRESENT
liegend
PAST
gelegen

IMPERATIVE

lieg(e)!
liegt!
liegen Sie!
liegen wir!

NOTE

also intransitive, conjugated with sein (meaning 'to be situated')(1) ich bin gelegen etc (2) ich war gelegen etc (3) ich sei gelegen etc (4) ich wäre gelegen etc (5) ich werde gelegen sein etc (6) gelegen sein

LÜGEN
97 *to lie, to tell lies*

PRESENT
ich lüge
du lügst
er/sie lügt
wir lügen
ihr lügt
Sie lügen
sie lügen

PERFECT
ich habe gelogen
du hast gelogen
er/sie hat gelogen
wir haben gelogen
ihr habt gelogen
Sie haben gelogen
sie haben gelogen

IMPERFECT
ich log
du logst
er/sie log
wir logen
ihr logt
Sie logen
sie logen

PLUPERFECT
ich hatte gelogen
du hattest gelogen
er/sie hatte gelogen
wir hatten gelogen
ihr hattet gelogen
Sie hatten gelogen
sie hatten gelogen

FUTURE
ich werde lügen
du wirst lügen
er/sie wird lügen
wir werden lügen
ihr werdet lügen
Sie werden lügen
sie werden lügen

CONDITIONAL
ich würde lügen
du würdest lügen
er/sie würde lügen
wir würden lügen
ihr würdet lügen
Sie würden lügen
sie würden lügen

SUBJUNCTIVE

PRESENT
ich lüge
du lügest
er/sie lüge
wir lügen
ihr lüget
Sie lügen
sie lügen

IMPERFECT
ich löge
du lögest
er/sie löge
wir lögen
ihr löget
Sie lögen
sie lögen

FUTURE PERFECT
ich werde gelogen haben
du wirst gelogen haben *etc*

PERFECT
ich habe gelogen
du habest gelogen
er/sie habe gelogen
wir haben gelogen
ihr habet gelogen
Sie haben gelogen
sie haben gelogen

PLUPERFECT
ich hätte gelogen
du hättest gelogen
er/sie hätte gelogen
wir hätten gelogen
ihr hättet gelogen
Sie hätten gelogen
sie hätten gelogen

INFINITIVE

PRESENT
lügen
PAST
gelogen haben

PARTICIPLE

PRESENT
lügend

PAST
gelogen

IMPERATIVE

lüg(e)!
lügt!
lügen Sie!
lügen wir!

PRESENT
ich mahle
du mahlst
er/sie mahlt
wir mahlen
ihr mahlt
Sie mahlen
sie mahlen

IMPERFECT
ich mahlte
du mahltest
er/sie mahlte
wir mahlten
ihr mahltet
Sie mahlten
sie mahlten

FUTURE
ich werde mahlen
du wirst mahlen
er/sie wird mahlen
wir werden mahlen
ihr werdet mahlen
Sie werden mahlen
sie werden mahlen

PERFECT
ich habe gemahlen
du hast gemahlen
er/sie hat gemahlen
wir haben gemahlen
ihr habt gemahlen
Sie haben gemahlen
sie haben gemahlen

PLUPERFECT
ich hatte gemahlen
du hattest gemahlen
er/sie hatte gemahlen
wir hatten gemahlen
ihr hattet gemahlen
Sie hatten gemahlen
sie hatten gemahlen

CONDITIONAL
ich würde mahlen
du würdest mahlen
er/sie würde mahlen
wir würden mahlen
ihr würdet mahlen
Sie würden mahlen
sie würden mahlen

SUBJUNCTIVE

PRESENT
ich mahle
du mahlest
er/sie mahle
wir mahlen
ihr mahlet
Sie mahlen
sie mahlen

PERFECT
ich habe gemahlen
du habest gemahlen
er/sie habe gemahlen
wir haben gemahlen
ihr habet gemahlen
Sie haben gemahlen
sie haben gemahlen

INFINITIVE

PRESENT
mahlen
PAST
gemahlen haben

IMPERFECT
ich mahlte
du mahltest
er/sie mahlte
wir mahlten
ihr mahltet
Sie mahlten
sie mahlten

PLUPERFECT
ich hätte gemahlen
du hättest gemahlen
er/sie hätte gemahlen
wir hätten gemahlen
ihr hättet gemahlen
Sie hätten gemahlen
sie hätten gemahlen

PARTICIPLE

PRESENT
mahlend
PAST
gemahlen

IMPERATIVE

mahl(e)!
mahlt!
mahlen Sie!
mahlen wir!

FUTURE PERFECT
ich werde gemahlen haben
du wirst gemahlen haben *etc*

MEIDEN
99 *to avoid*

PRESENT
ich meide
du meidest
er/sie meidet
wir meiden
ihr meidet
Sie meiden
sie meiden

PERFECT
ich habe gemieden
du hast gemieden
er/sie hat gemieden
wir haben gemieden
ihr habt gemieden
Sie haben gemieden
sie haben gemieden

IMPERFECT
ich mied
du miedest
er/sie mied
wir mieden
ihr miedet
Sie mieden
sie mieden

PLUPERFECT
ich hatte gemieden
du hattest gemieden
er/sie hatte gemieden
wir hatten gemieden
ihr hattet gemieden
Sie hatten gemieden
sie hatten gemieden

FUTURE
ich werde meiden
du wirst meiden
er/sie wird meiden
wir werden meiden
ihr werdet meiden
Sie werden meiden
sie werden meiden

CONDITIONAL
ich würde meiden
du würdest meiden
er/sie würde meiden
wir würden meiden
ihr würdet meiden
Sie würden meiden
sie würden meiden

SUBJUNCTIVE

PRESENT
ich meide
du meidest
er/sie meide
wir meiden
ihr meidet
Sie meiden
sie meiden

IMPERFECT
ich miede
du miedest
er/sie miede
wir mieden
ihr miedet
Sie mieden
sie mieden

FUTURE PERFECT
ich werde gemieden haben
du wirst gemieden haben *etc*

PERFECT
ich habe gemieden
du habest gemieden
er/sie habe gemieden
wir haben gemieden
ihr habet gemieden
Sie haben gemieden
sie haben gemieden

PLUPERFECT
ich hätte gemieden
du hättest gemieden
er/sie hätte gemieden
wir hätten gemieden
ihr hättet gemieden
Sie hätten gemieden
sie hätten gemieden

INFINITIVE

PRESENT
meiden
PAST
gemieden haben

PARTICIPLE

PRESENT
meidend
PAST
gemieden

IMPERATIVE

meid(e)!
meidet!
meiden Sie!
meiden wir!

PRESENT
ich messe
du misst
er/sie misst
wir messen
ihr messt
Sie messen
sie messen

IMPERFECT
ich maß
du maßest
er/sie maß
wir maßen
ihr maßt
Sie maßen
sie maßen

FUTURE
ich werde messen
du wirst messen
er/sie wird messen
wir werden messen
ihr werdet messen
Sie werden messen
sie werden messen

PERFECT
ich habe gemessen
du hast gemessen
er/sie hat gemessen
wir haben gemessen
ihr habt gemessen
Sie haben gemessen
sie haben gemessen

PLUPERFECT
ich hatte gemessen
du hattest gemessen
er/sie hatte gemessen
wir hatten gemessen
ihr hattet gemessen
Sie hatten gemessen
sie hatten gemessen

CONDITIONAL
ich würde messen
du würdest messen
er/sie würde messen
wir würden messen
ihr würdet messen
Sie würden messen
sie würden messen

SUBJUNCTIVE

PRESENT
ich messe
du messest
er/sie messe
wir messen
ihr messet
Sie messen
sie messen

PERFECT
ich habe gemessen
du habest gemessen
er/sie habe gemessen
wir haben gemessen
ihr habet gemessen
Sie haben gemessen
sie haben gemessen

INFINITIVE

PRESENT
messen

PAST
gemessen haben

IMPERFECT
ich mäße
du mäßest
er/sie mäße
wir mäßen
ihr mäßet
Sie mäßen
sie mäßen

PLUPERFECT
ich hätte gemessen
du hättest gemessen
er/sie hätte gemessen
wir hätten gemessen
ihr hättet gemessen
Sie hätten gemessen
sie hätten gemessen

PARTICIPLE

PRESENT
messend

PAST
gemessen

IMPERATIVE
miss!
messt!
messen Sie!
messen wir!

FUTURE PERFECT
ich werde gemessen haben
du wirst gemessen haben *etc*

MÖGEN
101 *to like*

PRESENT
ich mag
du magst
er/sie mag
wir mögen
ihr mögt
Sie mögen
sie mögen

PERFECT *(1)*
ich habe gemocht
du hast gemocht
er/sie hat gemocht
wir haben gemocht
ihr habt gemocht
Sie haben gemocht
sie haben gemocht

IMPERFECT
ich mochte
du mochtest
er/sie mochte
wir mochten
ihr mochtet
Sie mochten
sie mochten

PLUPERFECT *(2)*
ich hatte gemocht
du hattest gemocht
er/sie hatte gemocht
wir hatten gemocht
ihr hattet gemocht
Sie hatten gemocht
sie hatten gemocht

FUTURE
ich werde mögen
du wirst mögen
er/sie wird mögen
wir werden mögen
ihr werdet mögen
Sie werden mögen
sie werden mögen

CONDITIONAL
ich würde mögen
du würdest mögen
er/sie würde mögen
wir würden mögen
ihr würdet mögen
Sie würden mögen
sie würden mögen

SUBJUNCTIVE

PRESENT
ich möge
du mögest
er/sie möge
wir mögen
ihr möget
Sie mögen
sie mögen

IMPERFECT
ich möchte
du möchtest
er/sie möchte
wir möchten
ihr möchtet
Sie möchten
sie möchten

PERFECT *(1)*
ich habe gemocht
du habest gemocht
er/sie habe gemocht
wir haben gemocht
ihr habet gemocht
Sie haben gemocht
sie haben gemocht

PLUPERFECT *(3)*
ich hätte gemocht
du hättest gemocht
er/sie hätte gemocht
wir hätten gemocht
ihr hättet gemocht
Sie hätten gemocht
sie hätten gemocht

INFINITIVE

PRESENT
mögen
PAST
gemocht haben

PARTICIPLE

PRESENT
mögend
PAST
gemocht

NOTE

*when preceded by an infinitive: (1) ich habe ...
mögen etc (2) ich hatte ... mögen etc (3) ich
hätte ... mögen etc*

PRESENT
ich muss
du musst
er/sie muss
wir müssen
ihr müsst
Sie müssen
sie müssen

PERFECT *(1)*
ich habe gemusst
du hast gemusst
er/sie hat gemusst
wir haben gemusst
ihr habt gemusst
Sie haben gemusst
sie haben gemusst

IMPERFECT
ich musste
du musstest
er/sie musste
wir mussten
ihr musstet
Sie mussten
sie mussten

PLUPERFECT *(2)*
ich hatte gemusst
du hattest gemusst
er/sie hatte gemusst
wir hatten gemusst
ihr hattet gemusst
Sie hatten gemusst
sie hatten gemusst

FUTURE
ich werde müssen
du wirst müssen
er/sie wird müssen
wir werden müssen
ihr werdet müssen
Sie werden müssen
sie werden müssen

CONDITIONAL
ich würde müssen
du würdest müssen
er/sie würde müssen
wir würden müssen
ihr würdet müssen
Sie würden müssen
sie würden müssen

SUBJUNCTIVE

PRESENT
ich müsse
du müssest
er/sie müsse
wir müssen
ihr müsset
Sie müssen
sie müssen

IMPERFECT
ich müsste
du müsstest
er/sie müsste
wir müssten
ihr müsstet
Sie müssten
sie müssten

PERFECT *(1)*
ich habe gemusst
du habest gemusst
er/sie habe gemusst
wir haben gemusst
ihr habet gemusst
Sie haben gemusst
sie haben gemusst

PLUPERFECT *(3)*
ich hätte gemusst
du hättest gemusst
er/sie hätte gemusst
wir hätten gemusst
ihr hättet gemusst
Sie hätten gemusst
sie hätten gemusst

INFINITIVE

PRESENT
müssen

PAST
gemusst haben

PARTICIPLE

PRESENT
müssend

PAST
gemusst

NOTE

when preceded by an infinitive: (1) ich habe ...
müssen *etc (2)* ich hatte ... müssen *etc (3)* ich
hätte ... müssen *etc*

NEHMEN
103 *to take*

PRESENT
ich nehme
du nimmst
er/sie nimmt
wir nehmen
ihr nehmt
Sie nehmen
sie nehmen

IMPERFECT
ich nahm
du nahmst
er/sie nahm
wir nahmen
ihr nahmt
Sie nahmen
sie nahmen

FUTURE
ich werde nehmen
du wirst nehmen
er/sie wird nehmen
wir werden nehmen
ihr werdet nehmen
Sie werden nehmen
sie werden nehmen

PERFECT
ich habe genommen
du hast genommen
er/sie hat genommen
wir haben genommen
ihr habt genommen
Sie haben genommen
sie haben genommen

PLUPERFECT
ich hatte genommen
du hattest genommen
er/sie hatte genommen
wir hatten genommen
ihr hattet genommen
Sie hatten genommen
sie hatten genommen

CONDITIONAL
ich würde nehmen
du würdest nehmen
er/sie würde nehmen
wir würden nehmen
ihr würdet nehmen
Sie würden nehmen
sie würden nehmen

SUBJUNCTIVE

PRESENT
ich nehme
du nehmest
er/sie nehme
wir nehmen
ihr nehmet
Sie nehmen
sie nehmen

PERFECT
ich habe genommen
du habest genommen
er/sie habe genommen
wir haben genommen
ihr habet genommen
Sie haben genommen
sie haben genommen

INFINITIVE

PRESENT
nehmen

PAST
genommen haben

IMPERFECT
ich nähme
du nähmest
er/sie nähme
wir nähmen
ihr nähmet
Sie nähmen
sie nähmen

PLUPERFECT
ich hätte genommen
du hättest genommen
er/sie hätte genommen
wir hätten genommen
ihr hättet genommen
Sie hätten genommen
sie hätten genommen

PARTICIPLE

PRESENT
nehmend

PAST
genommen

IMPERATIVE
nimm!
nehmt!
nehmen Sie!
nehmen wir!

FUTURE PERFECT
ich werde genommen haben
du wirst genommen haben *etc*

PRESENT
ich nenne
du nennst
er/sie nennt
wir nennen
ihr nennt
Sie nennen
sie nennen

PERFECT
ich habe genannt
du hast genannt
er/sie hat genannt
wir haben genannt
ihr habt genannt
Sie haben genannt
sie haben genannt

IMPERFECT
ich nannte
du nanntest
er/sie nannte
wir nannten
ihr nanntet
Sie nannten
sie nannten

PLUPERFECT
ich hatte genannt
du hattest genannt
er/sie hatte genannt
wir hatten genannt
ihr hattet genannt
Sie hatten genannt
sie hatten genannt

FUTURE
ich werde nennen
du wirst nennen
er/sie wird nennen
wir werden nennen
ihr werdet nennen
Sie werden nennen
sie werden nennen

CONDITIONAL
ich würde nennen
du würdest nennen
er/sie würde nennen
wir würden nennen
ihr würdet nennen
Sie würden nennen
sie würden nennen

SUBJUNCTIVE

PRESENT
ich nenne
du nennest
er/sie nenne
wir nennen
ihr nennet
Sie nennen
sie nennen

IMPERFECT
ich nennte
du nenntest
er/sie nennte
wir nennten
ihr nenntet
Sie nennten
sie nennten

FUTURE PERFECT
ich werde genannt haben
du wirst genannt haben *etc*

PERFECT
ich habe genannt
du habest genannt
er/sie habe genannt
wir haben genannt
ihr habet genannt
Sie haben genannt
sie haben genannt

PLUPERFECT
ich hätte genannt
du hättest genannt
er/sie hätte genannt
wir hätten genannt
ihr hättet genannt
Sie hätten genannt
sie hätten genannt

INFINITIVE

PRESENT
nennen

PAST
genannt haben

PARTICIPLE

PRESENT
nennend

PAST
gennant

IMPERATIVE

nenn(e)!
nennt!
nennen Sie!
nennen wir!

PASSEN
105 to fit; to suit

PRESENT	**IMPERFECT**	**FUTURE**
ich passe	ich passte	ich werde passen
du passt	du passtest	du wirst passen
er/sie passt	er/sie passte	er/sie wird passen
wir passen	wir passten	wir werden passen
ihr passt	ihr passtet	ihr werdet passen
Sie passen	Sie passten	Sie werden passen
sie passen	sie passten	sie werden passen

PERFECT	**PLUPERFECT**	**CONDITIONAL**
ich habe gepasst	ich hatte gepasst	ich würde passen
du hast gepasst	du hattest gepasst	du würdest passen
er/sie hat gepasst	er/sie hatte gepasst	er/sie würde passen
wir haben gepasst	wir hatten gepasst	wir würden passen
ihr habt gepasst	ihr hattet gepasst	ihr würdet passen
Sie haben gepasst	Sie hatten gepasst	Sie würden passen
sie haben gepasst	sie hatten gepasst	sie würden passen

SUBJUNCTIVE

PRESENT	**PERFECT**
ich passe	ich habe gepasst
du passest	du habest gepasst
er/sie passe	er/sie habe gepasst
wir passen	wir haben gepasst
ihr passet	ihr habet gepasst
Sie passen	Sie haben gepasst
sie passen	sie haben gepasst

IMPERFECT	**PLUPERFECT**
ich passte	ich hätte gepasst
du passtest	du hättest gepasst
er/sie passte	er/sie hätte gepasst
wir passten	wir hätten gepasst
ihr passtet	ihr hättet gepasst
Sie passten	Sie hätten gepasst
sie passten	sie hätten gepasst

FUTURE PERFECT
ich werde gepasst haben
du wirst gepasst haben *etc*

INFINITIVE

PRESENT
passen
PAST
gepasst haben

PARTICIPLE

PRESENT
passend

PAST
gepasst

IMPERATIVE

pass(e)!
passt!
passen Sie!
passen wir!

NOTE

takes the dative: ich passe ihm, ich habe ihm
gepasst *etc*

PRESENT
ich pfeife
du pfeifst
er/sie pfeift
wir pfeifen
ihr pfeift
Sie pfeifen
sie pfeifen

PERFECT
ich habe gepfiffen
du hast gepfiffen
er/sie hat gepfiffen
wir haben gepfiffen
ihr habt gepfiffen
Sie haben gepfiffen
sie haben gepfiffen

IMPERFECT
ich pfiff
du pfiffst
er/sie pfiff
wir pfiffen
ihr pfifft
Sie pfiffen
sie pfiffen

PLUPERFECT
ich hatte gepfiffen
du hattest gepfiffen
er/sie hatte gepfiffen
wir hatten gepfiffen
ihr hattet gepfiffen
Sie hatten gepfiffen
sie hatten gepfiffen

FUTURE
ich werde pfeifen
du wirst pfeifen
er/sie wird pfeifen
wir werden pfeifen
ihr werdet pfeifen
Sie werden pfeifen
sie werden pfeifen

CONDITIONAL
ich würde pfeifen
du würdest pfeifen
er/sie würde pfeifen
wir würden pfeifen
ihr würdet pfeifen
Sie würden pfeifen
sie würden pfeifen

SUBJUNCTIVE

PRESENT
ich pfeife
du pfeifest
er/sie pfeife
wir pfeifen
ihr pfeifet
Sie pfeifen
sie pfeifen

IMPERFECT
ich pfiffe
du pfiffest
er/sie pfiffe
wir pfiffen
ihr pfiffet
Sie pfiffen
sie pfiffen

FUTURE PERFECT
ich werde gepfiffen haben
du wirst gepfiffen haben *etc*

PERFECT
ich habe gepfiffen
du habest gepfiffen
er/sie habe gepfiffen
wir haben gepfiffen
ihr habet gepfiffen
Sie haben gepfiffen
sie haben gepfiffen

PLUPERFECT
ich hätte gepfiffen
du hättest gepfiffen
er/sie hätte gepfiffen
wir hätten gepfiffen
ihr hättet gepfiffen
Sie hätten gepfiffen
sie hätten gepfiffen

INFINITIVE

PRESENT
pfeifen
PAST
gepfiffen haben

PARTICIPLE

PRESENT
pfeifend
PAST
gepfiffen

IMPERATIVE

pfeif(e)!
pfeift!
pfeifen Sie!
pfeifen wir!

PREISEN
107 *to praise*

PRESENT
ich preise
du preist
er/sie preist
wir preisen
ihr preist
Sie preisen
sie preisen

IMPERFECT
ich pries
du priest
er/sie pries
wir priesen
ihr priest
Sie priesen
sie priesen

FUTURE
ich werde preisen
du wirst preisen
er/sie wird preisen
wir werden preisen
ihr werdet preisen
Sie werden preisen
sie werden preisen

PERFECT
ich habe gepriesen
du hast gepriesen
er/sie hat gepriesen
wir haben gepriesen
ihr habt gepriesen
Sie haben gepriesen
sie haben gepriesen

PLUPERFECT
ich hatte gepriesen
du hattest gepriesen
er/sie hatte gepriesen
wir hatten gepriesen
ihr hattet gepriesen
Sie hatten gepriesen
sie hatten gepriesen

CONDITIONAL
ich würde preisen
du würdest preisen
er/sie würde preisen
wir würden preisen
ihr würdet preisen
Sie würden preisen
sie würden preisen

SUBJUNCTIVE

PRESENT
ich preise
du preisest
er/sie preise
wir preisen
ihr preiset
Sie preisen
sie preisen

PERFECT
ich habe gepriesen
du habest gepriesen
er/sie habe gepriesen
wir haben gepriesen
ihr habet gepriesen
Sie haben gepriesen
sie haben gepriesen

INFINITIVE

PRESENT
preisen
PAST
gepriesen haben

PARTICIPLE

PRESENT
preisend

IMPERFECT
ich priese
du priesest
er/sie priese
wir priesen
ihr prieset
Sie priesen
sie priesen

PLUPERFECT
ich hätte gepriesen
du hättest gepriesen
er/sie hätte gepriesen
wir hätten gepriesen
ihr hättet gepriesen
Sie hätten gepriesen
sie hätten gepriesen

PAST
gepriesen

IMPERATIVE
preis(e)!
preist!
preisen Sie!
preisen wir!

FUTURE PERFECT
ich werde gepriesen haben
du wirst gepriesen haben *etc*

PRESENT
ich quelle
du quillst
er/sie quillt
wir quellen
ihr quellt
Sie quellen
sie quellen

IMPERFECT
ich quoll
du quollst
er/sie quoll
wir quollen
ihr quollt
Sie quollen
sie quollen

FUTURE
ich werde quellen
du wirst quellen
er/sie wird quellen
wir werden quellen
ihr werdet quellen
Sie werden quellen
sie werden quellen

PERFECT
ich bin gequollen
du bist gequollen
er/sie ist gequollen
wir sind gequollen
ihr seid gequollen
Sie sind gequollen
sie sind gequollen

PLUPERFECT
ich war gequollen
du warst gequollen
er/sie war gequollen
wir waren gequollen
ihr wart gequollen
Sie waren gequollen
sie waren gequollen

CONDITIONAL
ich würde quellen
du würdest quellen
er/sie würde quellen
wir würden quellen
ihr würdet quellen
Sie würden quellen
sie würden quellen

SUBJUNCTIVE

PRESENT
ich quelle
du quellest
er/sie quelle
wir quellen
ihr quellet
Sie quellen
sie quellen

PERFECT
ich sei gequollen
du sei(e)st gequollen
er/sie sei gequollen
wir seien gequollen
ihr seiet gequollen
Sie seien gequollen
sie seien gequollen

INFINITIVE

PRESENT
quellen
PAST
gequollen sein

IMPERFECT
ich quölle
du quöllest
er/sie quölle
wir quöllen
ihr quöllet
Sie quöllen
sie quöllen

PLUPERFECT
ich wäre gequollen
du wär(e)st gequollen
er/sie wäre gequollen
wir wären gequollen
ihr wär(e)t gequollen
Sie wären gequollen
sie wären gequollen

PARTICIPLE

PRESENT
quellend
PAST
gequollen

IMPERATIVE

quill!
quellt!
quellen Sie!
quellen wir!

FUTURE PERFECT
ich werde gequollen sein
du wirst gequollen sein *etc*

RATEN
109 to guess; to advise

PRESENT	IMPERFECT	FUTURE
ich rate	ich riet	ich werde raten
du rätst	du rietest	du wirst raten
er/sie rät	er/sie riet	er/sie wird raten
wir raten	wir rieten	wir werden raten
ihr ratet	ihr rietet	ihr werdet raten
Sie raten	Sie rieten	Sie werden raten
sie raten	sie rieten	sie werden raten

PERFECT	PLUPERFECT	CONDITIONAL
ich habe geraten	ich hatte geraten	ich würde raten
du hast geraten	du hattest geraten	du würdest raten
er/sie hat geraten	er/sie hatte geraten	er/sie würde raten
wir haben geraten	wir hatten geraten	wir würden raten
ihr habt geraten	ihr hattet geraten	ihr würdet raten
Sie haben geraten	Sie hatten geraten	Sie würden raten
sie haben geraten	sie hatten geraten	sie würden raten

SUBJUNCTIVE

PRESENT	PERFECT
ich rate	ich habe geraten
du ratest	du habest geraten
er/sie rate	er/sie habe geraten
wir raten	wir haben geraten
ihr ratet	ihr habet geraten
Sie raten	Sie haben geraten
sie raten	sie haben geraten

IMPERFECT	PLUPERFECT
ich riete	ich hätte geraten
du rietest	du hättest geraten
er/sie riete	er/sie hätte geraten
wir rieten	wir hätten geraten
ihr rietet	ihr hättet geraten
Sie rieten	Sie hätten geraten
sie rieten	sie hätten geraten

FUTURE PERFECT
ich werde geraten haben
du wirst geraten haben *etc*

INFINITIVE

PRESENT
raten
PAST
geraten haben

PARTICIPLE

PRESENT
ratend
PAST
geraten

IMPERATIVE

rat(e)!
ratet!
raten Sie!
raten wir!

PRESENT
ich regiere
du regierst
er/sie regiert
wir regieren
ihr regiert
Sie regieren
sie regieren

IMPERFECT
ich regierte
du regiertest
er/sie regierte
wir regierten
ihr regiertet
Sie regierten
sie regierten

FUTURE
ich werde regieren
du wirst regieren
er/sie wird regieren
wir werden regieren
ihr werdet regieren
Sie werden regieren
sie werden regieren

PERFECT
ich habe regiert
du hast regiert
er/sie hat regiert
wir haben regiert
ihr habt regiert
Sie haben regiert
sie haben regiert

PLUPERFECT
ich hatte regiert
du hattest regiert
er/sie hatte regiert
wir hatten regiert
ihr hattet regiert
Sie hatten regiert
sie hatten regiert

CONDITIONAL
ich würde regieren
du würdest regieren
er/sie würde regieren
wir würden regieren
ihr würdet regieren
Sie würden regieren
sie würden regieren

SUBJUNCTIVE

PRESENT
ich regiere
du regierest
er/sie regiere
wir regieren
ihr regieret
Sie regieren
sie regieren

PERFECT
ich habe regiert
du habest regiert
er/sie habe regiert
wir haben regiert
ihr habet regiert
Sie haben regiert
sie haben regiert

IMPERFECT
ich regierte
du regiertest
er/sie regierte
wir regierten
ihr regiertet
Sie regierten
sie regierten

PLUPERFECT
ich hätte regiert
du hättest regiert
er/sie hätte regiert
wir hätten regiert
ihr hättet regiert
Sie hätten regiert
sie hätten regiert

FUTURE PERFECT
ich werde regiert haben
du wirst regiert haben *etc*

INFINITIVE

PRESENT
regieren
PAST
regiert haben

PARTICIPLE

PRESENT
regierend

PAST
regiert

IMPERATIVE

regier(e)!
regiert!
regieren Sie!
regieren wir!

PRESENT	IMPERFECT	FUTURE
ich reibe	ich rieb	ich werde reiben
du reibst	du riebst	du wirst reiben
er/sie reibt	er/sie rieb	er/sie wird reiben
wir reiben	wir rieben	wir werden reiben
ihr reibt	ihr riebt	ihr werdet reiben
Sie reiben	Sie rieben	Sie werden reiben
sie reiben	sie rieben	sie werden reiben

PERFECT	PLUPERFECT	CONDITIONAL
ich habe gerieben	ich hatte gerieben	ich würde reiben
du hast gerieben	du hattest gerieben	du würdest reiben
er/sie hat gerieben	er/sie hatte gerieben	er/sie würde reiben
wir haben gerieben	wir hatten gerieben	wir würden reiben
ihr habt gerieben	ihr hattet gerieben	ihr würdet reiben
Sie haben gerieben	Sie hatten gerieben	Sie würden reiben
sie haben gerieben	sie hatten gerieben	sie würden reiben

SUBJUNCTIVE

PRESENT	PERFECT
ich reibe	ich habe gerieben
du reibest	du habest gerieben
er/sie reibe	er/sie habe gerieben
wir reiben	wir haben gerieben
ihr reibet	ihr habet gerieben
Sie reiben	Sie haben gerieben
sie reiben	sie haben gerieben

IMPERFECT	PLUPERFECT
ich riebe	ich hätte gerieben
du riebest	du hättest gerieben
er/sie riebe	er/sie hätte gerieben
wir rieben	wir hätten gerieben
ihr riebet	ihr hättet gerieben
Sie rieben	Sie hätten gerieben
sie rieben	sie hätten gerieben

FUTURE PERFECT
ich werde gerieben haben
du wirst gerieben haben *etc*

INFINITIVE

PRESENT
reiben

PAST
gerieben haben

PARTICIPLE

PRESENT
reibend

PAST
gerieben

IMPERATIVE

reib(e)!
reibt!
reiben Sie!
reiben wir!

PRESENT
ich reiße
du reißt
er/sie reißt
wir reißen
ihr reißt
Sie reißen
sie reißen

PERFECT *(1)*
ich habe gerissen
du hast gerissen
er/sie hat gerissen
wir haben gerissen
ihr habt gerissen
Sie haben gerissen
sie haben gerissen

IMPERFECT
ich riss
du rissest
er/sie riss
wir rissen
ihr risst
Sie rissen
sie rissen

PLUPERFECT *(2)*
ich hatte gerissen
du hattest gerissen
er/sie hatte gerissen
wir hatten gerissen
ihr hattet gerissen
Sie hatten gerissen
sie hatten gerissen

FUTURE
ich werde reißen
du wirst reißen
er/sie wird reißen
wir werden reißen
ihr werdet reißen
Sie werden reißen
sie werden reißen

CONDITIONAL
ich würde reißen
du würdest reißen
er/sie würde reißen
wir würden reißen
ihr würdet reißen
Sie würden reißen
sie würden reißen

SUBJUNCTIVE

PRESENT
ich reiße
du reißest
er/sie reiße
wir reißen
ihr reißet
Sie reißen
sie reißen

IMPERFECT
ich risse
du rissest
er/sie risse
wir rissen
ihr risset
Sie rissen
sie rissen

FUTURE PERFECT *(5)*
ich werde gerissen haben
du wirst gerissen haben *etc*

PERFECT *(3)*
ich habe gerissen
du habest gerissen
er/sie habe gerissen
wir haben gerissen
ihr habet gerissen
Sie haben gerissen
sie haben gerissen

PLUPERFECT *(4)*
ich hätte gerissen
du hättest gerissen
er/sie hätte gerissen
wir hätten gerissen
ihr hättet gerissen
Sie hätten gerissen
sie hätten gerissen

INFINITIVE

PRESENT
reißen
PAST *(6)*
gerissen haben

PARTICIPLE

PRESENT
reißend

PAST
gerissen

IMPERATIVE

reiß(e)!
reißt!
reißen Sie!
reißen wir!

NOTE

also intransitive: (1) ich bin gerissen *etc (2)* ich
war gerissen *etc (3)* ich sei gerissen *etc (4)* ich
wäre gerissen *etc (5)* ich werde gerissen sein *etc*
(6) gerissen sein

PRESENT
ich reite
du reitest
er/sie reitet
wir reiten
ihr reitet
Sie reiten
sie reiten

PERFECT *(1)*
ich bin geritten
du bist geritten
er/sie ist geritten
wir sind geritten
ihr seid geritten
Sie sind geritten
sie sind geritten

IMPERFECT
ich ritt
du rittst
er/sie ritt
wir ritten
ihr rittet
Sie ritten
sie ritten

PLUPERFECT *(2)*
ich war geritten
du warst geritten
er/sie war geritten
wir waren geritten
ihr wart geritten
Sie waren geritten
sie waren geritten

FUTURE
ich werde reiten
du wirst reiten
er/sie wird reiten
wir werden reiten
ihr werdet reiten
Sie werden reiten
sie werden reiten

CONDITIONAL
ich würde reiten
du würdest reiten
er/sie würde reiten
wir würden reiten
ihr würdet reiten
Sie würden reiten
sie würden reiten

SUBJUNCTIVE

PRESENT
ich reite
du reitest
er/sie reite
wir reiten
ihr reitet
Sie reiten
sie reiten

IMPERFECT
ich ritte
du rittest
er/sie ritte
wir ritten
ihr rittet
Sie ritten
sie ritten

FUTURE PERFECT *(4)*
ich werde geritten sein
du wirst geritten sein *etc*

PERFECT *(1)*
ich sei geritten
du sei(e)st geritten
er/sie sei geritten
wir seien geritten
ihr seiet geritten
Sie seien geritten
sie seien geritten

PLUPERFECT *(3)*
ich wäre geritten
du wär(e)st geritten
er/sie wäre geritten
wir wären geritten
ihr wär(e)t geritten
Sie wären geritten
sie wären geritten

INFINITIVE

PRESENT
reiten
PAST *(5)*
geritten sein

PARTICIPLE

PRESENT
reitend

PAST
geritten

IMPERATIVE

reit(e)!
reitet!
reiten Sie!
reiten wir!

NOTE

also transitive: (1) ich habe geritten etc (2) ich hatte geritten etc (3) ich hätte geritten etc (4) ich werde geritten haben etc (5) geritten haben

PRESENT
ich renne
du rennst
er/sie rennt
wir rennen
ihr rennt
Sie rennen
sie rennen

PERFECT
ich bin gerannt
du bist gerannt
er/sie ist gerannt
wir sind gerannt
ihr seid gerannt
Sie sind gerannt
sie sind gerannt

IMPERFECT
ich rannte
du ranntest
er/sie rannte
wir rannten
ihr ranntet
Sie rannten
sie rannten

PLUPERFECT
ich war gerannt
du warst gerannt
er/sie war gerannt
wir waren gerannt
ihr wart gerannt
Sie waren gerannt
sie waren gerannt

FUTURE
ich werde rennen
du wirst rennen
er/sie wird rennen
wir werden rennen
ihr werdet rennen
Sie werden rennen
sie werden rennen

CONDITIONAL
ich würde rennen
du würdest rennen
er/sie würde rennen
wir würden rennen
ihr würdet rennen
Sie würden rennen
sie würden rennen

SUBJUNCTIVE

PRESENT
ich renne
du rennest
er/sie renne
wir rennen
ihr rennet
Sie rennen
sie rennen

IMPERFECT
ich rennte
du renntest
er/sie rennte
wir rennten
ihr renntet
Sie rennten
sie rennten

FUTURE PERFECT
ich werde gerannt sein
du wirst gerannt sein *etc*

PERFECT
ich sei gerannt
du sei(e)st gerannt
er/sie sei gerannt
wir seien gerannt
ihr seiet gerannt
Sie seien gerannt
sie seien gerannt

PLUPERFECT
ich wäre gerannt
du wär(e)st gerannt
er/sie wäre gerannt
wir wären gerannt
ihr wär(e)t gerannt
Sie wären gerannt
sie wären gerannt

INFINITIVE

PRESENT
rennen
PAST
gerannt sein

PARTICIPLE

PRESENT
rennend
PAST
gerannt

IMPERATIVE
renn(e)!
rennt!
rennen Sie!
rennen wir!

RIECHEN
115 *to smell*

PRESENT
ich rieche
du riechst
er/sie riecht
wir riechen
ihr riecht
Sie riechen
sie riechen

PERFECT
ich habe gerochen
du hast gerochen
er/sie hat gerochen
wir haben gerochen
ihr habt gerochen
Sie haben gerochen
sie haben gerochen

IMPERFECT
ich roch
du rochst
er/sie roch
wir rochen
ihr rocht
Sie rochen
sie rochen

PLUPERFECT
ich hatte gerochen
du hattest gerochen
er/sie hatte gerochen
wir hatten gerochen
ihr hattet gerochen
Sie hatten gerochen
sie hatten gerochen

FUTURE
ich werde riechen
du wirst riechen
er/sie wird riechen
wir werden riechen
ihr werdet riechen
Sie werden riechen
sie werden riechen

CONDITIONAL
ich würde riechen
du würdest riechen
er/sie würde riechen
wir würden riechen
ihr würdet riechen
Sie würden riechen
sie würden riechen

SUBJUNCTIVE

PRESENT
ich rieche
du riechest
er/sie rieche
wir riechen
ihr riechet
Sie riechen
sie riechen

IMPERFECT
ich röche
du röchest
er/sie röche
wir röchen
ihr röchet
Sie röchen
sie röchen

FUTURE PERFECT
ich werde gerochen haben
du wirst gerochen haben *etc*

PERFECT
ich habe gerochen
du habest gerochen
er/sie habe gerochen
wir haben gerochen
ihr habet gerochen
Sie haben gerochen
sie haben gerochen

PLUPERFECT
ich hätte gerochen
du hättest gerochen
er/sie hätte gerochen
wir hätten gerochen
ihr hättet gerochen
Sie hätten gerochen
sie hätten gerochen

INFINITIVE

PRESENT
riechen
PAST
gerochen haben

PARTICIPLE

PRESENT
riechend

PAST
gerochen

IMPERATIVE

riech(e)!
riecht!
riechen Sie!
riechen wir!

PRESENT
ich ringe
du ringst
er/sie ringt
wir ringen
ihr ringt
Sie ringen
sie ringen

IMPERFECT
ich rang
du rangst
er/sie rang
wir rangen
ihr rangt
Sie rangen
sie rangen

FUTURE
ich werde ringen
du wirst ringen
er/sie wird ringen
wir werden ringen
ihr werdet ringen
Sie werden ringen
sie werden ringen

PERFECT
ich habe gerungen
du hast gerungen
er/sie hat gerungen
wir haben gerungen
ihr habt gerungen
Sie haben gerungen
sie haben gerungen

PLUPERFECT
ich hatte gerungen
du hattest gerungen
er/sie hatte gerungen
wir hatten gerungen
ihr hattet gerungen
Sie hatten gerungen
sie hatten gerungen

CONDITIONAL
ich würde ringen
du würdest ringen
er/sie würde ringen
wir würden ringen
ihr würdet ringen
Sie würden ringen
sie würden ringen

SUBJUNCTIVE

PRESENT
ich ringe
du ringest
er/sie ringe
wir ringen
ihr ringet
Sie ringen
sie ringen

PERFECT
ich habe gerungen
du habest gerungen
er/sie habe gerungen
wir haben gerungen
ihr habet gerungen
Sie haben gerungen
sie haben gerungen

INFINITIVE

PRESENT
ringen
PAST
gerungen haben

IMPERFECT
ich ränge
du rängest
er/sie ränge
wir rängen
ihr ränget
Sie rängen
sie rängen

PLUPERFECT
ich hätte gerungen
du hättest gerungen
er/sie hätte gerungen
wir hätten gerungen
ihr hättet gerungen
Sie hätten gerungen
sie hätten gerungen

PARTICIPLE

PRESENT
ringend
PAST
gerungen

IMPERATIVE

ring(e)!
ringt!
ringen Sie!
ringen wir!

FUTURE PERFECT
ich werde gerungen haben
du wirst gerungen haben *etc*

PRESENT
ich rinne
du rinnst
er/sie rinnt
wir rinnen
ihr rinnt
Sie rinnen
sie rinnen

IMPERFECT
ich rann
du rannst
er/sie rann
wir rannen
ihr rannt
Sie rannen
sie rannen

FUTURE
ich werde rinnen
du wirst rinnen
er/sie wird rinnen
wir werden rinnen
ihr werdet rinnen
Sie werden rinnen
sie werden rinnen

PERFECT
ich bin geronnen
du bist geronnen
er/sie ist geronnen
wir sind geronnen
ihr seid geronnen
Sie sind geronnen
sie sind geronnen

PLUPERFECT
ich war geronnen
du warst geronnen
er/sie war geronnen
wir waren geronnen
ihr wart geronnen
Sie waren geronnen
sie waren geronnen

CONDITIONAL
ich würde rinnen
du würdest rinnen
er/sie würde rinnen
wir würden rinnen
ihr würdet rinnen
Sie würden rinnen
sie würden rinnen

SUBJUNCTIVE

PRESENT
ich rinne
du rinnest
er/sie rinne
wir rinnen
ihr rinnet
Sie rinnen
sie rinnen

PERFECT
ich sei geronnen
du sei(e)st geronnen
er/sie sei geronnen
wir seien geronnen
ihr seiet geronnen
Sie seien geronnen
sie seien geronnen

INFINITIVE

PRESENT
rinnen
PAST
geronnen sein

IMPERFECT *(1)*
ich ränne
du männest
er/sie ränne
wir rännen
ihr rännet
Sie rännen
sie rännen

PLUPERFECT
ich wäre geronnen
du wär(e)st geronnen
er/sie wäre geronnen
wir wären geronnen
ihr wär(e)t geronnen
Sie wären geronnen
sie wären geronnen

PARTICIPLE

PRESENT
rinnend
PAST
geronnen

IMPERATIVE
rinn(e)!
rinnt!
rinnen Sie!
rinnen wir!

FUTURE PERFECT
ich werde geronnen sein
du wirst geronnen sein *etc*

NOTE

(1) ich rönne, du rönnest etc is also possible

PRESENT
ich rufe
du rufst
er/sie ruft
wir rufen
ihr ruft
Sie rufen
sie rufen

IMPERFECT
ich rief
du riefst
er/sie rief
wir riefen
ihr rieft
Sie riefen
sie riefen

FUTURE
ich werde rufen
du wirst rufen
er/sie wird rufen
wir werden rufen
ihr werdet rufen
Sie werden rufen
sie werden rufen

PERFECT
ich habe gerufen
du hast gerufen
er/sie hat gerufen
wir haben gerufen
ihr habt gerufen
Sie haben gerufen
sie haben gerufen

PLUPERFECT
ich hatte gerufen
du hattest gerufen
er/sie hatte gerufen
wir hatten gerufen
ihr hattet gerufen
Sie hatten gerufen
sie hatten gerufen

CONDITIONAL
ich würde rufen
du würdest rufen
er/sie würde rufen
wir würden rufen
ihr würdet rufen
Sie würden rufen
sie würden rufen

SUBJUNCTIVE

PRESENT
ich rufe
du rufest
er/sie rufe
wir rufen
ihr rufet
Sie rufen
sie rufen

PERFECT
ich habe gerufen
du habest gerufen
er/sie habe gerufen
wir haben gerufen
ihr habet gerufen
Sie haben gerufen
sie haben gerufen

INFINITIVE

PRESENT
rufen

PAST
gerufen haben

IMPERFECT
ich riefe
du riefest
er/sie riefe
wir riefen
ihr riefet
Sie riefen
sie riefen

PLUPERFECT
ich hätte gerufen
du hättest gerufen
er/sie hätte gerufen
wir hätten gerufen
ihr hättet gerufen
Sie hätten gerufen
sie hätten gerufen

PARTICIPLE

PRESENT
rufend

PAST
gerufen

IMPERATIVE
ruf(e)!
ruft!
rufen Sie!
rufen wir!

FUTURE PERFECT
ich werde gerufen haben
du wirst gerufen haben *etc*

PRESENT	IMPERFECT	FUTURE
ich saufe	ich soff	ich werde saufen
du säufst	du soffst	du wirst saufen
er/sie säuft	er/sie soff	er/sie wird saufen
wir saufen	wir soffen	wir werden saufen
ihr sauft	ihr sofft	ihr werdet saufen
Sie saufen	Sie soffen	Sie werden saufen
sie saufen	sie soffen	sie werden saufen

PERFECT	PLUPERFECT	CONDITIONAL
ich habe gesoffen	ich hatte gesoffen	ich würde saufen
du hast gesoffen	du hattest gesoffen	du würdest saufen
er/sie hat gesoffen	er/sie hatte gesoffen	er/sie würde saufen
wir haben gesoffen	wir hatten gesoffen	wir würden saufen
ihr habt gesoffen	ihr hattet gesoffen	ihr würdet saufen
Sie haben gesoffen	Sie hatten gesoffen	Sie würden saufen
sie haben gesoffen	sie hatten gesoffen	sie würden saufen

SUBJUNCTIVE

INFINITIVE

PRESENT	PERFECT	
ich saufe	ich habe gesoffen	**PRESENT**
du saufest	du habest gesoffen	saufen
er/sie saufe	er/sie habe gesoffen	**PAST**
wir saufen	wir haben gesoffen	gesoffen haben
ihr saufet	ihr habet gesoffen	
Sie saufen	Sie haben gesoffen	## PARTICIPLE
sie saufen	sie haben gesoffen	**PRESENT**
		saufend

IMPERFECT	PLUPERFECT	
ich söffe	ich hätte gesoffen	**PAST**
du söffest	du hättest gesoffen	gesoffen
er/sie söffe	er/sie hätte gesoffen	
wir söffen	wir hätten gesoffen	## IMPERATIVE
ihr söffet	ihr hättet gesoffen	sauf(e)!
Sie söffen	Sie hätten gesoffen	sauft!
sie söffen	sie hätten gesoffen	saufen Sie!
		saufen wir!

FUTURE PERFECT
ich werde gesoffen haben
du wirst gesoffen haben *etc*

PRESENT
ich sauge
du saugst
er/sie saugt
wir saugen
ihr saugt
Sie saugen
sie saugen

IMPERFECT
ich sog
du sogst
er/sie sog
wir sogen
ihr sogt
Sie sogen
sie sogen

FUTURE
ich werde saugen
du wirst saugen
er/sie wird saugen
wir werden saugen
ihr werdet saugen
Sie werden saugen
sie werden saugen

PERFECT
ich habe gesogen
du hast gesogen
er/sie hat gesogen
wir haben gesogen
ihr habt gesogen
Sie haben gesogen
sie haben gesogen

PLUPERFECT
ich hatte gesogen
du hattest gesogen
er/sie hatte gesogen
wir hatten gesogen
ihr hattet gesogen
Sie hatten gesogen
sie hatten gesogen

CONDITIONAL
ich würde saugen
du würdest saugen
er/sie würde saugen
wir würden saugen
ihr würdet saugen
Sie würden saugen
sie würden saugen

SUBJUNCTIVE

PRESENT
ich sauge
du saugest
er/sie sauge
wir saugen
ihr sauget
Sie saugen
sie saugen

PERFECT
ich habe gesogen
du habest gesogen
er/sie habe gesogen
wir haben gesogen
ihr habet gesogen
Sie haben gesogen
sie haben gesogen

INFINITIVE

PRESENT
saugen

PAST
gesogen haben

IMPERFECT
ich söge
du sögest
er/sie söge
wir sögen
ihr söget
Sie sögen
sie sögen

PLUPERFECT
ich hätte gesogen
du hättest gesogen
er/sie hätte gesogen
wir hätten gesogen
ihr hättet gesogen
Sie hätten gesogen
sie hätten gesogen

PARTICIPLE

PRESENT
saugend

PAST
gesogen

IMPERATIVE
saug(e)!
saugt!
saugen Sie!
saugen wir!

FUTURE PERFECT
ich werde gesogen haben
du wirst gesogen haben *etc*

NOTE

weak conjugation also possible, esp. common in technical language: ich saugte, ich habe gesaugt *etc*

SCHAFFEN

121 *to create (1)*

PRESENT	IMPERFECT	FUTURE
ich schaffe	ich schuf	ich werde schaffen
du schaffst	du schufst	du wirst schaffen
er/sie schafft	er/sie schuf	er/sie wird schaffen
wir schaffen	wir schufen	wir werden schaffen
ihr schafft	ihr schuft	ihr werdet schaffen
Sie schaffen	Sie schufen	Sie werden schaffen
sie schaffen	sie schufen	sie werden schaffen

PERFECT	PLUPERFECT	CONDITIONAL
ich habe geschaffen	ich hatte geschaffen	ich würde schaffen
du hast geschaffen	du hattest geschaffen	du würdest schaffen
er/sie hat geschaffen	er/sie hatte geschaffen	er/sie würde schaffen
wir haben geschaffen	wir hatten geschaffen	wir würden schaffen
ihr habt geschaffen	ihr hattet geschaffen	ihr würdet schaffen
Sie haben geschaffen	Sie hatten geschaffen	Sie würden schaffen
sie haben geschaffen	sie hatten geschaffen	sie würden schaffen

SUBJUNCTIVE

PRESENT	PERFECT
ich schaffe	ich habe geschaffen
du schaffest	du habest geschaffen
er/sie schaffe	er/sie habe geschaffen
wir schaffen	wir haben geschaffen
ihr schaffet	ihr habet geschaffen
Sie schaffen	Sie haben geschaffen
sie schaffen	sie haben geschaffen

IMPERFECT	PLUPERFECT
ich schüfe	ich hätte geschaffen
du schüfest	du hättest geschaffen
er/sie schüfe	er/sie hätte geschaffen
wir schüfen	wir hätten geschaffen
ihr schüfet	ihr hättet geschaffen
Sie schüfen	Sie hätten geschaffen
sie schüfen	sie hätten geschaffen

FUTURE PERFECT
ich werde geschaffen haben
du wirst geschaffen haben *etc*

INFINITIVE

PRESENT
schaffen
PAST
geschaffen haben

PARTICIPLE

PRESENT
schaffend
PAST
geschaffen

IMPERATIVE

schaff(e)!
schafft!
schaffen Sie!
schaffen wir!

NOTE

(1) also a weak verb meaning 'to do, work, manage': **ich schaffte, ich habe geschafft** *etc*

PRESENT
ich schalle
du schallst
er/sie schallt
wir schallen
ihr schallt
Sie schallen
sie schallen

PERFECT
ich habe geschallt
du hast geschallt
er/sie hat geschallt
wir haben geschallt
ihr habt geschallt
Sie haben geschallt
sie haben geschallt

IMPERFECT
ich scholl
du schollst
er/sie scholl
wir schollen
ihr schollt
Sie schollen
sie schollen

PLUPERFECT
ich hatte geschallt
du hattest geschallt
er/sie hatte geschallt
wir hatten geschallt
ihr hattet geschallt
Sie hatten geschallt
sie hatten geschallt

FUTURE
ich werde schallen
du wirst schallen
er/sie wird schallen
wir werden schallen
ihr werdet schallen
Sie werden schallen
sie werden schallen

CONDITIONAL
ich würde schallen
du würdest schallen
er/sie würde schallen
wir würden schallen
ihr würdet schallen
Sie würden schallen
sie würden schallen

SUBJUNCTIVE

PRESENT
ich schalle
du schallest
er/sie schalle
wir schallen
ihr schallet
Sie schallen
sie schallen

IMPERFECT
ich schölle
du schöllest
er/sie schölle
wir schöllen
ihr schöllet
Sie schöllen
sie schöllen

FUTURE PERFECT
ich werde geschallt haben
du wirst geschallt haben *etc*

PERFECT
ich habe geschallt
du habest geschallt
er/sie habe geschallt
wir haben geschallt
ihr habet geschallt
Sie haben geschallt
sie haben geschallt

PLUPERFECT
ich hätte geschallt
du hättest geschallt
er/sie hätte geschallt
wir hätten geschallt
ihr hättet geschallt
Sie hätten geschallt
sie hätten geschallt

INFINITIVE

PRESENT
schallen
PAST
geschallt haben

PARTICIPLE

PRESENT
schallend
PAST
geschallt

IMPERATIVE

schall(e)!
schallt!
schallen Sie!
schallen wir!

NOTE

weak conjugation is more common: **ich schallte** *etc*

SCHEIDEN
123 *to separate*

PRESENT	IMPERFECT	FUTURE
ich scheide	ich schied	ich werde scheiden
du scheidest	du schiedest	du wirst scheiden
er/sie scheidet	er/sie schied	er/sie wird scheiden
wir scheiden	wir schieden	wir werden scheiden
ihr scheidet	ihr schiedet	ihr werdet scheiden
Sie scheiden	Sie schieden	Sie werden scheiden
sie scheiden	sie schieden	sie werden scheiden

PERFECT *(1)*	PLUPERFECT *(2)*	CONDITIONAL
ich habe geschieden	ich hatte geschieden	ich würde scheiden
du hast geschieden	du hattest geschieden	du würdest scheiden
er/sie hat geschieden	er/sie hatte geschieden	er/sie würde scheiden
wir haben geschieden	wir hatten geschieden	wir würden scheiden
ihr habt geschieden	ihr hattet geschieden	ihr würdet scheiden
Sie haben geschieden	Sie hatten geschieden	Sie würden scheiden
sie haben geschieden	sie hatten geschieden	sie würden scheiden

SUBJUNCTIVE

PRESENT	PERFECT *(3)*
ich scheide	ich habe geschieden
du scheidest	du habest geschieden
er/sie scheide	er/sie habe geschieden
wir scheiden	wir haben geschieden
ihr scheidet	ihr habet geschieden
Sie scheiden	Sie haben geschieden
sie scheiden	sie haben geschieden

IMPERFECT	PLUPERFECT *(4)*
ich schiede	ich hätte geschieden
du schiedest	du hättest geschieden
er/sie schiede	er/sie hätte geschieden
wir schieden	wir hätten geschieden
ihr schiedet	ihr hättet geschieden
Sie schieden	Sie hätten geschieden
sie schieden	sie hätten geschieden

FUTURE PERFECT *(5)*
ich werde geschieden haben
du wirst geschieden haben *etc*

INFINITIVE

PRESENT
scheiden

PAST *(6)*
geschieden haben

PARTICIPLE

PRESENT
scheidend

PAST
geschieden

IMPERATIVE

scheid(e)!
scheidet!
scheiden Sie!
scheiden wir!

NOTE

also intransitive ('to part'): (1) ich bin geschieden etc (2) ich war geschieden etc (3) ich sei geschieden etc (4) ich wäre geschieden etc (5) ich werde geschieden sein etc (6) geschieden sein

PRESENT
ich scheine
du scheinst
er/sie scheint
wir scheinen
ihr scheint
Sie scheinen
sie scheinen

IMPERFECT
ich schien
du schienst
er/sie schien
wir schienen
ihr schient
Sie schienen
sie schienen

FUTURE
ich werde scheinen
du wirst scheinen
er/sie wird scheinen
wir werden scheinen
ihr werdet scheinen
Sie werden scheinen
sie werden scheinen

PERFECT
ich habe geschienen
du hast geschienen
er/sie hat geschienen
wir haben geschienen
ihr habt geschienen
Sie haben geschienen
sie haben geschienen

PLUPERFECT
ich hatte geschienen
du hattest geschienen
er/sie hatte geschienen
wir hatten geschienen
ihr hattet geschienen
Sie hatten geschienen
sie hatten geschienen

CONDITIONAL
ich würde scheinen
du würdest scheinen
er/sie würde scheinen
wir würden scheinen
ihr würdet scheinen
Sie würden scheinen
sie würden scheinen

SUBJUNCTIVE

PRESENT
ich scheine
du scheinest
er/sie scheine
wir scheinen
ihr scheinet
Sie scheinen
sie scheinen

IMPERFECT
ich schiene
du schienest
er/sie schiene
wir schienen
ihr schienet
Sie schienen
sie schienen

FUTURE PERFECT
ich werde geschienen haben
du wirst geschienen haben *etc*

PERFECT
ich habe geschienen
du habest geschienen
er/sie habe geschienen
wir haben geschienen
ihr habet geschienen
Sie haben geschienen
sie haben geschienen

PLUPERFECT
ich hätte geschienen
du hättest geschienen
er/sie hätte geschienen
wir hätten geschienen
ihr hättet geschienen
Sie hätten geschienen
sie hätten geschienen

INFINITIVE

PRESENT
scheinen
PAST
geschienen haben

PARTICIPLE

PRESENT
scheinend
PAST
geschienen

IMPERATIVE
schein(e)!
scheint!
scheinen Sie!
scheinen wir!

SCHELTEN
125 *to scold*

PRESENT
ich schelte
du schiltst
er/sie schilt
wir schelten
ihr scheltet
Sie schelten
sie schelten

IMPERFECT
ich schalt
du schaltst
er/sie schalt
wir schalten
ihr schaltet
Sie schalten
sie schalten

FUTURE
ich werde schelten
du wirst schelten
er/sie wird schelten
wir werden schelten
ihr werdet schelten
Sie werden schelten
sie werden schelten

PERFECT
ich habe gescholten
du hast gescholten
er/sie hat gescholten
wir haben gescholten
ihr habt gescholten
Sie haben gescholten
sie haben gescholten

PLUPERFECT
ich hatte gescholten
du hattest gescholten
er/sie hatte gescholten
wir hatten gescholten
ihr hattet gescholten
Sie hatten gescholten
sie hatten gescholten

CONDITIONAL
ich würde schelten
du würdest schelten
er/sie würde schelten
wir würden schelten
ihr würdet schelten
Sie würden schelten
sie würden schelten

SUBJUNCTIVE

PRESENT
ich schelte
du scheltest
er/sie schelte
wir schelten
ihr scheltet
Sie schelten
sie schelten

PERFECT
ich habe gescholten
du habest gescholten
er/sie habe gescholten
wir haben gescholten
ihr habet gescholten
Sie haben gescholten
sie haben gescholten

INFINITIVE

PRESENT
schelten
PAST
gescholten haben

PARTICIPLE

PRESENT
scheltend

IMPERFECT
ich schölte
du schöltest
er/sie schölte
wir schölten
ihr schöltet
Sie schölten
sie schölten

PLUPERFECT
ich hätte gescholten
du hättest gescholten
er/sie hätte gescholten
wir hätten gescholten
ihr hättet gescholten
Sie hätten gescholten
sie hätten gescholten

PAST
gescholten

IMPERATIVE

schilt!
schiltet!
schelten Sie!
schelten wir!

FUTURE PERFECT
ich werde gescholten haben
du wirst gescholten haben *etc*

PRESENT
ich schere
du scherst
er/sie schert
wir scheren
ihr schert
Sie scheren
sie scheren

IMPERFECT
ich schor
du schorst
er/sie schor
wir schoren
ihr schort
Sie schoren
sie schoren

FUTURE
ich werde scheren
du wirst scheren
er/sie wird scheren
wir werden scheren
ihr werdet scheren
Sie werden scheren
sie werden scheren

PERFECT
ich habe geschoren
du hast geschoren
er/sie hat geschoren
wir haben geschoren
ihr habt geschoren
Sie haben geschoren
sie haben geschoren

PLUPERFECT
ich hatte geschoren
du hattest geschoren
er/sie hatte geschoren
wir hatten geschoren
ihr hattet geschoren
Sie hatten geschoren
sie hatten geschoren

CONDITIONAL
ich würde scheren
du würdest scheren
er/sie würde scheren
wir würden scheren
ihr würdet scheren
Sie würden scheren
sie würden scheren

SUBJUNCTIVE

PRESENT
ich schere
du scherest
er/sie schere
wir scheren
ihr scheret
Sie scheren
sie scheren

PERFECT
ich habe geschoren
du habest geschoren
er/sie habe geschoren
wir haben geschoren
ihr habet geschoren
Sie haben geschoren
sie haben geschoren

INFINITIVE

PRESENT
scheren
PAST
geschoren haben

IMPERFECT
ich schöre
du schörest
er/sie schöre
wir schören
ihr schöret
Sie schören
sie schören

PLUPERFECT
ich hätte geschoren
du hättest geschoren
er/sie hätte geschoren
wir hätten geschoren
ihr hättet geschoren
Sie hätten geschoren
sie hätten geschoren

PARTICIPLE

PRESENT
scherend

PAST
geschoren

IMPERATIVE

scher(e)!
schert!
scheren Sie!
scheren wir!

FUTURE PERFECT
ich werde geschoren haben
du wirst geschoren haben *etc*

SCHIEBEN
127 *to push*

PRESENT
ich schiebe
du schiebst
er/sie schiebt
wir schieben
ihr schiebt
Sie schieben
sie schieben

IMPERFECT
ich schob
du schobst
er/sie schob
wir schoben
ihr schobt
Sie schoben
sie schoben

FUTURE
ich werde schieben
du wirst schieben
er/sie wird schieben
wir werden schieben
ihr werdet schieben
Sie werden schieben
sie werden schieben

PERFECT
ich habe geschoben
du hast geschoben
er/sie hat geschoben
wir haben geschoben
ihr habt geschoben
Sie haben geschoben
sie haben geschoben

PLUPERFECT
ich hatte geschoben
du hattest geschoben
er/sie hatte geschoben
wir hatten geschoben
ihr hattet geschoben
Sie hatten geschoben
sie hatten geschoben

CONDITIONAL
ich würde schieben
du würdest schieben
er/sie würde schieben
wir würden schieben
ihr würdet schieben
Sie würden schieben
sie würden schieben

SUBJUNCTIVE

PRESENT
ich schiebe
du schiebest
er/sie schiebe
wir schieben
ihr schiebet
Sie schieben
sie schieben

PERFECT
ich habe geschoben
du habest geschoben
er/sie habe geschoben
wir haben geschoben
ihr habet geschoben
Sie haben geschoben
sie haben geschoben

INFINITIVE

PRESENT
schieben
PAST
geschoben haben

PARTICIPLE

PRESENT
schiebend

IMPERFECT
ich schöbe
du schöbest
er/sie schöbe
wir schöben
ihr schöbet
Sie schöben
sie schöben

PLUPERFECT
ich hätte geschoben
du hättest geschoben
er/sie hätte geschoben
wir hätten geschoben
ihr hättet geschoben
Sie hätten geschoben
sie hätten geschoben

PAST
geschoben

IMPERATIVE

schieb(e)!
schiebt!
schieben Sie!
schieben wir!

FUTURE PERFECT
ich werde geschoben haben
du wirst geschoben haben *etc*

PRESENT
ich schieße
du schießt
er/sie schießt
wir schießen
ihr schießt
Sie schießen
sie schießen

PERFECT *(1)*
ich habe geschossen
du hast geschossen
er/sie hat geschossen
wir haben geschossen
ihr habt geschossen
Sie haben geschossen
sie haben geschossen

IMPERFECT
ich schoss
du schossest
er/sie schoss
wir schossen
ihr schosst
Sie schossen
sie schossen

PLUPERFECT *(2)*
ich hatte geschossen
du hattest geschossen
er/sie hatte geschossen
wir hatten geschossen
ihr hattet geschossen
Sie hatten geschossen
sie hatten geschossen

FUTURE
ich werde schießen
du wirst schießen
er/sie wird schießen
wir werden schießen
ihr werdet schießen
Sie werden schießen
sie werden schießen

CONDITIONAL
ich würde schießen
du würdest schießen
er/sie würde schießen
wir würden schießen
ihr würdet schießen
Sie würden schießen
sie würden schießen

SUBJUNCTIVE

PRESENT
ich schieße
du schießest
er/sie schieße
wir schießen
ihr schießet
Sie schießen
sie schießen

IMPERFECT
ich schösse
du schössest
er/sie schösse
wir schössen
ihr schösset
Sie schössen
sie schössen

FUTURE PERFECT *(5)*
ich werde geschossen haben
du wirst geschossen haben *etc*

PERFECT *(3)*
ich habe geschossen
du habest geschossen
er/sie habe geschossen
wir haben geschossen
ihr habet geschossen
Sie haben geschossen
sie haben geschossen

PLUPERFECT *(4)*
ich hätte geschossen
du hättest geschossen
er/sie hätte geschossen
wir hätten geschossen
ihr hättet geschossen
Sie hätten geschossen
sie hätten geschossen

INFINITIVE

PRESENT
schießen
PAST *(6)*
geschossen haben

PARTICIPLE

PRESENT
schießend

PAST
geschossen

IMPERATIVE

schieß(e)!
schießt!
schießen Sie!
schießen wir!

NOTE

also intransitive ('to gush'): (1) ich bin geschossen etc (2) ich war geschossen etc (3) ich sei geschossen etc (4) ich wäre geschossen etc (5) ich werde geschossen sein etc (6) geschossen sein

SCHLAFEN
129 *to sleep*

PRESENT	IMPERFECT	FUTURE
ich schlafe	ich schlief	ich werde schlafen
du schläfst	du schliefst	du wirst schlafen
er/sie schläft	er/sie schlief	er/sie wird schlafen
wir schlafen	wir schliefen	wir werden schlafen
ihr schlaft	ihr schlieft	ihr werdet schlafen
Sie schlafen	Sie schliefen	Sie werden schlafen
sie schlafen	sie schliefen	sie werden schlafen

PERFECT	PLUPERFECT	CONDITIONAL
ich habe geschlafen	ich hatte geschlafen	ich würde schlafen
du hast geschlafen	du hattest geschlafen	du würdest schlafen
er/sie hat geschlafen	er/sie hatte geschlafen	er/sie würde schlafen
wir haben geschlafen	wir hatten geschlafen	wir würden schlafen
ihr habt geschlafen	ihr hattet geschlafen	ihr würdet schlafen
Sie haben geschlafen	Sie hatten geschlafen	Sie würden schlafen
sie haben geschlafen	sie hatten geschlafen	sie würden schlafen

SUBJUNCTIVE

INFINITIVE

PRESENT	PERFECT	PRESENT
ich schlafe	ich habe geschlafen	schlafen
du schlafest	du habest geschlafen	**PAST**
er/sie schlafe	er/sie habe geschlafen	geschlafen haben
wir schlafen	wir haben geschlafen	
ihr schlafet	ihr habet geschlafen	**PARTICIPLE**
Sie schlafen	Sie haben geschlafen	
sie schlafen	sie haben geschlafen	**PRESENT**
		schlafend

IMPERFECT	PLUPERFECT	PAST
ich schliefe	ich hätte geschlafen	geschlafen
du schliefest	du hättest geschlafen	
er/sie schliefe	er/sie hätte geschlafen	**IMPERATIVE**
wir schliefen	wir hätten geschlafen	schlaf(e)!
ihr schliefet	ihr hättet geschlafen	schlaft!
Sie schliefen	Sie hätten geschlafen	schlafen Sie!
sie schliefen	sie hätten geschlafen	schlafen wir!

FUTURE PERFECT
ich werde geschlafen haben
du wirst geschlafen haben *etc*

PRESENT
ich schlage
du schlägst
er/sie schlägt
wir schlagen
ihr schlagt
Sie schlagen
sie schlagen

IMPERFECT
ich schlug
du schlugst
er/sie schlug
wir schlugen
ihr schlugt
Sie schlugen
sie schlugen

FUTURE
ich werde schlagen
du wirst schlagen
er/sie wird schlagen
wir werden schlagen
ihr werdet schlagen
Sie werden schlagen
sie werden schlagen

PERFECT
ich habe geschlagen
du hast geschlagen
er/sie hat geschlagen
wir haben geschlagen
ihr habt geschlagen
Sie haben geschlagen
sie haben geschlagen

PLUPERFECT
ich hatte geschlagen
du hattest geschlagen
er/sie hatte geschlagen
wir hatten geschlagen
ihr hattet geschlagen
Sie hatten geschlagen
sie hatten geschlagen

CONDITIONAL
ich würde schlagen
du würdest schlagen
er/sie würde schlagen
wir würden schlagen
ihr würdet schlagen
Sie würden schlagen
sie würden schlagen

SUBJUNCTIVE

PRESENT
ich schlage
du schlagest
er/sie schlage
wir schlagen
ihr schlaget
Sie schlagen
sie schlagen

IMPERFECT
ich schlüge
du schlügest
er/sie schlüge
wir schlügen
ihr schlüget
Sie schlügen
sie schlügen

FUTURE PERFECT
ich werde geschlagen haben
du wirst geschlagen haben *etc*

PERFECT
ich habe geschlagen
du habest geschlagen
er/sie habe geschlagen
wir haben geschlagen
ihr habet geschlagen
Sie haben geschlagen
sie haben geschlagen

PLUPERFECT
ich hätte geschlagen
du hättest geschlagen
er/sie hätte geschlagen
wir hätten geschlagen
ihr hättet geschlagen
Sie hätten geschlagen
sie hätten geschlagen

INFINITIVE

PRESENT
schlagen

PAST
geschlagen haben

PARTICIPLE

PRESENT
schlagend

PAST
geschlagen

IMPERATIVE

schlag(e)!
schlagt!
schlagen Sie!
schlagen wir!

SCHLEICHEN
131 *to creep*

PRESENT
ich schleiche
du schleichst
er/sie schleicht
wir schleichen
ihr schleicht
Sie schleichen
sie schleichen

PERFECT
ich bin geschlichen
du bist geschlichen
er/sie ist geschlichen
wir sind geschlichen
ihr seid geschlichen
Sie sind geschlichen
sie sind geschlichen

IMPERFECT
ich schlich
du schlichst
er/sie schlich
wir schlichen
ihr schlicht
Sie schlichen
sie schlichen

PLUPERFECT
ich war geschlichen
du warst geschlichen
er/sie war geschlichen
wir waren geschlichen
ihr wart geschlichen
Sie waren geschlichen
sie waren geschlichen

FUTURE
ich werde schleichen
du wirst schleichen
er/sie wird schleichen
wir werden schleichen
ihr werdet schleichen
Sie werden schleichen
sie werden schleichen

CONDITIONAL
ich würde schleichen
du würdest schleichen
er/sie würde schleichen
wir würden schleichen
ihr würdet schleichen
Sie würden schleichen
sie würden schleichen

SUBJUNCTIVE

PRESENT
ich schleiche
du schleichest
er/sie schleiche
wir schleichen
ihr schleichet
Sie schleichen
sie schleichen

IMPERFECT
ich schliche
du schlichest
er/sie schliche
wir schlichen
ihr schlichet
Sie schlichen
sie schlichen

FUTURE PERFECT
ich werde geschlichen sein
du wirst geschlichen sein *etc*

PERFECT
ich sei geschlichen
du sei(e)st geschlichen
er/sie sei geschlichen
wir seien geschlichen
ihr seiet geschlichen
Sie seien geschlichen
sie seien geschlichen

PLUPERFECT
ich wäre geschlichen
du wär(e)st geschlichen
er/sie wäre geschlichen
wir wären geschlichen
ihr wär(e)t geschlichen
Sie wären geschlichen
sie wären geschlichen

INFINITIVE

PRESENT
schleichen
PAST
geschlichen sein

PARTICIPLE

PRESENT
schleichend
PAST
geschlichen

IMPERATIVE
schleich(e)!
schleicht!
schleichen Sie!
schleichen wir!

PRESENT
ich schleife
du schleifst
er/sie schleift
wir schleifen
ihr schleift
Sie schleifen
sie schleifen

IMPERFECT
ich schliff
du schliffst
er/sie schliff
wir schliffen
ihr schlifft
Sie schliffen
sie schliffen

FUTURE
ich werde schleifen
du wirst schleifen
er/sie wird schleifen
wir werden schleifen
ihr werdet schleifen
Sie werden schleifen
sie werden schleifen

PERFECT
ich habe geschliffen
du hast geschliffen
er/sie hat geschliffen
wir haben geschliffen
ihr habt geschliffen
Sie haben geschliffen
sie haben geschliffen

PLUPERFECT
ich hatte geschliffen
du hattest geschliffen
er/sie hatte geschliffen
wir hatten geschliffen
ihr hattet geschliffen
Sie hatten geschliffen
sie hatten geschliffen

CONDITIONAL
ich würde schleifen
du würdest schleifen
er/sie würde schleifen
wir würden schleifen
ihr würdet schleifen
Sie würden schleifen
sie würden schleifen

SUBJUNCTIVE

PRESENT
ich schleife
du schleifest
er/sie schleife
wir schleifen
ihr schleifet
Sie schleifen
sie schleifen

PERFECT
ich habe geschliffen
du habest geschliffen
er/sie habe geschliffen
wir haben geschliffen
ihr habet geschliffen
Sie haben geschliffen
sie haben geschliffen

INFINITIVE

PRESENT
schleifen

PAST
geschliffen haben

PARTICIPLE

PRESENT
schleifend

IMPERFECT
ich schliffe
du schliffest
er/sie schliffe
wir schliffen
ihr schliffet
Sie schliffen
sie schliffen

PLUPERFECT
ich hätte geschliffen
du hättest geschliffen
er/sie hätte geschliffen
wir hätten geschliffen
ihr hättet geschliffen
Sie hätten geschliffen
sie hätten geschliffen

PAST
geschliffen

IMPERATIVE

schleif(e)!
schleift!
schleifen Sie!
schleifen wir!

FUTURE PERFECT
ich werde geschliffen haben
du wirst geschliffen haben *etc*

NOTE

(1) also a weak verb meaning 'to drag': ich
schleifte, ich habe geschleift *etc*

SCHLIESSEN
133 *to close, to shut*

PRESENT	IMPERFECT	FUTURE
ich schließe	ich schloss	ich werde schließen
du schließt	du schlossest	du wirst schließen
er/sie schließt	er/sie schloss	er/sie wird schließen
wir schließen	wir schlossen	wir werden schließen
ihr schließt	ihr schlosst	ihr werdet schließen
Sie schließen	Sie schlossen	Sie werden schließen
sie schließen	sie schlossen	sie werden schließen

PERFECT	PLUPERFECT	CONDITIONAL
ich habe geschlossen	ich hatte geschlossen	ich würde schließen
du hast geschlossen	du hattest geschlossen	du würdest schließen
er/sie hat geschlossen	er/sie hatte geschlossen	er/sie würde schließen
wir haben geschlossen	wir hatten geschlossen	wir würden schließen
ihr habt geschlossen	ihr hattet geschlossen	ihr würdet schließen
Sie haben geschlossen	Sie hatten geschlossen	Sie würden schließen
sie haben geschlossen	sie hatten geschlossen	sie würden schließen

SUBJUNCTIVE

PRESENT	PERFECT
ich schließe	ich habe geschlossen
du schließest	du habest geschlossen
er/sie schließe	er/sie habe geschlossen
wir schließen	wir haben geschlossen
ihr schließet	ihr habet geschlossen
Sie schließen	Sie haben geschlossen
sie schließen	sie haben geschlossen

IMPERFECT	PLUPERFECT
ich schlösse	ich hätte geschlossen
du schlössest	du hättest geschlossen
er/sie schlösse	er/sie hätte geschlossen
wir schlössen	wir hätten geschlossen
ihr schlösset	ihr hättet geschlossen
Sie schlössen	Sie hätten geschlossen
sie schlössen	sie hätten geschlossen

FUTURE PERFECT
ich werde geschlossen haben
du wirst geschlossen haben *etc*

INFINITIVE

PRESENT
schließen

PAST
geschlossen haben

PARTICIPLE

PRESENT
schließend

PAST
geschlossen

IMPERATIVE

schließ(e)!
schließt!
schließen Sie!
schließen wir!

PRESENT
ich schlinge
du schlingst
er/sie schlingt
wir schlingen
ihr schlingt
Sie schlingen
sie schlingen

IMPERFECT
ich schlang
du schlangst
er/sie schlang
wir schlangen
ihr schlangt
Sie schlangen
sie schlangen

FUTURE
ich werde schlingen
du wirst schlingen
er/sie wird schlingen
wir werden schlingen
ihr werdet schlingen
Sie werden schlingen
sie werden schlingen

PERFECT
ich habe geschlungen
du hast geschlungen
er/sie hat geschlungen
wir haben geschlungen
ihr habt geschlungen
Sie haben geschlungen
sie haben geschlungen

PLUPERFECT
ich hatte geschlungen
du hattest geschlungen
er/sie hatte geschlungen
wir hatten geschlungen
ihr hattet geschlungen
Sie hatten geschlungen
sie hatten geschlungen

CONDITIONAL
ich würde schlingen
du würdest schlingen
er/sie würde schlingen
wir würden schlingen
ihr würdet schlingen
Sie würden schlingen
sie würden schlingen

SUBJUNCTIVE

PRESENT
ich schlinge
du schlingest
er/sie schlinge
wir schlingen
ihr schlinget
Sie schlingen
sie schlingen

PERFECT
ich habe geschlungen
du habest geschlungen
er/sie habe geschlungen
wir haben geschlungen
ihr habet geschlungen
Sie haben geschlungen
sie haben geschlungen

INFINITIVE

PRESENT
schlingen

PAST
geschlungen haben

IMPERFECT
ich schlänge
du schlängest
er/sie schlänge
wir schlängen
ihr schlänget
Sie schlängen
sie schlängen

PLUPERFECT
ich hätte geschlungen
du hättest geschlungen
er/sie hätte geschlungen
wir hätten geschlungen
ihr hättet geschlungen
Sie hätten geschlungen
sie hätten geschlungen

PARTICIPLE

PRESENT
schlingend

PAST
geschlungen

IMPERATIVE

schling(e)!
schlingt!
schlingen Sie!
schlingen wir!

FUTURE PERFECT
ich werde geschlungen haben
du wirst geschlungen haben *etc*

SCHMEISSEN
135 *to sling, to fling*

PRESENT
ich schmeiße
du schmeißt
er/sie schmeißt
wir schmeißen
ihr schmeißt
Sie schmeißen
sie schmeißen

PERFECT
ich habe geschmissen
du hast geschmissen
er/sie hat geschmissen
wir haben geschmissen
ihr habt geschmissen
Sie haben geschmissen
sie haben geschmissen

IMPERFECT
ich schmiss
du schmissest
er/sie schmiss
wir schmissen
ihr schmisst
Sie schmissen
sie schmissen

PLUPERFECT
ich hatte geschmissen
du hattest geschmissen
er/sie hatte geschmissen
wir hatten geschmissen
ihr hattet geschmissen
Sie hatten geschmissen
sie hatten geschmissen

FUTURE
ich werde schmeißen
du wirst schmeißen
er/sie wird schmeißen
wir werden schmeißen
ihr werdet schmeißen
Sie werden schmeißen
sie werden schmeißen

CONDITIONAL
ich würde schmeißen
du würdest schmeißen
er/sie würde schmeißen
wir würden schmeißen
ihr würdet schmeißen
Sie würden schmeißen
sie würden schmeißen

SUBJUNCTIVE

PRESENT
ich schmeiße
du schmeißest
er/sie schmeiße
wir schmeißen
ihr schmeißet
Sie schmeißen
sie schmeißen

IMPERFECT
ich schmisse
du schmissest
er/sie schmisse
wir schmissen
ihr schmisset
Sie schmissen
sie schmissen

FUTURE PERFECT
ich werde geschmissen haben
du wirst geschmissen haben *etc*

PERFECT
ich habe geschmissen
du habest geschmissen
er/sie habe geschmissen
wir haben geschmissen
ihr habet geschmissen
Sie haben geschmissen
sie haben geschmissen

PLUPERFECT
ich hätte geschmissen
du hättest geschmissen
er/sie hätte geschmissen
wir hätten geschmissen
ihr hättet geschmissen
Sie hätten geschmissen
sie hätten geschmissen

INFINITIVE

PRESENT
schmeißen
PAST
geschmissen haben

PARTICIPLE

PRESENT
schmeißend
PAST
geschmissen

IMPERATIVE
schmeiß(e)!
schmeiß!
schmeißen Sie!
schmeißen wir!

PRESENT
ich schmelze
du schmilzt
er/sie schmilzt
wir schmelzen
ihr schmelzt
Sie schmelzen
sie schmelzen

IMPERFECT
ich schmolz
du schmolzest
er/sie schmolz
wir schmolzen
ihr schmolzt
Sie schmolzen
sie schmolzen

FUTURE
ich werde schmelzen
du wirst schmelzen
er/sie wird schmelzen
wir werden schmelzen
ihr werdet schmelzen
Sie werden schmelzen
sie werden schmelzen

PERFECT *(1)*
ich habe geschmolzen
du hast geschmolzen
er/sie hat geschmolzen
wir haben geschmolzen
ihr habt geschmolzen
Sie haben geschmolzen
sie haben geschmolzen

PLUPERFECT *(2)*
ich hatte geschmolzen
du hattest geschmolzen
er/sie hatte geschmolzen
wir hatten geschmolzen
ihr hattet geschmolzen
Sie hatten geschmolzen
sie hatten geschmolzen

CONDITIONAL
ich würde schmelzen
du würdest schmelzen
er/sie würde schmelzen
wir würden schmelzen
ihr würdet schmelzen
Sie würden schmelzen
sie würden schmelzen

SUBJUNCTIVE

PRESENT
ich schmelze
du schmelzest
er/sie schmelze
wir schmelzen
ihr schmelzet
Sie schmelzen
sie schmelzen

PERFECT *(3)*
ich habe geschmolzen
du habest geschmolzen
er/sie habe geschmolzen
wir haben geschmolzen
ihr habet geschmolzen
Sie haben geschmolzen
sie haben geschmolzen

INFINITIVE

PRESENT
schmelzen
PAST *(6)*
geschmolzen haben

PARTICIPLE

PRESENT
schmelzend

IMPERFECT
ich schmölze
du schmölzest
er/sie schmölze
wir schmölzen
ihr schmölzet
Sie schmölzen
sie schmölzen

PLUPERFECT *(4)*
ich hätte geschmolzen
du hättest geschmolzen
er/sie hätte geschmolzen
wir hätten geschmolzen
ihr hättet geschmolzen
Sie hätten geschmolzen
sie hätten geschmolzen

PAST
geschmolzen

IMPERATIVE
schmilz!
schmelzt!
schmelzen Sie!
schmelzen wir!

FUTURE PERFECT *(5)*
ich werde geschmolzen haben
du wirst geschmolzen haben *etc*

NOTE

*also intransitive: (1) ich bin geschmolzen
etc (2) ich war geschmolzen etc (3) ich sei
geschmolzen etc (4) ich wäre geschmolzen etc
(5) ich werde geschmolzen sein etc
(6) geschmolzen sein*

SCHNEIDEN
137 *to cut*

PRESENT	IMPERFECT	FUTURE
ich schneide	ich schnitt	ich werde schneiden
du schneidest	du schnittst	du wirst schneiden
er/sie schneidet	er/sie schnitt	er/sie wird schneiden
wir schneiden	wir schnitten	wir werden schneiden
ihr schneidet	ihr schnittet	ihr werdet schneiden
Sie schneiden	Sie schnitten	Sie werden schneiden
sie schneiden	sie schnitten	sie werden schneiden

PERFECT	PLUPERFECT	CONDITIONAL
ich habe geschnitten	ich hatte geschnitten	ich würde schneiden
du hast geschnitten	du hattest geschnitten	du würdest schneiden
er/sie hat geschnitten	er/sie hatte geschnitten	er/sie würde schneiden
wir haben geschnitten	wir hatten geschnitten	wir würden schneiden
ihr habt geschnitten	ihr hattet geschnitten	ihr würdet schneiden
Sie haben geschnitten	Sie hatten geschnitten	Sie würden schneiden
sie haben geschnitten	sie hatten geschnitten	sie würden schneiden

SUBJUNCTIVE

PRESENT	PERFECT
ich schneide	ich habe geschnitten
du schneidest	du habest geschnitten
er/sie schneide	er/sie habe geschnitten
wir schneiden	wir haben geschnitten
ihr schneidet	ihr habet geschnitten
Sie schneiden	Sie haben geschnitten
sie schneiden	sie haben geschnitten

IMPERFECT	PLUPERFECT
ich schnitte	ich hätte geschnitten
du schnittest	du hättest geschnitten
er/sie schnitte	er/sie hätte geschnitten
wir schnitten	wir hätten geschnitten
ihr schnittet	ihr hättet geschnitten
Sie schnitten	Sie hätten geschnitten
sie schnitten	sie hätten geschnitten

FUTURE PERFECT
ich werde geschnitten haben
du wirst geschnitten haben *etc*

INFINITIVE

PRESENT
schneiden

PAST
geschnitten haben

PARTICIPLE

PRESENT
schneidend

PAST
geschnitten

IMPERATIVE
schneid(e)!
schneidet!
schneiden Sie!
schneiden wir!

PRESENT
ich schreibe
du schreibst
er/sie schreibt
wir schreiben
ihr schreibt
Sie schreiben
sie schreiben

PERFECT
ich habe geschrieben
du hast geschrieben
er/sie hat geschrieben
wir haben geschrieben
ihr habt geschrieben
Sie haben geschrieben
sie haben geschrieben

IMPERFECT
ich schrieb
du schriebst
er/sie schrieb
wir schrieben
ihr schriebt
Sie schrieben
sie schrieben

PLUPERFECT
ich hatte geschrieben
du hattest geschrieben
er/sie hatte geschrieben
wir hatten geschrieben
ihr hattet geschrieben
Sie hatten geschrieben
sie hatten geschrieben

FUTURE
ich werde schreiben
du wirst schreiben
er/sie wird schreiben
wir werden schreiben
ihr werdet schreiben
Sie werden schreiben
sie werden schreiben

CONDITIONAL
ich würde schreiben
du würdest schreiben
er/sie würde schreiben
wir würden schreiben
ihr würdet schreiben
Sie würden schreiben
sie würden schreiben

SUBJUNCTIVE

PRESENT
ich schreibe
du schreibest
er/sie schreibe
wir schreiben
ihr schreibet
Sie schreiben
sie schreiben

IMPERFECT
ich schriebe
du schriebest
er/sie schriebe
wir schrieben
ihr schriebet
Sie schrieben
sie schrieben

FUTURE PERFECT
ich werde geschrieben haben
du wirst geschrieben haben *etc*

PERFECT
ich habe geschrieben
du habest geschrieben
er/sie habe geschrieben
wir haben geschrieben
ihr habet geschrieben
Sie haben geschrieben
sie haben geschrieben

PLUPERFECT
ich hätte geschrieben
du hättest geschrieben
er/sie hätte geschrieben
wir hätten geschrieben
ihr hättet geschrieben
Sie hätten geschrieben
sie hätten geschrieben

INFINITIVE

PRESENT
schreiben
PAST
geschrieben haben

PARTICIPLE

PRESENT
schreibend
PAST
geschrieben

IMPERATIVE

schreib(e)!
schreibt!
schreiben Sie!
schreiben wir!

SCHREIEN
139 *to shout*

PRESENT
ich schreie
du schreist
er/sie schreit
wir schreien
ihr schreit
Sie schreien
sie schreien

IMPERFECT
ich schrie
du schriest
er/sie schrie
wir schrien
ihr schriet
Sie schrien
sie schrien

FUTURE
ich werde schreien
du wirst schreien
er/sie wird schreien
wir werden schreien
ihr werdet schreien
Sie werden schreien
sie werden schreien

PERFECT
ich habe geschrien
du hast geschrien
er/sie hat geschrien
wir haben geschrien
ihr habt geschrien
Sie haben geschrien
sie haben geschrien

PLUPERFECT
ich hatte geschrien
du hattest geschrien
er/sie hatte geschrien
wir hatten geschrien
ihr hattet geschrien
Sie hatten geschrien
sie hatten geschrien

CONDITIONAL
ich würde schreien
du würdest schreien
er/sie würde schreien
wir würden schreien
ihr würdet schreien
Sie würden schreien
sie würden schreien

SUBJUNCTIVE

PRESENT
ich schreie
du schreiest
er/sie schreie
wir schreien
ihr schreiet
Sie schreien
sie schreien

PERFECT
ich habe geschrien
du habest geschrien
er/sie habe geschrien
wir haben geschrien
ihr habet geschrien
Sie haben geschrien
sie haben geschrien

INFINITIVE

PRESENT
schreien
PAST
geschrien haben

PARTICIPLE

PRESENT
schreiend

IMPERFECT
ich schrie
du schriest
er/sie schrie
wir schrien
ihr schriet
Sie schrien
sie schrien

PLUPERFECT
ich hätte geschrien
du hättest geschrien
er/sie hätte geschrien
wir hätten geschrien
ihr hättet geschrien
Sie hätten geschrien
sie hätten geschrien

PAST
geschrien

IMPERATIVE

schrei(e)!
schreit!
schreien Sie!
schreien wir!

FUTURE PERFECT
ich werde geschrien haben
du wirst geschrien haben *etc*

PRESENT
ich schreite
du schreitest
er/sie schreitet
wir schreiten
ihr schreitet
Sie schreiten
sie schreiten

IMPERFECT
ich schritt
du schrittst
er/sie schritt
wir schritten
ihr schrittet
Sie schritten
sie schritten

FUTURE
ich werde schreiten
du wirst schreiten
er/sie wird schreiten
wir werden schreiten
ihr werdet schreiten
Sie werden schreiten
sie werden schreiten

PERFECT
ich bin geschritten
du bist geschritten
er/sie ist geschritten
wir sind geschritten
ihr seid geschritten
Sie sind geschritten
sie sind geschritten

PLUPERFECT
ich war geschritten
du warst geschritten
er/sie war geschritten
wir waren geschritten
ihr wart geschritten
Sie waren geschritten
sie waren geschritten

CONDITIONAL
ich würde schreiten
du würdest schreiten
er/sie würde schreiten
wir würden schreiten
ihr würdet schreiten
Sie würden schreiten
sie würden schreiten

SUBJUNCTIVE

PRESENT
ich schreite
du schreitest
er/sie schreite
wir schreiten
ihr schreitet
Sie schreiten
sie schreiten

PERFECT
ich sei geschritten
du sei(e)st geschritten
er/sie sei geschritten
wir seien geschritten
ihr seiet geschritten
Sie seien geschritten
sie seien geschritten

INFINITIVE

PRESENT
schreiten
PAST
geschritten sein

IMPERFECT
ich schritte
du schrittest
er/sie schritte
wir schritten
ihr schrittet
Sie schritten
sie schritten

PLUPERFECT
ich wäre geschritten
du wär(e)st geschritten
er/sie wäre geschritten
wir wären geschritten
ihr wär(e)t geschritten
Sie wären geschritten
sie wären geschritten

PARTICIPLE

PRESENT
schreitend
PAST
geschritten

IMPERATIVE

schreit(e)!
schreitet!
schreiten Sie!
schreiten wir!

FUTURE PERFECT
ich werde geschritten sein
du wirst geschritten sein *etc*

SCHWEIGEN
141 *to be silent*

PRESENT
ich schweige
du schweigst
er/sie schweigt
wir schweigen
ihr schweigt
Sie schweigen
sie schweigen

IMPERFECT
ich schwieg
du schwiegst
er/sie schwieg
wir schwiegen
ihr schwiegt
Sie schwiegen
sie schwiegen

FUTURE
ich werde schweigen
du wirst schweigen
er/sie wird schweigen
wir werden schweigen
ihr werdet schweigen
Sie werden schweigen
sie werden schweigen

PERFECT
ich habe geschwiegen
du hast geschwiegen
er/sie hat geschwiegen
wir haben geschwiegen
ihr habt geschwiegen
Sie haben geschwiegen
sie haben geschwiegen

PLUPERFECT
ich hatte geschwiegen
du hattest geschwiegen
er/sie hatte geschwiegen
wir hatten geschwiegen
ihr hattet geschwiegen
Sie hatten geschwiegen
sie hatten geschwiegen

CONDITIONAL
ich würde schweigen
du würdest schweigen
er/sie würde schweigen
wir würden schweigen
ihr würdet schweigen
Sie würden schweigen
sie würden schweigen

SUBJUNCTIVE

PRESENT
ich schweige
du schweigest
er/sie schweige
wir schweigen
ihr schweiget
Sie schweigen
sie schweigen

PERFECT
ich habe geschwiegen
du habest geschwiegen
er/sie habe geschwiegen
wir haben geschwiegen
ihr habet geschwiegen
Sie haben geschwiegen
sie haben geschwiegen

INFINITIVE

PRESENT
schweigen
PAST
geschwiegen haben

PARTICIPLE

PRESENT
schweigend

IMPERFECT
ich schwiege
du schwiegest
er/sie schwiege
wir schwiegen
ihr schwieget
Sie schwiegen
sie schwiegen

PLUPERFECT
ich hätte geschwiegen
du hättest geschwiegen
er/sie hätte geschwiegen
wir hätten geschwiegen
ihr hättet geschwiegen
Sie hätten geschwiegen
sie hätten geschwiegen

PAST
geschwiegen

IMPERATIVE

schweig(e)!
schweigt!
schweigen Sie!
schweigen wir!

FUTURE PERFECT
ich werde geschwiegen haben
du wirst geschwiegen haben *etc*

PRESENT
ich schwelle
du schwillst
er/sie schwillt
wir schwellen
ihr schwellt
Sie schwellen
sie schwellen

PERFECT *(1)*
ich bin geschwollen
du bist geschwollen
er/sie ist geschwollen
wir sind geschwollen
ihr seid geschwollen
Sie sind geschwollen
sie sind geschwollen

IMPERFECT
ich schwoll
du schwollst
er/sie schwoll
wir schwollen
ihr schwollt
Sie schwollen
sie schwollen

PLUPERFECT *(2)*
ich war geschwollen
du warst geschwollen
er/sie war geschwollen
wir waren geschwollen
ihr wart geschwollen
Sie waren geschwollen
sie waren geschwollen

FUTURE
ich werde schwellen
du wirst schwellen
er/sie wird schwellen
wir werden schwellen
ihr werdet schwellen
Sie werden schwellen
sie werden schwellen

CONDITIONAL
ich würde schwellen
du würdest schwellen
er/sie würde schwellen
wir würden schwellen
ihr würdet schwellen
Sie würden schwellen
sie würden schwellen

SUBJUNCTIVE

PRESENT
ich schwelle
du schwellest
er/sie schwelle
wir schwellen
ihr schwellet
Sie schwellen
sie schwellen

IMPERFECT
ich schwölle
du schwöllest
er/sie schwölle
wir schwöllen
ihr schwöllet
Sie schwöllen
sie schwöllen

FUTURE PERFECT *(4)*
ich werde geschwollen sein
du wirst geschwollen sein *etc*

PERFECT *(1)*
ich sei geschwollen
du sei(e)st geschwollen
er/sie sei geschwollen
wir seien geschwollen
ihr seiet geschwollen
Sie seien geschwollen
sie seien geschwollen

PLUPERFECT *(3)*
ich wäre geschwollen
du wär(e)st geschwollen
er/sie wäre geschwollen
wir wären geschwollen
ihr wär(e)t geschwollen
Sie wären geschwollen
sie wären geschwollen

INFINITIVE

PRESENT
schwellen
PAST *(5)*
geschwollen sein

PARTICIPLE

PRESENT
schwellend

PAST
geschwollen

IMPERATIVE

schwill!
schwellt!
schwellen Sie!
schwellen wir!

NOTE

also transitive: (1) **ich habe geschwollen** *etc*
(2) **ich hatte geschwollen** *etc (3)* **ich hätte gesch-**
wollen *etc (4)* **ich werde geschwollen haben** *etc*
(5) **geschwollen haben**

PRESENT
ich schwimme
du schwimmst
er/sie schwimmt
wir schwimmen
ihr schwimmt
Sie schwimmen
sie schwimmen

IMPERFECT
ich schwamm
du schwammst
er/sie schwamm
wir schwammen
ihr schwammt
Sie schwammen
sie schwammen

FUTURE
ich werde schwimmen
du wirst schwimmen
er/sie wird schwimmen
wir werden schwimmen
ihr werdet schwimmen
Sie werden schwimmen
sie werden schwimmen

PERFECT
ich bin geschwommen
du bist geschwommen
er/sie ist geschwommen
wir sind geschwommen
ihr seid geschwommen
Sie sind geschwommen
sie sind geschwommen

PLUPERFECT
ich war geschwommen
du warst geschwommen
er/sie war geschwommen
wir waren geschwommen
ihr wart geschwommen
Sie waren geschwommen
sie waren geschwommen

CONDITIONAL
ich würde schwimmen
du würdest schwimmen
er/sie würde schwimmen
wir würden schwimmen
ihr würdet schwimmen
Sie würden schwimmen
sie würden schwimmen

SUBJUNCTIVE

PRESENT
ich schwimme
du schwimmest
er/sie schwimme
wir schwimmen
ihr schwimmet
Sie schwimmen
sie schwimmen

PERFECT
ich sei geschwommen
du sei(e)st geschwommen
er/sie sei geschwommen
wir seien geschwommen
ihr seiet geschwommen
Sie seien geschwommen
sie seien geschwommen

INFINITIVE

PRESENT
schwimmen
PAST
geschwommen sein

PARTICIPLE

PRESENT
schwimmend

IMPERFECT *(1)*
ich schwömme
du schwömmest
er/sie schwömme
wir schwömmen
ihr schwömmet
Sie schwömmen
sie schwömmen

PLUPERFECT
ich wäre geschwommen
du wär(e)st geschwommen
er/sie wäre geschwommen
wir wären geschwommen
ihr wär(e)t geschwommen
Sie wären geschwommen
sie wären geschwommen

PAST
geschwommen

IMPERATIVE

schwimm(e)!
schwimmt!
schwimmen Sie!
schwimmen wir!

FUTURE PERFECT
ich werde geschwommen sein
du wirst geschwommen sein *etc*

NOTE

(1) ich schwämme *etc is also possible*

PRESENT
ich schwinde
du schwindest
er/sie schwindet
wir schwinden
ihr schwindet
Sie schwinden
sie schwinden

PERFECT
ich bin geschwunden
du bist geschwunden
er/sie ist geschwunden
wir sind geschwunden
ihr seid geschwunden
Sie sind geschwunden
sie sind geschwunden

IMPERFECT
ich schwand
du schwandest
er/sie schwand
wir schwanden
ihr schwandet
Sie schwanden
sie schwanden

PLUPERFECT
ich war geschwunden
du warst geschwunden
er/sie war geschwunden
wir waren geschwunden
ihr wart geschwunden
Sie waren geschwunden
sie waren geschwunden

FUTURE
ich werde schwinden
du wirst schwinden
er/sie wird schwinden
wir werden schwinden
ihr werdet schwinden
Sie werden schwinden
sie werden schwinden

CONDITIONAL
ich würde schwinden
du würdest schwinden
er/sie würde schwinden
wir würden schwinden
ihr würdet schwinden
Sie würden schwinden
sie würden schwinden

SUBJUNCTIVE

PRESENT
ich schwinde
du schwindest
er/sie schwinde
wir schwinden
ihr schwindet
Sie schwinden
sie schwinden

IMPERFECT
ich schwände
du schwändest
er/sie schwände
wir schwänden
ihr schwändet
Sie schwänden
sie schwänden

FUTURE PERFECT
ich werde geschwunden sein
du wirst geschwunden sein *etc*

PERFECT
ich sei geschwunden
du sei(e)st geschwunden
er/sie sei geschwunden
wir seien geschwunden
ihr seiet geschwunden
Sie seien geschwunden
sie seien geschwunden

PLUPERFECT
ich wäre geschwunden
du wär(e)st geschwunden
er/sie wäre geschwunden
wir wären geschwunden
ihr wär(e)t geschwunden
Sie wären geschwunden
sie wären geschwunden

INFINITIVE

PRESENT
schwinden
PAST
geschwunden sein

PARTICIPLE

PRESENT
schwindend
PAST
geschwunden

IMPERATIVE

schwind(e)!
schwindet!
schwinden Sie!
schwinden wir!

SCHWINGEN
145 *to swing*

PRESENT	IMPERFECT	FUTURE
ich schwinge	ich schwang	ich werde schwingen
du schwingst	du schwangst	du wirst schwingen
er/sie schwingt	er/sie schwang	er/sie wird schwingen
wir schwingen	wir schwangen	wir werden schwingen
ihr schwingt	ihr schwangt	ihr werdet schwingen
Sie schwingen	Sie schwangen	Sie werden schwingen
sie schwingen	sie schwangen	sie werden schwingen

PERFECT	PLUPERFECT	CONDITIONAL
ich habe geschwungen	ich hatte geschwungen	ich würde schwingen
du hast geschwungen	du hattest geschwungen	du würdest schwingen
er/sie hat geschwungen	er/sie hatte geschwungen	er/sie würde schwingen
wir haben geschwungen	wir hatten geschwungen	wir würden schwingen
ihr habt geschwungen	ihr hattet geschwungen	ihr würdet schwingen
Sie haben geschwungen	Sie hatten geschwungen	Sie würden schwingen
sie haben geschwungen	sie hatten geschwungen	sie würden schwingen

SUBJUNCTIVE

PRESENT	PERFECT
ich schwinge	ich habe geschwungen
du schwingest	du habest geschwungen
er/sie schwinge	er/sie habe geschwungen
wir schwingen	wir haben geschwungen
ihr schwinget	ihr habet geschwungen
Sie schwingen	Sie haben geschwungen
sie schwingen	sie haben geschwungen

IMPERFECT	PLUPERFECT
ich schwänge	ich hätte geschwungen
du schwängest	du hättest geschwungen
er/sie schwänge	er/sie hätte geschwungen
wir schwängen	wir hätten geschwungen
ihr schwänget	ihr hättet geschwungen
Sie schwängen	Sie hätten geschwungen
sie schwängen	sie hätten geschwungen

FUTURE PERFECT
ich werde geschwungen haben
du wirst geschwungen haben *etc*

INFINITIVE

PRESENT
schwingen
PAST
geschwungen haben

PARTICIPLE

PRESENT
schwingend
PAST
geschwungen

IMPERATIVE

schwing(e)!
schwingt!
schwingen Sie!
schwingen wir!

PRESENT
ich schwöre
du schwörst
er/sie schwört
wir schwören
ihr schwört
Sie schwören
sie schwören

IMPERFECT
ich schwor
du schworst
er/sie schwor
wir schworen
ihr schwort
Sie schworen
sie schworen

FUTURE
ich werde schwören
du wirst schwören
er/sie wird schwören
wir werden schwören
ihr werdet schwören
Sie werden schwören
sie werden schwören

PERFECT
ich habe geschworen
du hast geschworen
er/sie hat geschworen
wir haben geschworen
ihr habt geschworen
Sie haben geschworen
sie haben geschworen

PLUPERFECT
ich hatte geschworen
du hattest geschworen
er/sie hatte geschworen
wir hatten geschworen
ihr hattet geschworen
Sie hatten geschworen
sie hatten geschworen

CONDITIONAL
ich würde schwören
du würdest schwören
er/sie würde schwören
wir würden schwören
ihr würdet schwören
Sie würden schwören
sie würden schwören

SUBJUNCTIVE

PRESENT
ich schwöre
du schwörest
er/sie schwöre
wir schwören
ihr schwöret
Sie schwören
sie schwören

PERFECT
ich habe geschworen
du habest geschworen
er/sie habe geschworen
wir haben geschworen
ihr habet geschworen
Sie haben geschworen
sie haben geschworen

INFINITIVE

PRESENT
schwören

PAST
geschworen haben

IMPERFECT *(1)*
ich schwüre
du schwürest
er/sie schwüre
wir schwüren
ihr schwüret
Sie schwüren
sie schwüren

PLUPERFECT
ich hätte geschworen
du hättest geschworen
er/sie hätte geschworen
wir hätten geschworen
ihr hättet geschworen
Sie hätten geschworen
sie hätten geschworen

PARTICIPLE

PRESENT
schwörend

PAST
geschworen

IMPERATIVE

schwör(e)!
schwört!
schwören Sie!
schwören wir!

FUTURE PERFECT
ich werde geschworen haben
du wirst geschworen haben *etc*

NOTE

(1) **ich schwöre** *etc is also possible*

PRESENT
ich sehe
du siehst
er/sie sieht
wir sehen
ihr seht
Sie sehen
sie sehen

IMPERFECT
ich sah
du sahst
er/sie sah
wir sahen
ihr saht
Sie sahen
sie sahen

FUTURE
ich werde sehen
du wirst sehen
er/sie wird sehen
wir werden sehen
ihr werdet sehen
Sie werden sehen
sie werden sehen

PERFECT
ich habe gesehen
du hast gesehen
er/sie hat gesehen
wir haben gesehen
ihr habt gesehen
Sie haben gesehen
sie haben gesehen

PLUPERFECT
ich hatte gesehen
du hattest gesehen
er/sie hatte gesehen
wir hatten gesehen
ihr hattet gesehen
Sie hatten gesehen
sie hatten gesehen

CONDITIONAL
ich würde sehen
du würdest sehen
er/sie würde sehen
wir würden sehen
ihr würdet sehen
Sie würden sehen
sie würden sehen

SUBJUNCTIVE

PRESENT
ich sehe
du sehest
er/sie sehe
wir sehen
ihr sehet
Sie sehen
sie sehen

PERFECT
ich habe gesehen
du habest gesehen
er/sie habe gesehen
wir haben gesehen
ihr habet gesehen
Sie haben gesehen
sie haben gesehen

INFINITIVE

PRESENT
sehen
PAST
gesehen haben

IMPERFECT
ich sähe
du sähest
er/sie sähe
wir sähen
ihr sähet
Sie sähen
sie sähen

PLUPERFECT
ich hätte gesehen
du hättest gesehen
er/sie hätte gesehen
wir hätten gesehen
ihr hättet gesehen
Sie hätten gesehen
sie hätten gesehen

PARTICIPLE

PRESENT
sehend

PAST
gesehen

IMPERATIVE
sieh(e)!
seht!
sehen Sie!
sehen wir!

FUTURE PERFECT
ich werde gesehen haben
du wirst gesehen haben *etc*

PRESENT
ich bin
du bist
er/sie ist
wir sind
ihr seid
Sie sind
sie sind

IMPERFECT
ich war
du warst
er/sie war
wir waren
ihr wart
Sie waren
sie waren

FUTURE
ich werde sein
du wirst sein
er/sie wird sein
wir werden sein
ihr werdet sein
Sie werden sein
sie werden sein

PERFECT
ich bin gewesen
du bist gewesen
er/sie ist gewesen
wir sind gewesen
ihr seid gewesen
Sie sind gewesen
sie sind gewesen

PLUPERFECT
ich war gewesen
du warst gewesen
er/sie war gewesen
wir waren gewesen
ihr wart gewesen
Sie waren gewesen
sie waren gewesen

CONDITIONAL
ich würde sein
du würdest sein
er/sie würde sein
wir würden sein
ihr würdet sein
Sie würden sein
sie würden sein

SUBJUNCTIVE

PRESENT
ich sei
du sei(e)st
er/sie sei
wir seien
ihr seiet
Sie seien
sie seien

PERFECT
ich sei gewesen
du sei(e)st gewesen
er/sie sei gewesen
wir seien gewesen
ihr seiet gewesen
Sie seien gewesen
sie seien gewesen

INFINITIVE

PRESENT
sein

PAST
gewesen sein

PARTICIPLE

PRESENT
seiend

IMPERFECT
ich wäre
du wär(e)st
er/sie wäre
wir wären
ihr wär(e)t
Sie wären
sie wären

PLUPERFECT
ich wäre gewesen
du wär(e)st gewesen
er/sie wäre gewesen
wir wären gewesen
ihr wär(e)t gewesen
Sie wären gewesen
sie wären gewesen

PAST
gewesen

IMPERATIVE

sei!
seid!
seien Sie!
seien wir!

FUTURE PERFECT
ich werde gewesen sein
du wirst gewesen sein *etc*

SENDEN
149 *to send (1)*

PRESENT
ich sende
du sendest
er/sie sendet
wir senden
ihr sendet
Sie senden
sie senden

IMPERFECT
ich sandte
du sandtest
er/sie sandte
wir sandten
ihr sandtet
Sie sandten
sie sandten

FUTURE
ich werde senden
du wirst senden
er/sie wird senden
wir werden senden
ihr werdet senden
Sie werden senden
sie werden senden

PERFECT
ich habe gesandt
du hast gesandt
er/sie hat gesandt
wir haben gesandt
ihr habt gesandt
Sie haben gesandt
sie haben gesandt

PLUPERFECT
ich hatte gesandt
du hattest gesandt
er/sie hatte gesandt
wir hatten gesandt
ihr hattet gesandt
Sie hatten gesandt
sie hatten gesandt

CONDITIONAL
ich würde senden
du würdest senden
er/sie würde senden
wir würden senden
ihr würdet senden
Sie würden senden
sie würden senden

SUBJUNCTIVE

PRESENT
ich sende
du sendest
er/sie sende
wir senden
ihr sendet
Sie senden
sie senden

PERFECT
ich habe gesandt
du habest gesandt
er/sie habe gesandt
wir haben gesandt
ihr habet gesandt
Sie haben gesandt
sie haben gesandt

INFINITIVE

PRESENT
senden
PAST
gesandt haben

PARTICIPLE

PRESENT
sendend

IMPERFECT
ich sendete
du sendetest
er/sie sendete
wir sendeten
ihr sendetet
Sie sendeten
sie sendeten

PLUPERFECT
ich hätte gesandt
du hättest gesandt
er/sie hätte gesandt
wir hätten gesandt
ihr hättet gesandt
Sie hätten gesandt
sie hätten gesandt

PAST
gesandt

IMPERATIVE

send(e)!
sendet!
senden Sie!
senden wir!

FUTURE PERFECT
ich werde gesandt haben
du wirst gesandt haben *etc*

NOTE

(1) also a weak verb meaning 'to broadcast':
ich sendete, ich habe gesendet *etc*

PRESENT	**IMPERFECT**	**FUTURE**
ich singe	ich sang	ich werde singen
du singst	du sangst	du wirst singen
er/sie singt	er/sie sang	er/sie wird singen
wir singen	wir sangen	wir werden singen
ihr singt	ihr sangt	ihr werdet singen
Sie singen	Sie sangen	Sie werden singen
sie singen	sie sangen	sie werden singen

PERFECT	**PLUPERFECT**	**CONDITIONAL**
ich habe gesungen	ich hatte gesungen	ich würde singen
du hast gesungen	du hattest gesungen	du würdest singen
er/sie hat gesungen	er/sie hatte gesungen	er/sie würde singen
wir haben gesungen	wir hatten gesungen	wir würden singen
ihr habt gesungen	ihr hattet gesungen	ihr würdet singen
Sie haben gesungen	Sie hatten gesungen	Sie würden singen
sie haben gesungen	sie hatten gesungen	sie würden singen

SUBJUNCTIVE

PRESENT	**PERFECT**
ich singe	ich habe gesungen
du singest	du habest gesungen
er/sie singe	er/sie habe gesungen
wir singen	wir haben gesungen
ihr singet	ihr habet gesungen
Sie singen	Sie haben gesungen
sie singen	sie haben gesungen

IMPERFECT	**PLUPERFECT**
ich sänge	ich hätte gesungen
du sängest	du hättest gesungen
er/sie sänge	er/sie hätte gesungen
wir sängen	wir hätten gesungen
ihr sänget	ihr hättet gesungen
Sie sängen	Sie hätten gesungen
sie sängen	sie hätten gesungen

FUTURE PERFECT
ich werde gesungen haben
du wirst gesungen haben *etc*

INFINITIVE

PRESENT
singen

PAST
gesungen haben

PARTICIPLE

PRESENT
singend

PAST
gesungen

IMPERATIVE

sing(e)!
singt!
singen Sie!
singen wir!

PRESENT	IMPERFECT	FUTURE
ich sinke	ich sank	ich werde sinken
du sinkst	du sankst	du wirst sinken
er/sie sinkt	er/sie sank	er/sie wird sinken
wir sinken	wir sanken	wir werden sinken
ihr sinkt	ihr sankt	ihr werdet sinken
Sie sinken	Sie sanken	Sie werden sinken
sie sinken	sie sanken	sie werden sinken

PERFECT	PLUPERFECT	CONDITIONAL
ich bin gesunken	ich war gesunken	ich würde sinken
du bist gesunken	du warst gesunken	du würdest sinken
er/sie ist gesunken	er/sie war gesunken	er/sie würde sinken
wir sind gesunken	wir waren gesunken	wir würden sinken
ihr seid gesunken	ihr wart gesunken	ihr würdet sinken
Sie sind gesunken	Sie waren gesunken	Sie würden sinken
sie sind gesunken	sie waren gesunken	sie würden sinken

SUBJUNCTIVE

PRESENT	PERFECT
ich sinke	ich sei gesunken
du sinkest	du sei(e)st gesunken
er/sie sinke	er/sie sei gesunken
wir sinken	wir seien gesunken
ihr sinket	ihr seiet gesunken
Sie sinken	Sie seien gesunken
sie sinken	sie seien gesunken

IMPERFECT	PLUPERFECT
ich sänke	ich wäre gesunken
du sänkest	du wär(e)st gesunken
er/sie sänke	er/sie wäre gesunken
wir sänken	wir wären gesunken
ihr sänket	ihr wär(e)t gesunken
Sie sänken	Sie wären gesunken
sie sänken	sie wären gesunken

FUTURE PERFECT
ich werde gesunken sein
du wirst gesunken sein *etc*

INFINITIVE

PRESENT
sinken
PAST
gesunken sein

PARTICIPLE

PRESENT
sinkend

PAST
gesunken

IMPERATIVE

sink(e)!
sinkt!
sinken Sie!
sinken wir!

PRESENT
ich sinne
du sinnst
er/sie sinnt
wir sinnen
ihr sinnt
Sie sinnen
sie sinnen

IMPERFECT
ich sann
du sannst
er/sie sann
wir sannen
ihr sannt
Sie sannen
sie sannen

FUTURE
ich werde sinnen
du wirst sinnen
er/sie wird sinnen
wir werden sinnen
ihr werdet sinnen
Sie werden sinnen
sie werden sinnen

PERFECT
ich habe gesonnen
du hast gesonnen
er/sie hat gesonnen
wir haben gesonnen
ihr habt gesonnen
Sie haben gesonnen
sie haben gesonnen

PLUPERFECT
ich hatte gesonnen
du hattest gesonnen
er/sie hatte gesonnen
wir hatten gesonnen
ihr hattet gesonnen
Sie hatten gesonnen
sie hatten gesonnen

CONDITIONAL
ich würde sinnen
du würdest sinnen
er/sie würde sinnen
wir würden sinnen
ihr würdet sinnen
Sie würden sinnen
sie würden sinnen

SUBJUNCTIVE

PRESENT
ich sinne
du sinnest
er/sie sinne
wir sinnen
ihr sinnet
Sie sinnen
sie sinnen

PERFECT
ich habe gesonnen
du habest gesonnen
er/sie habe gesonnen
wir haben gesonnen
ihr habet gesonnen
Sie haben gesonnen
sie haben gesonnen

INFINITIVE

PRESENT
sinnen
PAST
gesonnen haben

IMPERFECT
ich sänne
du sännest
er/sie sänne
wir sännen
ihr sännet
Sie sännen
sie sännen

PLUPERFECT
ich hätte gesonnen
du hättest gesonnen
er/sie hätte gesonnen
wir hätten gesonnen
ihr hättet gesonnen
Sie hätten gesonnen
sie hätten gesonnen

PARTICIPLE

PRESENT
sinnend
PAST
gesonnen haben

IMPERATIVE
sinn(e)!
sinnt!
sinnen Sie!
sinnen wir!

FUTURE PERFECT
ich werde gesonnen haben
du wirst gesonnen haben *etc*

PRESENT	**IMPERFECT**	**FUTURE**
ich sitze	ich saß	ich werde sitzen
du sitzt	du saßest	du wirst sitzen
er/sie sitzt	er/sie saß	er/sie wird sitzen
wir sitzen	wir saßen	wir werden sitzen
ihr sitzt	ihr saßt	ihr werdet sitzen
Sie sitzen	Sie saßen	Sie werden sitzen
sie sitzen	sie saßen	sie werden sitzen

PERFECT	**PLUPERFECT**	**CONDITIONAL**
ich habe gesessen	ich hatte gesessen	ich würde sitzen
du hast gesessen	du hattest gesessen	du würdest sitzen
er/sie hat gesessen	er/sie hatte gesessen	er/sie würde sitzen
wir haben gesessen	wir hatten gesessen	wir würden sitzen
ihr habt gesessen	ihr hattet gesessen	ihr würdet sitzen
Sie haben gesessen	Sie hatten gesessen	Sie würden sitzen
sie haben gesessen	sie hatten gesessen	sie würden sitzen

SUBJUNCTIVE

INFINITIVE

PRESENT	**PERFECT**
ich sitze	ich habe gesessen
du sitzest	du habest gesessen
er/sie sitze	er/sie habe gesessen
wir sitzen	wir haben gesessen
ihr sitzet	ihr habet gesessen
Sie sitzen	Sie haben gesessen
sie sitzen	sie haben gesessen

PRESENT
sitzen

PAST
gesessen haben

PARTICIPLE

PRESENT
sitzend

IMPERFECT	**PLUPERFECT**
ich säße	ich hätte gesessen
du säßest	du hättest gesessen
er/sie säße	er/sie hätte gesessen
wir säßen	wir hätten gesessen
ihr säßet	ihr hättet gesessen
Sie säßen	Sie hätten gesessen
sie säßen	sie hätten gesessen

PAST
gesessen

IMPERATIVE

sitz(e)!
sitzt!
sitzen Sie!
sitzen wir!

FUTURE PERFECT
ich werde gesessen haben
du wirst gesessen haben *etc*

PRESENT	IMPERFECT	FUTURE
ich soll	ich sollte	ich werde sollen
du sollst	du solltest	du wirst sollen
er/sie soll	er/sie sollte	er/sie wird sollen
wir sollen	wir sollten	wir werden sollen
ihr sollt	ihr solltet	ihr werdet sollen
Sie sollen	Sie sollten	Sie werden sollen
sie sollen	sie sollten	sie werden sollen

PERFECT *(1)*	PLUPERFECT *(2)*	CONDITIONAL
ich habe gesollt	ich hatte gesollt	ich würde sollen
du hast gesollt	du hattest gesollt	du würdest sollen
er/sie hat gesollt	er/sie hatte gesollt	er/sie würde sollen
wir haben gesollt	wir hatten gesollt	wir würden sollen
ihr habt gesollt	ihr hattet gesollt	ihr würdet sollen
Sie haben gesollt	Sie hatten gesollt	Sie würden sollen
sie haben gesollt	sie hatten gesollt	sie würden sollen

SUBJUNCTIVE

PRESENT	PERFECT *(1)*
ich solle	ich habe gesollt
du sollest	du habest gesollt
er/sie solle	er/sie habe gesollt
wir sollen	wir haben gesollt
ihr sollet	ihr habet gesollt
Sie sollen	Sie haben gesollt
sie sollen	sie haben gesollt

IMPERFECT	PLUPERFECT *(3)*
ich sollte	ich hätte gesollt
du solltest	du hättest gesollt
er/sie sollte	er/sie hätte gesollt
wir sollten	wir hätten gesollt
ihr solltet	ihr hättet gesollt
Sie sollten	Sie hätten gesollt
sie sollten	sie hätten gesollt

INFINITIVE

PRESENT
sollen

PAST
gesollt haben

PARTICIPLE

PRESENT
sollend

PAST
gesollt

NOTE

when preceded by an infinitive: (1) ich habe ... sollen *etc (2)* ich hatte ... sollen *etc (3)* ich hätte ... sollen *etc*

PRESENT	IMPERFECT	FUTURE
ich speie	ich spie	ich werde speien
du speist	du spiest	du wirst speien
er/sie speit	er/sie spie	er/sie wird speien
wir speien	wir spien	wir werden speien
ihr speit	ihr spiet	ihr werdet speien
Sie speien	Sie spien	Sie werden speien
sie speien	sie spien	sie werden speien

PERFECT	PLUPERFECT	CONDITIONAL
ich habe gespien	ich hatte gespien	ich würde speien
du hast gespien	du hattest gespien	du würdest speien
er/sie hat gespien	er/sie hatte gespien	er/sie würde speien
wir haben gespien	wir hatten gespien	wir würden speien
ihr habt gespien	ihr hattet gespien	ihr würdet speien
Sie haben gespien	Sie hatten gespien	Sie würden speien
sie haben gespien	sie hatten gespien	sie würden speien

SUBJUNCTIVE

PRESENT	PERFECT
ich speie	ich habe gespien
du speiest	du habest gespien
er/sie speie	er/sie habe gespien
wir speien	wir haben gespien
ihr speiet	ihr habet gespien
Sie speien	Sie haben gespien
sie speien	sie haben gespien

IMPERFECT	PLUPERFECT
ich spie	ich hätte gespien
du spiest	du hättest gespien
er/sie spie	er/sie hätte gespien
wir spien	wir hätten gespien
ihr spiet	ihr hättet gespien
Sie spien	Sie hätten gespien
sie spien	sie hätten gespien

FUTURE PERFECT
ich werde gespien haben
du wirst gespien haben *etc*

INFINITIVE

PRESENT
speien

PAST
gespien haben

PARTICIPLE

PRESENT
speiend

PAST
gespien

IMPERATIVE

spei(e)!
speit!
speien Sie!
speien wir!

PRESENT
ich spinne
du spinnst
er/sie spinnt
wir spinnen
ihr spinnt
Sie spinnen
sie spinnen

IMPERFECT
ich spann
du spannst
er/sie spann
wir spannen
ihr spannt
Sie spannen
sie spannen

FUTURE
ich werde spinnen
du wirst spinnen
er/sie wird spinnen
wir werden spinnen
ihr werdet spinnen
Sie werden spinnen
sie werden spinnen

PERFECT
ich habe gesponnen
du hast gesponnen
er/sie hat gesponnen
wir haben gesponnen
ihr habt gesponnen
Sie haben gesponnen
sie haben gesponnen

PLUPERFECT
ich hatte gesponnen
du hattest gesponnen
er/sie hatte gesponnen
wir hatten gesponnen
ihr hattet gesponnen
Sie hatten gesponnen
sie hatten gesponnen

CONDITIONAL
ich würde spinnen
du würdest spinnen
er/sie würde spinnen
wir würden spinnen
ihr würdet spinnen
Sie würden spinnen
sie würden spinnen

SUBJUNCTIVE

PRESENT
ich spinne
du spinnest
er/sie spinne
wir spinnen
ihr spinnet
Sie spinnen
sie spinnen

PERFECT
ich habe gesponnen
du habest gesponnen
er/sie habe gesponnen
wir haben gesponnen
ihr habet gesponnen
Sie haben gesponnen
sie haben gesponnen

INFINITIVE

PRESENT
spinnen
PAST
gesponnen haben

IMPERFECT *(1)*
ich spönne
du spönnest
er/sie spönne
wir spönnen
ihr spönnet
Sie spönnen
sie spönnen

PLUPERFECT
ich hätte gesponnen
du hättest gesponnen
er/sie hätte gesponnen
wir hätten gesponnen
ihr hättet gesponnen
Sie hätten gesponnen
sie hätten gesponnen

PARTICIPLE

PRESENT
spinnend
PAST
gesponnen

IMPERATIVE

spinn(e)!
spinnt!
spinnen Sie!
spinnen wir!

FUTURE PERFECT
ich werde gesponnen haben
du wirst gesponnen haben *etc*

NOTE

(1) ich **spänne** *etc is also possible*

SPRECHEN
157 *to speak*

PRESENT	**IMPERFECT**	**FUTURE**
ich spreche	ich sprach	ich werde sprechen
du sprichst	du sprachst	du wirst sprechen
er/sie spricht	er/sie sprach	er/sie wird sprechen
wir sprechen	wir sprachen	wir werden sprechen
ihr sprecht	ihr spracht	ihr werdet sprechen
Sie sprechen	Sie sprachen	Sie werden sprechen
sie sprechen	sie sprachen	sie werden sprechen

PERFECT	**PLUPERFECT**	**CONDITIONAL**
ich habe gesprochen	ich hatte gesprochen	ich würde sprechen
du hast gesprochen	du hattest gesprochen	du würdest sprechen
er/sie hat gesprochen	er/sie hatte gesprochen	er/sie würde sprechen
wir haben gesprochen	wir hatten gesprochen	wir würden sprechen
ihr habt gesprochen	ihr hattet gesprochen	ihr würdet sprechen
Sie haben gesprochen	Sie hatten gesprochen	Sie würden sprechen
sie haben gesprochen	sie hatten gesprochen	sie würden sprechen

SUBJUNCTIVE

PRESENT	**PERFECT**
ich spreche	ich habe gesprochen
du sprechest	du habest gesprochen
er/sie spreche	er/sie habe gesprochen
wir sprechen	wir haben gesprochen
ihr sprechet	ihr habet gesprochen
Sie sprechen	Sie haben gesprochen
sie sprechen	sie haben gesprochen

IMPERFECT	**PLUPERFECT**
ich spräche	ich hätte gesprochen
du sprächest	du hättest gesprochen
er/sie spräche	er/sie hätte gesprochen
wir sprächen	wir hätten gesprochen
ihr sprächet	ihr hättet gesprochen
Sie sprächen	Sie hätten gesprochen
sie sprächen	sie hätten gesprochen

FUTURE PERFECT
ich werde gesprochen haben
du wirst gesprochen haben *etc*

INFINITIVE

PRESENT
sprechen
PAST
gesprochen haben

PARTICIPLE

PRESENT
sprechend
PAST
gesprochen

IMPERATIVE

sprich!
sprecht!
sprechen Sie!
sprechen wir!

PRESENT
ich sprieße
du sprießt
er/sie sprießt
wir sprießen
ihr sprießt
Sie sprießen
sie sprießen

PERFECT
ich bin gesprossen
du bist gesprossen
er/sie ist gesprossen
wir sind gesprossen
ihr seid gesprossen
Sie sind gesprossen
sie sind gesprossen

IMPERFECT
ich spross
du sprossest
er/sie spross
wir sprossen
ihr sprosst
Sie sprossen
sie sprossen

PLUPERFECT
ich war gesprossen
du warst gesprossen
er/sie war gesprossen
wir waren gesprossen
ihr wart gesprossen
Sie waren gesprossen
sie waren gesprossen

FUTURE
ich werde sprießen
du wirst sprießen
er/sie wird sprießen
wir werden sprießen
ihr werdet sprießen
Sie werden sprießen
sie werden sprießen

CONDITIONAL
ich würde sprießen
du würdest sprießen
er/sie würde sprießen
wir würden sprießen
ihr würdet sprießen
Sie würden sprießen
sie würden sprießen

SUBJUNCTIVE

PRESENT
ich sprieße
du sprießest
er/sie sprieße
wir sprießen
ihr sprießet
Sie sprießen
sie sprießen

IMPERFECT
ich sprösse
du sprössest
er/sie sprösse
wir sprössen
ihr sprösset
Sie sprössen
sie sprössen

FUTURE PERFECT
ich werde gesprossen sein
du wirst gesprossen sein *etc*

PERFECT
ich sei gesprossen
du sei(e)st gesprossen
er/sie sei gesprossen
wir seien gesprossen
ihr seiet gesprossen
Sie seien gesprossen
sie seien gesprossen

PLUPERFECT
ich wäre gesprossen
du wär(e)st gesprossen
er/sie wäre gesprossen
wir wären gesprossen
ihr wär(e)t gesprossen
Sie wären gesprossen
sie wären gesprossen

INFINITIVE

PRESENT
sprießen
PAST
gesprossen sein

PARTICIPLE

PRESENT
sprießend
PAST
gesprossen

IMPERATIVE

sprieß(e)!
sprießt!
sprießen Sie!
sprießen wir!

SPRINGEN
159 *to jump*

PRESENT
ich springe
du springst
er/sie springt
wir springen
ihr springt
Sie springen
sie springen

IMPERFECT
ich sprang
du sprangst
er/sie sprang
wir sprangen
ihr sprangt
Sie sprangen
sie sprangen

FUTURE
ich werde springen
du wirst springen
er/sie wird springen
wir werden springen
ihr werdet springen
Sie werden springen
sie werden springen

PERFECT
ich bin gesprungen
du bist gesprungen
er/sie ist gesprungen
wir sind gesprungen
ihr seid gesprungen
Sie sind gesprungen
sie sind gesprungen

PLUPERFECT
ich war gesprungen
du warst gesprungen
er/sie war gesprungen
wir waren gesprungen
ihr wart gesprungen
Sie waren gesprungen
sie waren gesprungen

CONDITIONAL
ich würde springen
du würdest springen
er/sie würde springen
wir würden springen
ihr würdet springen
Sie würden springen
sie würden springen

SUBJUNCTIVE

PRESENT
ich springe
du springest
er/sie springe
wir springen
ihr springet
Sie springen
sie springen

PERFECT
ich sei gesprungen
du sei(e)st gesprungen
er/sie sei gesprungen
wir seien gesprungen
ihr seiet gesprungen
Sie seien gesprungen
sie seien gesprungen

INFINITIVE

PRESENT
springen
PAST
gesprungen sein

IMPERFECT
ich spränge
du sprängest
er/sie spränge
wir sprängen
ihr spränget
Sie sprängen
sie sprängen

PLUPERFECT
ich wäre gesprungen
du wär(e)st gesprungen
er/sie wäre gesprungen
wir wären gesprungen
ihr wär(e)t gesprungen
Sie wären gesprungen
sie wären gesprungen

PARTICIPLE

PRESENT
springend
PAST
gesprungen

IMPERATIVE
spring(e)!
springt!
springen Sie!
springen wir!

FUTURE PERFECT
ich werde gesprungen sein
du wirst gesprungen sein *etc*

PRESENT
ich steche
du stichst
er/sie sticht
wir stechen
ihr stecht
Sie stechen
sie stechen

IMPERFECT
ich stach
du stachst
er/sie stach
wir stachen
ihr stacht
Sie stachen
sie stachen

FUTURE
ich werde stechen
du wirst stechen
er/sie wird stechen
wir werden stechen
ihr werdet stechen
Sie werden stechen
sie werden stechen

PERFECT
ich habe gestochen
du hast gestochen
er/sie hat gestochen
wir haben gestochen
ihr habt gestochen
Sie haben gestochen
sie haben gestochen

PLUPERFECT
ich hatte gestochen
du hattest gestochen
er/sie hatte gestochen
wir hatten gestochen
ihr hattet gestochen
Sie hatten gestochen
sie hatten gestochen

CONDITIONAL
ich würde stechen
du würdest stechen
er/sie würde stechen
wir würden stechen
ihr würdet stechen
Sie würden stechen
sie würden stechen

SUBJUNCTIVE

PRESENT
ich steche
du stechest
er/sie steche
wir stechen
ihr stechet
Sie stechen
sie stechen

PERFECT
ich habe gestochen
du habest gestochen
er/sie habe gestochen
wir haben gestochen
ihr habet gestochen
Sie haben gestochen
sie haben gestochen

INFINITIVE

PRESENT
stechen
PAST
gestochen haben

IMPERFECT
ich stäche
du stächest
er/sie stäche
wir stächen
ihr stächet
Sie stächen
sie stächen

PLUPERFECT
ich hätte gestochen
du hättest gestochen
er/sie hätte gestochen
wir hätten gestochen
ihr hättet gestochen
Sie hätten gestochen
sie hätten gestochen

PARTICIPLE

PRESENT
stechend
PAST
gestochen

IMPERATIVE
stich!
stecht!
stechen Sie!
stechen wir!

FUTURE PERFECT
ich werde gestochen haben
du wirst gestochen haben *etc*

STECKEN
161 _to be (stuck) (1)_

PRESENT	**IMPERFECT** _(2)_	**FUTURE**
ich stecke	ich stak	ich werde stecken
du steckst	du stakst	du wirst stecken
er/sie steckt	er/sie stak	er/sie wird stecken
wir stecken	wir staken	wir werden stecken
ihr steckt	ihr stakt	ihr werdet stecken
Sie stecken	Sie staken	Sie werden stecken
sie stecken	sie staken	sie werden stecken
PERFECT	**PLUPERFECT**	**CONDITIONAL**
ich habe gesteckt	ich hatte gesteckt	ich würde stecken
du hast gesteckt	du hattest gesteckt	du würdest stecken
er/sie hat gesteckt	er/sie hatte gesteckt	er/sie würde stecken
wir haben gesteckt	wir hatten gesteckt	wir würden stecken
ihr habt gesteckt	ihr hattet gesteckt	ihr würdet stecken
Sie haben gesteckt	Sie hatten gesteckt	Sie würden stecken
sie haben gesteckt	sie hatten gesteckt	sie würden stecken

SUBJUNCTIVE

PRESENT	**PERFECT**
ich stecke	ich habe gesteckt
du steckest	du habest gesteckt
er/sie stecke	er/sie habe gesteckt
wir stecken	wir haben gesteckt
ihr stecket	ihr habet gesteckt
Sie stecken	Sie haben gesteckt
sie stecken	sie haben gesteckt
IMPERFECT	**PLUPERFECT**
ich stäke	ich hätte gesteckt
du stäkest	du hättest gesteckt
er/sie stäke	er/sie hätte gesteckt
wir stäken	wir hätten gesteckt
ihr stäket	ihr hättet gesteckt
Sie stäken	Sie hätten gesteckt
sie stäken	sie hätten gesteckt
FUTURE PERFECT	
ich werde gesteckt haben	
du wirst gesteckt haben _etc_	

INFINITIVE

PRESENT
stecken

PAST
gesteckt haben

PARTICIPLE

PRESENT
steckend

PAST
gesteckt

IMPERATIVE

steck(e)!
steckt!
stecken Sie!
stecken wir!

NOTE

(1) also a weak verb meaning 'to put': ich steckte etc (2) ich steckte, du stecktest etc is also possible

PRESENT
ich stehe
du stehst
er/sie steht
wir stehen
ihr steht
Sie stehen
sie stehen

IMPERFECT
ich stand
du standst
er/sie stand
wir standen
ihr standet
Sie standen
sie standen

FUTURE
ich werde stehen
du wirst stehen
er/sie wird stehen
wir werden stehen
ihr werdet stehen
Sie werden stehen
sie werden stehen

PERFECT
ich habe gestanden
du hast gestanden
er/sie hat gestanden
wir haben gestanden
ihr habt gestanden
Sie haben gestanden
sie haben gestanden

PLUPERFECT
ich hatte gestanden
du hattest gestanden
er/sie hatte gestanden
wir hatten gestanden
ihr hattet gestanden
Sie hatten gestanden
sie hatten gestanden

CONDITIONAL
ich würde stehen
du würdest stehen
er/sie würde stehen
wir würden stehen
ihr würdet stehen
Sie würden stehen
sie würden stehen

SUBJUNCTIVE

PRESENT
ich stehe
du stehest
er/sie stehe
wir stehen
ihr stehet
Sie stehen
sie stehen

PERFECT
ich habe gestanden
du habest gestanden
er/sie habe gestanden
wir haben gestanden
ihr habet gestanden
Sie haben gestanden
sie haben gestanden

INFINITIVE

PRESENT
stehen

PAST
gestanden haben

IMPERFECT *(1)*
ich stünde
du stündest
er/sie stünde
wir stünden
ihr stündet
Sie stünden
sie stünden

PLUPERFECT
ich hätte gestanden
du hättest gestanden
er/sie hätte gestanden
wir hätten gestanden
ihr hättet gestanden
Sie hätten gestanden
sie hätten gestanden

PARTICIPLE

PRESENT
stehend

PAST
gestanden

IMPERATIVE
steh(e)!
steht!
stehen Sie!
stehen wir!

FUTURE PERFECT
ich werde gestanden haben
du wirst gestanden haben *etc*

NOTE

(1) **ich stände, du ständest** *etc is also possible*

PRESENT	**IMPERFECT**	**FUTURE**
ich stehle	ich stahl	ich werde stehlen
du stiehlst	du stahlst	du wirst stehlen
er/sie stiehlt	er/sie stahl	er/sie wird stehlen
wir stehlen	wir stahlen	wir werden stehlen
ihr stehlt	ihr stahlt	ihr werdet stehlen
Sie stehlen	Sie stahlen	Sie werden stehlen
sie stehlen	sie stahlen	sie werden stehlen

PERFECT	**PLUPERFECT**	**CONDITIONAL**
ich habe gestohlen	ich hatte gestohlen	ich würde stehlen
du hast gestohlen	du hattest gestohlen	du würdest stehlen
er/sie hat gestohlen	er/sie hatte gestohlen	er/sie würde stehlen
wir haben gestohlen	wir hatten gestohlen	wir würden stehlen
ihr habt gestohlen	ihr hattet gestohlen	ihr würdet stehlen
Sie haben gestohlen	Sie hatten gestohlen	Sie würden stehlen
sie haben gestohlen	sie hatten gestohlen	sie würden stehlen

SUBJUNCTIVE

PRESENT	**PERFECT**
ich stehle	ich habe gestohlen
du stehlest	du habest gestohlen
er/sie stehle	er/sie habe gestohlen
wir stehlen	wir haben gestohlen
ihr stehlet	ihr habet gestohlen
Sie stehlen	Sie haben gestohlen
sie stehlen	sie haben gestohlen

IMPERFECT	**PLUPERFECT**
ich stähle	ich hätte gestohlen
du stählest	du hättest gestohlen
er/sie stähle	er/sie hätte gestohlen
wir stählen	wir hätten gestohlen
ihr stählet	ihr hättet gestohlen
Sie stählen	Sie hätten gestohlen
sie stählen	sie hätten gestohlen

FUTURE PERFECT
ich werde gestohlen haben
du wirst gestohlen haben *etc*

INFINITIVE

PRESENT
stehlen

PAST
gestohlen haben

PARTICIPLE

PRESENT
stehlend

PAST
gestohlen

IMPERATIVE

stiehl!
stehlt!
stehlen Sie!
stehlen wir!

PRESENT
ich steige
du steigst
er/sie steigt
wir steigen
ihr steigt
Sie steigen
sie steigen

IMPERFECT
ich stieg
du stiegst
er/sie stieg
wir stiegen
ihr stiegt
Sie stiegen
sie stiegen

FUTURE
ich werde steigen
du wirst steigen
er/sie wird steigen
wir werden steigen
ihr werdet steigen
Sie werden steigen
sie werden steigen

PERFECT
ich bin gestiegen
du bist gestiegen
er/sie ist gestiegen
wir sind gestiegen
ihr seid gestiegen
Sie sind gestiegen
sie sind gestiegen

PLUPERFECT
ich war gestiegen
du warst gestiegen
er/sie war gestiegen
wir waren gestiegen
ihr wart gestiegen
Sie waren gestiegen
sie waren gestiegen

CONDITIONAL
ich würde steigen
du würdest steigen
er/sie würde steigen
wir würden steigen
ihr würdet steigen
Sie würden steigen
sie würden steigen

SUBJUNCTIVE

PRESENT
ich steige
du steigest
er/sie steige
wir steigen
ihr steiget
Sie steigen
sie steigen

PERFECT
ich sei gestiegen
du sei(e)st gestiegen
er/sie sei gestiegen
wir seien gestiegen
ihr seiet gestiegen
Sie seien gestiegen
sie seien gestiegen

INFINITIVE

PRESENT
steigen
PAST
gestiegen sein

IMPERFECT
ich stiege
du stiegest
er/sie stiege
wir stiegen
ihr stieget
Sie stiegen
sie stiegen

PLUPERFECT
ich wäre gestiegen
du wär(e)st gestiegen
er/sie wäre gestiegen
wir wären gestiegen
ihr wär(e)t gestiegen
Sie wären gestiegen
sie wären gestiegen

PARTICIPLE

PRESENT
steigend
PAST
gestiegen

FUTURE PERFECT
ich werde gestiegen sein
du wirst gestiegen sein *etc*

IMPERATIVE
steig(e)!
steigt!
steigen Sie!
steigen wir!

STERBEN
165 *to die*

PRESENT
ich sterbe
du stirbst
er/sie stirbt
wir sterben
ihr sterbt
Sie sterben
sie sterben

IMPERFECT
ich starb
du starbst
er/sie starb
wir starben
ihr starbt
Sie starben
sie starben

FUTURE
ich werde sterben
du wirst sterben
er/sie wird sterben
wir werden sterben
ihr werdet sterben
Sie werden sterben
sie werden sterben

PERFECT
ich bin gestorben
du bist gestorben
er/sie ist gestorben
wir sind gestorben
ihr seid gestorben
Sie sind gestorben
sie sind gestorben

PLUPERFECT
ich war gestorben
du warst gestorben
er/sie war gestorben
wir waren gestorben
ihr wart gestorben
Sie waren gestorben
sie waren gestorben

CONDITIONAL
ich werde sterben
du würdest sterben
er/sie würde sterben
wir würden sterben
ihr würdet sterben
Sie würden sterben
sie würden sterben

SUBJUNCTIVE

PRESENT
ich sterbe
du sterbest
er/sie sterbe
wir sterben
ihr sterbet
Sie sterben
sie sterben

PERFECT
ich sei gestorben
du sei(e)st gestorben
er/sie sei gestorben
wir seien gestorben
ihr seiet gestorben
Sie seien gestorben
sie seien gestorben

INFINITIVE

PRESENT
sterben
PAST
gestorben sein

PARTICIPLE

PRESENT
sterbend

IMPERFECT
ich stürbe
du stürbest
er/sie stürbe
wir stürben
ihr stürbet
Sie stürben
sie stürben

PLUPERFECT
ich wäre gestorben
du wär(e)st gestorben
er/sie wäre gestorben
wir wären gestorben
ihr wär(e)t gestorben
Sie wären gestorben
sie wären gestorben

PAST
gestorben

IMPERATIVE
stirb!
sterbt!
sterben Sie!
sterben wir!

FUTURE PERFECT
ich werde gestorben sein
du wirst gestorben sein *etc*

PRESENT
ich stinke
du stinkst
er/sie stinkt
wir stinken
ihr stinkt
Sie stinken
sie stinken

IMPERFECT
ich stank
du stankst
er/sie stank
wir stanken
ihr stankt
Sie stanken
sie stanken

FUTURE
ich werde stinken
du wirst stinken
er/sie wird stinken
wir werden stinken
ihr werdet stinken
Sie werden stinken
sie werden stinken

PERFECT
ich habe gestunken
du hast gestunken
er/sie hat gestunken
wir haben gestunken
ihr habt gestunken
Sie haben gestunken
sie haben gestunken

PLUPERFECT
ich hatte gestunken
du hattest gestunken
er/sie hatte gestunken
wir hatten gestunken
ihr hattet gestunken
Sie hatten gestunken
sie hatten gestunken

CONDITIONAL
ich würde stinken
du würdest stinken
er/sie würde stinken
wir würden stinken
ihr würdet stinken
Sie würden stinken
sie würden stinken

SUBJUNCTIVE

PRESENT
ich stinke
du stinkest
er/sie stinke
wir stinken
ihr stinket
Sie stinken
sie stinken

PERFECT
ich habe gestunken
du habest gestunken
er/sie habe gestunken
wir haben gestunken
ihr habet gestunken
Sie haben gestunken
sie haben gestunken

INFINITIVE

PRESENT
stinken
PAST
gestunken haben

IMPERFECT
ich stänke
du stänkest
er/sie stänke
wir stänken
ihr stänket
Sie stänken
sie stänken

PLUPERFECT
ich hätte gestunken
du hättest gestunken
er/sie hätte gestunken
wir hätten gestunken
ihr hättet gestunken
Sie hätten gestunken
sie hätten gestunken

PARTICIPLE

PRESENT
stinkend

PAST
gestunken

IMPERATIVE

stink(e)!
stinkt!
stinken Sie!
stinken wir!

FUTURE PERFECT
ich werde gestunken haben
du wirst gestunken haben *etc*

STOSSEN
167 *to push*

PRESENT
ich stoße
du stößt
er/sie stößt
wir stoßen
ihr stoßt
Sie stoßen
sie stoßen

IMPERFECT
ich stieß
du stießt
er/sie stieß
wir stießen
ihr stießt
Sie stießen
sie stießen

FUTURE
ich werde stoßen
du wirst stoßen
er/sie wird stoßen
wir werden stoßen
ihr werdet stoßen
Sie werden stoßen
sie werden stoßen

PERFECT *(1)*
ich habe gestoßen
du hast gestoßen
er/sie hat gestoßen
wir haben gestoßen
ihr habt gestoßen
Sie haben gestoßen
sie haben gestoßen

PLUPERFECT *(2)*
ich hatte gestoßen
du hattest gestoßen
er/sie hatte gestoßen
wir hatten gestoßen
ihr hattet gestoßen
Sie hatten gestoßen
sie hatten gestoßen

CONDITIONAL
ich würde stoßen
du würdest stoßen
er/sie würde stoßen
wir würden stoßen
ihr würdet stoßen
Sie würden stoßen
sie würden stoßen

SUBJUNCTIVE

PRESENT
ich stoße
du stoßest
er/sie stoße
wir stoßen
ihr stoßet
Sie stoßen
sie stoßen

PERFECT *(3)*
ich habe gestoßen
du habest gestoßen
er/sie habe gestoßen
wir haben gestoßen
ihr habet gestoßen
Sie haben gestoßen
sie haben gestoßen

INFINITIVE

PRESENT
stoßen
PAST *(6)*
gestoßen haben

PARTICIPLE

PRESENT
stoßend

IMPERFECT
ich stieße
du stießest
er/sie stieße
wir stießen
ihr stießet
Sie stießen
sie stießen

PLUPERFECT *(4)*
ich hätte gestoßen
du hättest gestoßen
er/sie hätte gestoßen
wir hätten gestoßen
ihr hättet gestoßen
Sie hätten gestoßen
sie hätten gestoßen

PAST
gestoßen

IMPERATIVE
stoß(e)!
stoßt!
stoßen Sie!
stoßen wir!

FUTURE PERFECT *(5)*
ich werde gestoßen haben
du wirst gestoßen haben *etc*

NOTE

also intransitive with preposition ('to run into'):
(1) ich bin gestoßen *etc* *(2)* ich war gestoßen *etc*
(3) ich sei gestoßen *etc* *(4)* ich wäre gestoßen *etc*
(5) ich werde gestoßen sein *etc* *(6)* gestoßen sein

PRESENT
ich streiche
du streichst
er/sie streicht
wir streichen
ihr streicht
Sie streichen
sie streichen

PERFECT *(1)*
ich habe gestrichen
du hast gestrichen
er/sie hat gestrichen
wir haben gestrichen
ihr habt gestrichen
Sie haben gestrichen
sie haben gestrichen

IMPERFECT
ich strich
du strichst
er/sie strich
wir strichen
ihr stricht
Sie strichen
sie strichen

PLUPERFECT *(2)*
ich hatte gestrichen
du hattest gestrichen
er/sie hatte gestrichen
wir hatten gestrichen
ihr hattet gestrichen
Sie hatten gestrichen
sie hatten gestrichen

FUTURE
ich werde streichen
du wirst streichen
er/sie wird streichen
wir werden streichen
ihr werdet streichen
Sie werden streichen
sie werden streichen

CONDITIONAL
ich würde streichen
du würdest streichen
er/sie würde streichen
wir würden streichen
ihr würdet streichen
Sie würden streichen
sie würden streichen

SUBJUNCTIVE

PRESENT
ich streiche
du streichest
er/sie streiche
wir streichen
ihr streichet
Sie streichen
sie streichen

IMPERFECT
ich striche
du strichest
er/sie striche
wir strichen
ihr strichet
Sie strichen
sie strichen

FUTURE PERFECT *(5)*
ich werde gestrichen haben
du wirst gestrichen haben *etc*

PERFECT *(3)*
ich habe gestrichen
du habest gestrichen
er/sie habe gestrichen
wir haben gestrichen
ihr habet gestrichen
Sie haben gestrichen
sie haben gestrichen

PLUPERFECT *(4)*
ich hätte gestrichen
du hättest gestrichen
er/sie hätte gestrichen
wir hätten gestrichen
ihr hättet gestrichen
Sie hätten gestrichen
sie hätten gestrichen

INFINITIVE

PRESENT
streichen
PAST *(6)*
gestrichen haben

PARTICIPLE

PRESENT
streichend

PAST
gestrichen

IMPERATIVE
streich(e)!
streicht!
streichen Sie!
streichen wir!

NOTE

also intransitive with preposition ('to sweep, brush past'): (1) ich bin gestrichen etc (2) ich war gestrichen etc (3) ich sei gestrichen etc (4) ich wäre gestrichen etc (5) ich werde gestrichen sein etc (6) gestrichen sein

STREITEN
169 *to quarrel*

PRESENT
ich streite
du streitest
er/sie streitet
wir streiten
ihr streitet
Sie streiten
sie streiten

PERFECT
ich habe gestritten
du hast gestritten
er/sie hat gestritten
wir haben gestritten
ihr habt gestritten
Sie haben gestritten
sie haben gestritten

IMPERFECT
ich stritt
du strittst
er/sie stritt
wir stritten
ihr strittet
Sie stritten
sie stritten

PLUPERFECT
ich hatte gestritten
du hattest gestritten
er/sie hatte gestritten
wir hatten gestritten
ihr hattet gestritten
Sie hatten gestritten
sie hatten gestritten

FUTURE
ich werde streiten
du wirst streiten
er/sie wird streiten
wir werden streiten
ihr werdet streiten
Sie werden streiten
sie werden streiten

CONDITIONAL
ich würde streiten
du würdest streiten
er/sie würde streiten
wir würden streiten
ihr würdet streiten
Sie würden streiten
sie würden streiten

SUBJUNCTIVE

PRESENT
ich streite
du streitest
er/sie streite
wir streiten
ihr streitet
Sie streiten
sie streiten

IMPERFECT
ich stritte
du strittest
er/sie stritte
wir stritten
ihr strittet
Sie stritten
sie stritten

PERFECT
ich habe gestritten
du habest gestritten
er/sie habe gestritten
wir haben gestritten
ihr habet gestritten
Sie haben gestritten
sie haben gestritten

PLUPERFECT
ich hätte gestritten
du hättest gestritten
er/sie hätte gestritten
wir hätten gestritten
ihr hättet gestritten
Sie hätten gestritten
sie hätten gestritten

FUTURE PERFECT
ich werde gestritten haben
du wirst gestritten haben *etc*

INFINITIVE

PRESENT
streiten

PAST
gestritten haben

PARTICIPLE

PRESENT
streitend

PAST
gestritten

IMPERATIVE
streit(e)!
streitet!
streiten Sie!
streiten wir!

PRESENT
ich stürze
du stürzt
er/sie stürzt
wir stürzen
ihr stürzt
Sie stürzen
sie stürzen

IMPERFECT
ich stürzte
du stürztest
er/sie stürzte
wir stürzten
ihr stürztet
Sie stürzten
sie stürzten

FUTURE
ich werde stürzen
du wirst stürzen
er/sie wird stürzen
wir werden stürzen
ihr werdet stürzen
Sie werden stürzen
sie werden stürzen

PERFECT
ich bin gestürzt
du bist gestürzt
er/sie ist gestürzt
wir sind gestürzt
ihr seid gestürzt
Sie sind gestürzt
sie sind gestürzt

PLUPERFECT
ich war gestürzt
du warst gestürzt
er/sie war gestürzt
wir waren gestürzt
ihr wart gestürzt
Sie waren gestürzt
sie waren gestürzt

CONDITIONAL
ich würde stürzen
du würdest stürzen
er/sie würde stürzen
wir würden stürzen
ihr würdet stürzen
Sie würden stürzen
sie würden stürzen

SUBJUNCTIVE

PRESENT
ich stürze
du stürzest
er/sie stürze
wir stürzen
ihr stürzet
Sie stürzen
sie stürzen

PERFECT
ich sei gestürzt
du sei(e)st gestürzt
er/sie sei gestürzt
wir seien gestürzt
ihr seiet gestürzt
Sie seien gestürzt
sie seien gestürzt

INFINITIVE

PRESENT
stürzen

PAST
gestürzt sein

IMPERFECT
ich stürzte
du stürztest
er/sie stürzte
wir stürzten
ihr stürztet
Sie stürzten
sie stürzten

PLUPERFECT
ich wäre gestürzt
du wär(e)st gestürzt
er/sie wäre gestürzt
wir wären gestürzt
ihr wär(e)t gestürzt
Sie wären gestürzt
sie wären gestürzt

PARTICIPLE

PRESENT
stürzend

PAST
gestürzt

FUTURE PERFECT
ich werde gestürzt sein
du wirst gestürzt sein *etc*

IMPERATIVE

stürz(e)!
stürzt!
stürzen Sie!
stürzen wir!

TRAGEN
171 *to carry; to wear*

PRESENT	IMPERFECT	FUTURE
ich trage	ich trug	ich werde tragen
du trägst	du trugst	du wirst tragen
er/sie trägt	er/sie trug	er/sie wird tragen
wir tragen	wir trugen	wir werden tragen
ihr tragt	ihr trugt	ihr werdet tragen
Sie tragen	Sie trugen	Sie werden tragen
sie tragen	sie trugen	sie werden tragen

PERFECT	PLUPERFECT	CONDITIONAL
ich habe getragen	ich hatte getragen	ich würde tragen
du hast getragen	du hattest getragen	du würdest tragen
er/sie hat getragen	er/sie hatte getragen	er/sie würde tragen
wir haben getragen	wir hatten getragen	wir würden tragen
ihr habt getragen	ihr hattet getragen	ihr würdet tragen
Sie haben getragen	Sie hatten getragen	Sie würden tragen
sie haben getragen	sie hatten getragen	sie würden tragen

SUBJUNCTIVE

PRESENT	PERFECT
ich trage	ich habe getragen
du tragest	du habest getragen
er/sie trage	er/sie habe getragen
wir tragen	wir haben getragen
ihr traget	ihr habet getragen
Sie tragen	Sie haben getragen
sie tragen	sie haben getragen

IMPERFECT	PLUPERFECT
ich trüge	ich hätte getragen
du trügest	du hättest getragen
er/sie trüge	er/sie hätte getragen
wir trügen	wir hätten getragen
ihr trüget	ihr hättet getragen
Sie trügen	Sie hätten getragen
sie trügen	sie hätten getragen

FUTURE PERFECT
ich werde getragen haben
du wirst getragen haben *etc*

INFINITIVE

PRESENT
tragen

PAST
getragen haben

PARTICIPLE

PRESENT
tragend

PAST
getragen

IMPERATIVE

trag(e)!
tragt!
tragen Sie!
tragen wir!

PRESENT
ich treffe
du triffst
er/sie trifft
wir treffen
ihr trefft
Sie treffen
sie treffen

IMPERFECT
ich traf
du trafst
er/sie traf
wir trafen
ihr traft
Sie trafen
sie trafen

FUTURE
ich werde treffen
du wirst treffen
er/sie wird treffen
wir werden treffen
ihr werdet treffen
Sie werden treffen
sie werden treffen

PERFECT
ich habe getroffen
du hast getroffen
er/sie hat getroffen
wir haben getroffen
ihr habt getroffen
Sie haben getroffen
sie haben getroffen

PLUPERFECT
ich hatte getroffen
du hattest getroffen
er/sie hatte getroffen
wir hatten getroffen
ihr hattet getroffen
Sie hatten getroffen
sie hatten getroffen

CONDITIONAL
ich würde treffen
du würdest treffen
er/sie würde treffen
wir würden treffen
ihr würdet treffen
Sie würden treffen
sie würden treffen

SUBJUNCTIVE

PRESENT
ich treffe
du treffest
er/sie treffe
wir treffen
ihr treffet
Sie treffen
sie treffen

PERFECT
ich habe getroffen
du habest getroffen
er/sie habe getroffen
wir haben getroffen
ihr habet getroffen
Sie haben getroffen
sie haben getroffen

INFINITIVE

PRESENT
treffen

PAST
getroffen haben

IMPERFECT
ich träfe
du träfest
er/sie träfe
wir träfen
ihr träfet
Sie träfen
sie träfen

PLUPERFECT
ich hätte getroffen
du hättest getroffen
er/sie hätte getroffen
wir hätten getroffen
ihr hättet getroffen
Sie hätten getroffen
sie hätten getroffen

PARTICIPLE

PRESENT
treffend

PAST
getroffen

IMPERATIVE

triff!
trefft!
treffen Sie!
treffen wir!

FUTURE PERFECT
ich werde getroffen haben
du wirst getroffen haben *etc*

TREIBEN
173   to drive; to float

PRESENT
ich treibe
du treibst
er/sie treibt
wir treiben
ihr treibt
Sie treiben
sie treiben

PERFECT *(1)*
ich habe getrieben
du hast getrieben
er/sie hat getrieben
wir haben getrieben
ihr habt getrieben
Sie haben getrieben
sie haben getrieben

IMPERFECT
ich trieb
du triebst
er/sie trieb
wir trieben
ihr triebt
Sie trieben
sie trieben

PLUPERFECT *(2)*
ich hatte getrieben
du hattest getrieben
er/sie hatte getrieben
wir hatten getrieben
ihr hattet getrieben
Sie hatten getrieben
sie hatten getrieben

FUTURE
ich werde treiben
du wirst treiben
er/sie wird treiben
wir werden treiben
ihr werdet treiben
Sie werden treiben
sie werden treiben

CONDITIONAL
ich würde treiben
du würdest treiben
er/sie würde treiben
wir würden treiben
ihr würdet treiben
Sie würden treiben
sie würden treiben

SUBJUNCTIVE

PRESENT
ich treibe
du treibest
er/sie treibe
wir treiben
ihr treibet
Sie treiben
sie treiben

IMPERFECT
ich triebe
du triebest
er/sie triebe
wir trieben
ihr triebet
Sie trieben
sie trieben

FUTURE PERFECT *(5)*
ich werde getrieben haben
du wirst getrieben haben *etc*

PERFECT *(3)*
ich habe getrieben
du habest getrieben
er/sie habe getrieben
wir haben getrieben
ihr habet getrieben
Sie haben getrieben
sie haben getrieben

PLUPERFECT *(4)*
ich hätte getrieben
du hättest getrieben
er/sie hätte getrieben
wir hätten getrieben
ihr hättet getrieben
Sie hätten getrieben
sie hätten getrieben

INFINITIVE

PRESENT
treiben
PAST *(6)*
getrieben haben

PARTICIPLE

PRESENT
treibend

PAST
getrieben

IMPERATIVE
treib(e)!
treibt!
treiben Sie!
treiben wir!

NOTE

also intransitive ('to drift'): (1) **ich bin getrieben**
etc (2) **ich war getrieben** *etc (3)* **ich sei getrieben**
etc (4) **ich wäre getrieben** *etc (5)* **ich werde getrie-**
ben sein *etc (6)* **getrieben sein**

PRESENT
ich trete
du trittst
er/sie tritt
wir treten
ihr tretet
Sie treten
sie treten

PERFECT *(1)*
ich habe getreten
du hast getreten
er/sie hat getreten
wir haben getreten
ihr habt getreten
Sie haben getreten
sie haben getreten

IMPERFECT
ich trat
du tratst
er/sie trat
wir traten
ihr tratet
Sie traten
sie traten

PLUPERFECT *(2)*
ich hatte getreten
du hattest getreten
er/sie hatte getreten
wir hatten getreten
ihr hattet getreten
Sie hatten getreten
sie hatten getreten

FUTURE
ich werde treten
du wirst treten
er/sie wird treten
wir werden treten
ihr werdet treten
Sie werden treten
sie werden treten

CONDITIONAL
ich würde treten
du würdest treten
er/sie würde treten
wir würden treten
ihr würdet treten
Sie würden treten
sie würden treten

SUBJUNCTIVE

PRESENT
ich trete
du tretest
er/sie trete
wir treten
ihr tretet
Sie treten
sie treten

IMPERFECT
ich träte
du trätest
er/sie träte
wir träten
ihr trätet
Sie träten
sie träten

FUTURE PERFECT *(5)*
ich werde getreten haben
du wirst getreten haben *etc*

PERFECT *(3)*
ich habe getreten
du habest getreten
er/sie habe getreten
wir haben getreten
ihr habet getreten
Sie haben getreten
sie haben getreten

PLUPERFECT *(4)*
ich hätte getreten
du hättest getreten
er/sie hätte getreten
wir hätten getreten
ihr hättet getreten
Sie hätten getreten
sie hätten getreten

INFINITIVE

PRESENT
treten
PAST *(6)*
getreten haben

PARTICIPLE

PRESENT
tretend

PAST
getreten

IMPERATIVE
tritt!
tretet!
treten Sie!
treten wir!

NOTE

also intransitive ('to step'): (1) **ich bin getreten**
etc (2) **ich war getreten** *etc (3)* **ich sei getreten**
etc (4) **ich wäre getreten** *etc (5)* **ich werde**
getreten sein *etc (6)* **getreten sein**

TRINKEN
175 to drink

PRESENT	IMPERFECT	FUTURE
ich trinke	ich trank	ich werde trinken
du trinkst	du trankst	du wirst trinken
er/sie trinkt	er/sie trank	er/sie wird trinken
wir trinken	wir tranken	wir werden trinken
ihr trinkt	ihr trankt	ihr werdet trinken
Sie trinken	Sie tranken	Sie werden trinken
sie trinken	sie tranken	sie werden trinken

PERFECT	PLUPERFECT	CONDITIONAL
ich habe getrunken	ich hatte getrunken	ich würde trinken
du hast getrunken	du hattest getrunken	du würdest trinken
er/sie hat getrunken	er/sie hatte getrunken	er/sie würde trinken
wir haben getrunken	wir hatten getrunken	wir würden trinken
ihr habt getrunken	ihr hattet getrunken	ihr würdet trinken
Sie haben getrunken	Sie hatten getrunken	Sie würden trinken
sie haben getrunken	sie hatten getrunken	sie würden trinken

SUBJUNCTIVE

PRESENT	PERFECT
ich trinke	ich habe getrunken
du trinkest	du habest getrunken
er/sie trinke	er/sie habe getrunken
wir trinken	wir haben getrunken
ihr trinket	ihr habet getrunken
Sie trinken	Sie haben getrunken
sie trinken	sie haben getrunken

IMPERFECT	PLUPERFECT
ich tränke	ich hätte getrunken
du tränkest	du hättest getrunken
er/sie tränke	er/sie hätte getrunken
wir tränken	wir hätten getrunken
ihr tränket	ihr hättet getrunken
Sie tränken	Sie hätten getrunken
sie tränken	sie hätten getrunken

FUTURE PERFECT
ich werde getrunken haben
du wirst getrunken haben *etc*

INFINITIVE

PRESENT
trinken
PAST
getrunken haben

PARTICIPLE

PRESENT
trinkend
PAST
getrunken

IMPERATIVE
trink(e)!
trinkt!
trinken Sie!
trinken wir!

PRESENT
ich trockne
du trocknest
er/sie trocknet
wir trocknen
ihr trocknet
Sie trocknen
sie trocknen

IMPERFECT
ich trocknete
du trocknetest
er/sie trocknete
wir trockneten
ihr trocknetet
Sie trockneten
sie trockneten

FUTURE
ich werde trocknen
du wirst trocknen
er/sie wird trocknen
wir werden trocknen
ihr werdet trocknen
Sie werden trocknen
sie werden trocknen

PERFECT
ich habe getrocknet
du hast getrocknet
er/sie hat getrocknet
wir haben getrocknet
ihr habt getrocknet
Sie haben getrocknet
sie haben getrocknet

PLUPERFECT
ich hatte getrocknet
du hattest getrocknet
er/sie hatte getrocknet
wir hatten getrocknet
ihr hattet getrocknet
Sie hatten getrocknet
sie hatten getrocknet

CONDITIONAL
ich würde trocknen
du würdest trocknen
er/sie würde trocknen
wir würden trocknen
ihr würdet trocknen
Sie würden trocknen
sie würden trocknen

SUBJUNCTIVE

PRESENT
ich trockne
du trocknest
er/sie trockne
wir trocknen
ihr trocknet
Sie trocknen
sie trocknen

PERFECT
ich habe getrocknet
du habest getrocknet
er/sie habe getrocknet
wir haben getrocknet
ihr habet getrocknet
Sie haben getrocknet
sie haben getrocknet

INFINITIVE

PRESENT
trocknen
PAST
getrocknet haben

IMPERFECT
ich trocknete
du trocknetest
er/sie trocknete
wir trockneten
ihr trocknetet
Sie trockneten
sie trockneten

PLUPERFECT
ich hätte getrocknet
du hättest getrocknet
er/sie hätte getrocknet
wir hätten getrocknet
ihr hättet getrocknet
Sie hätten getrocknet
sie hätten getrocknet

PARTICIPLE

PRESENT
trocknend
PAST
getrocknet

IMPERATIVE

trockne!
trocknet!
trocknen Sie!
trocknen wir!

FUTURE PERFECT
ich werde getrocknet haben
du wirst getrocknet haben *etc*

TRÜGEN
177 *to deceive*

PRESENT	IMPERFECT	FUTURE
ich trüge	ich trog	ich werde trügen
du trügst	du trogst	du wirst trügen
er/sie trügt	er/sie trog	er/sie wird trügen
wir trügen	wir trogen	wir werden trügen
ihr trügt	ihr trogt	ihr werdet trügen
Sie trügen	Sie trogen	Sie werden trügen
sie trügen	sie trogen	sie werden trügen

PERFECT	PLUPERFECT	CONDITIONAL
ich habe getrogen	ich hatte getrogen	ich würde trügen
du hast getrogen	du hattest getrogen	du würdest trügen
er/sie hat getrogen	er/sie hatte getrogen	er/sie würde trügen
wir haben getrogen	wir hatten getrogen	wir würden trügen
ihr habt getrogen	ihr hattet getrogen	ihr würdet trügen
Sie haben getrogen	Sie hatten getrogen	Sie würden trügen
sie haben getrogen	sie hatten getrogen	sie würden trügen

SUBJUNCTIVE

PRESENT	PERFECT
ich trüge	ich habe getrogen
du trügest	du habest getrogen
er/sie trüge	er/sie habe getrogen
wir trügen	wir haben getrogen
ihr trüget	ihr habet getrogen
Sie trügen	Sie haben getrogen
sie trügen	sie haben getrogen

IMPERFECT	PLUPERFECT
ich tröge	ich hätte getrogen
du trögest	du hättest getrogen
er/sie tröge	er/sie hätte getrogen
wir trögen	wir hätten getrogen
ihr tröget	ihr hättet getrogen
Sie trögen	Sie hätten getrogen
sie trögen	sie hätten getrogen

FUTURE PERFECT
ich werde getrogen haben
du wirst getrogen haben *etc*

INFINITIVE

PRESENT
trügen
PAST
getrogen haben

PARTICIPLE

PRESENT
trügend
PAST
getrogen

IMPERATIVE

trüg(e)!
trügt!
trügen Sie!
trügen wir!

PRESENT	IMPERFECT	FUTURE
ich tue	ich tat	ich werde tun
du tust	du tat(e)st	du wirst tun
er/sie tut	er/sie tat	er/sie wird tun
wir tun	wir taten	wir werden tun
ihr tut	ihr tatet	ihr werdet tun
Sie tun	Sie taten	Sie werden tun
sie tun	sie taten	sie werden tun

PERFECT	PLUPERFECT	CONDITIONAL
ich habe getan	ich hatte getan	ich würde tun
du hast getan	du hattest getan	du würdest tun
er/sie hat getan	er/sie hatte getan	er/sie würde tun
wir haben getan	wir hatten getan	wir würden tun
ihr habt getan	ihr hattet getan	ihr würdet tun
Sie haben getan	Sie hatten getan	Sie würden tun
sie haben getan	sie hatten getan	sie würden tun

SUBJUNCTIVE

INFINITIVE

PRESENT	PERFECT
ich tue	ich habe getan
du tuest	du habest getan
er/sie tue	er/sie habe getan
wir tuen	wir haben getan
ihr tuet	ihr habet getan
Sie tuen	Sie haben getan
sie tuen	sie haben getan

PRESENT
tun

PAST
getan haben

PARTICIPLE

IMPERFECT	PLUPERFECT
ich täte	ich hätte getan
du tätest	du hättest getan
er/sie täte	er/sie hätte getan
wir täten	wir hätten getan
ihr tätet	ihr hättet getan
Sie täten	Sie hätten getan
sie täten	sie hätten getan

PRESENT
tuend

PAST
getan

IMPERATIVE

tu(e)!
tut!
tun Sie!
tun wir!

FUTURE PERFECT
ich werde getan haben
du wirst getan haben *etc*

VERDERBEN
179   to spoil, to ruin

PRESENT	IMPERFECT	FUTURE
ich verderbe	ich verdarb	ich werde verderben
du verdirbst	du verdarbst	du wirst verderben
er/sie verdirbt	er/sie verdarb	er/sie wird verderben
wir verderben	wir verdarben	wir werden verderben
ihr verderbt	ihr verdarbt	ihr werdet verderben
Sie verderben	Sie verdarben	Sie werden verderben
sie verderben	sie verdarben	sie werden verderben

PERFECT (1)	PLUPERFECT (2)	CONDITIONAL
ich habe verdorben	ich hatte verdorben	ich würde verderben
du hast verdorben	du hattest verdorben	du würdest verderben
er/sie hat verdorben	er/sie hatte verdorben	er/sie würde verderben
wir haben verdorben	wir hatten verdorben	wir würden verderben
ihr habt verdorben	ihr hattet verdorben	ihr würdet verderben
Sie haben verdorben	Sie hatten verdorben	Sie würden verderben
sie haben verdorben	sie hatten verdorben	sie würden verderben

SUBJUNCTIVE

PRESENT	PERFECT (3)
ich verderbe	ich habe verdorben
du verderbest	du habest verdorben
er/sie verderbe	er/sie habe verdorben
wir verderben	wir haben verdorben
ihr verderbet	ihr habet verdorben
Sie verderben	Sie haben verdorben
sie verderben	sie haben verdorben

IMPERFECT	PLUPERFECT (4)
ich verdürbe	ich hätte verdorben
du verdürbest	du hättest verdorben
er/sie verdürbe	er/sie hätte verdorben
wir verdürben	wir hätten verdorben
ihr verdürbet	ihr hättet verdorben
Sie verdürben	Sie hätten verdorben
sie verdürben	sie hätten verdorben

FUTURE PERFECT (5)
ich werde verdorben haben
du wirst verdorben haben *etc*

INFINITIVE

PRESENT
verderben
PAST (6)
verdorben haben

PARTICIPLE

PRESENT
verderbend

PAST
verdorben

IMPERATIVE

verdirb!
verderbt!
verderben Sie!
verderben wir!

NOTE

also intransitive ('to be ruined, go bad'): (1) ich
bin verdorben *etc (2) ich war verdorben etc*
(3) ich sei verdorben etc (4) ich wäre
verdorben *etc (5) ich werde verdorben sein etc*
(6) verdorben sein

PRESENT
ich verdrieße
du verdrießt
er/sie verdrießt
wir verdrießen
ihr verdrießt
Sie verdrießen
sie verdrießen

IMPERFECT
ich verdross
du verdrossest
er/sie verdross
wir verdrossen
ihr verdrosst
Sie verdrossen
sie verdrossen

FUTURE
ich werde verdrießen
du wirst verdrießen
er/sie wird verdrießen
wir werden verdrießen
ihr werdet verdrießen
Sie werden verdrießen
sie werden verdrießen

PERFECT
ich habe verdrossen
du hast verdrossen
er/sie hat verdrossen
wir haben verdrossen
ihr habt verdrossen
Sie haben verdrossen
sie haben verdrossen

PLUPERFECT
ich hatte verdrossen
du hattest verdrossen
er/sie hatte verdrossen
wir hatten verdrossen
ihr hattet verdrossen
Sie hatten verdrossen
sie hatten verdrossen

CONDITIONAL
ich würde verdrießen
du würdest verdrießen
er/sie würde verdrießen
wir würden verdrießen
ihr würdet verdrießen
Sie würden verdrießen
sie würden verdrießen

SUBJUNCTIVE

PRESENT
ich verdrieße
du verdrießest
er/sie verdrieße
wir verdrießen
ihr verdrießet
Sie verdrießen
sie verdrießen

PERFECT
ich habe verdrossen
du habest verdrossen
er/sie habe verdrossen
wir haben verdrossen
ihr habet verdrossen
Sie haben verdrossen
sie haben verdrossen

INFINITIVE

PRESENT
verdrießen
PAST
verdrossen haben

IMPERFECT
ich verdrösse
du verdrössest
er/sie verdrösse
wir verdrössen
ihr verdrösset
Sie verdrössen
sie verdrössen

PLUPERFECT
ich hätte verdrossen
du hättest verdrossen
er/sie hätte verdrossen
wir hätten verdrossen
ihr hättet verdrossen
Sie hätten verdrossen
sie hätten verdrossen

PARTICIPLE

PRESENT
verdrießend

PAST
verdrossen

IMPERATIVE

verdrieß(e)!
verdrießt!
verdrießen Sie!
verdrießen wir!

FUTURE PERFECT
ich werde verdrossen haben
du wirst verdrossen haben *etc*

VERGESSEN
181 *to forget*

PRESENT	IMPERFECT	FUTURE
ich vergesse	ich vergaß	ich werde vergessen
du vergisst	du vergaßt	du wirst vergessen
er/sie vergisst	er/sie vergaß	er/sie wird vergessen
wir vergessen	wir vergaßen	wir werden vergessen
ihr vergesst	ihr vergaßt	ihr werdet vergessen
Sie vergessen	Sie vergaßen	Sie werden vergessen
sie vergessen	sie vergaßen	sie werden vergessen

PERFECT	PLUPERFECT	CONDITIONAL
ich habe vergessen	ich hatte vergessen	ich würde vergessen
du hast vergessen	du hattest vergessen	du würdest vergessen
er/sie hat vergessen	er/sie hatte vergessen	er/sie würde vergessen
wir haben vergessen	wir hatten vergessen	wir würden vergessen
ihr habt vergessen	ihr hattet vergessen	ihr würdet vergessen
Sie haben vergessen	Sie hatten vergessen	Sie würden vergessen
sie haben vergessen	sie hatten vergessen	sie würden vergessen

SUBJUNCTIVE

PRESENT	PERFECT
ich vergesse	ich habe vergessen
du vergessest	du habest vergessen
er/sie vergesse	er/sie habe vergessen
wir vergessen	wir haben vergessen
ihr vergesset	ihr habet vergessen
Sie vergessen	Sie haben vergessen
sie vergessen	sie haben vergessen

IMPERFECT	PLUPERFECT
ich vergäße	ich hätte vergessen
du vergäßest	du hättest vergessen
er/sie vergäße	er/sie hätte vergessen
wir vergäßen	wir hätten vergessen
ihr vergäßet	ihr hättet vergessen
Sie vergäßen	Sie hätten vergessen
sie vergäßen	sie hätten vergessen

FUTURE PERFECT
ich werde vergessen haben
du wirst vergessen haben *etc*

INFINITIVE

PRESENT
vergessen

PAST
vergessen haben

PARTICIPLE

PRESENT
vergessend

PAST
vergessen

IMPERATIVE

vergiss!
vergesst!
vergessen Sie!
vergessen wir!

PRESENT
ich verliere
du verlierst
er/sie verliert
wir verlieren
ihr verliert
Sie verlieren
sie verlieren

IMPERFECT
ich verlor
du verlorst
er/sie verlor
wir verloren
ihr verlort
Sie verloren
sie verloren

FUTURE
ich werde verlieren
du wirst verlieren
er/sie wird verlieren
wir werden verlieren
ihr werdet verlieren
Sie werden verlieren
sie werden verlieren

PERFECT
ich habe verloren
du hast verloren
er/sie hat verloren
wir haben verloren
ihr habt verloren
Sie haben verloren
sie haben verloren

PLUPERFECT
ich hatte verloren
du hattest verloren
er/sie hatte verloren
wir hatten verloren
ihr hattet verloren
Sie hatten verloren
sie hatten verloren

CONDITIONAL
ich würde verlieren
du würdest verlieren
er/sie würde verlieren
wir würden verlieren
ihr würdet verlieren
Sie würden verlieren
sie würden verlieren

SUBJUNCTIVE

PRESENT
ich verliere
du verlierest
er/sie verliere
wir verlieren
ihr verlieret
Sie verlieren
sie verlieren

PERFECT
ich habe verloren
du habest verloren
er/sie habe verloren
wir haben verloren
ihr habet verloren
Sie haben verloren
sie haben verloren

INFINITIVE

PRESENT
verlieren
PAST
verloren haben

IMPERFECT
ich verlöre
du verlörest
er/sie verlöre
wir verlören
ihr verlöret
Sie verlören
sie verlören

PLUPERFECT
ich hätte verloren
du hättest verloren
er/sie hätte verloren
wir hätten verloren
ihr hättet verloren
Sie hätten verloren
sie hätten verloren

PARTICIPLE

PRESENT
verlierend

PAST
verloren

IMPERATIVE

verlier(e)!
verliert!
verlieren Sie!
verlieren wir!

FUTURE PERFECT
ich werde verloren haben
du wirst verloren haben *etc*

VERSCHLEISSEN
183 *to wear out*

PRESENT
ich verschleiße
du verschleißt
er/sie verschleißt
wir verschleißen
ihr verschleißt
Sie verschleißen
sie verschleißen

IMPERFECT
ich verschliss
du verschlisst
er/sie verschliss
wir verschlissen
ihr verschlisst
Sie verschlissen
sie verschlissen

FUTURE
ich werde verschleißen
du wirst verschleißen
er/sie wird verschleißen
wir werden verschleißen
ihr werdet verschleißen
Sie werden verschleißen
sie werden verschleißen

PERFECT *(1)*
ich habe verschlissen
du hast verschlissen
er/sie hat verschlissen
wir haben verschlissen
ihr habt verschlissen
Sie haben verschlissen
sie haben verschlissen

PLUPERFECT *(2)*
ich hatte verschlissen
du hattest verschlissen
er/sie hatte verschlissen
wir hatten verschlissen
ihr hattet verschlissen
Sie hatten verschlissen
sie hatten verschlissen

CONDITIONAL
ich würde verschleißen
du würdest verschleißen
er/sie würde verschleißen
wir würden verschleißen
ihr würdet verschleißen
Sie würden verschleißen
sie würden verschleißen

SUBJUNCTIVE

PRESENT
ich verschleiße
du verschleißest
er/sie verschleiße
wir verschleißen
ihr verschleißet
Sie verschleißen
sie verschleißen

PERFECT *(3)*
ich habe verschlissen
du habest verschlissen
er/sie habe verschlissen
wir haben verschlissen
ihr habet verschlissen
Sie haben verschlissen
sie haben verschlissen

INFINITIVE

PRESENT
verschleißen
PAST *(6)*
verschlissen haben

PARTICIPLE

PRESENT
verschleißend

IMPERFECT
ich verschlisse
du verschlissest
er/sie verschlisse
wir verschlissen
ihr verschlisset
Sie verschlissen
sie verschlissen

PLUPERFECT *(4)*
ich hätte verschlissen
du hättest verschlissen
er/sie hätte verschlissen
wir hätten verschlissen
ihr hättet verschlissen
Sie hätten verschlissen
sie hätten verschlissen

PAST
verschlissen

IMPERATIVE

verschleiß(e)!
verschleißt!
verschleißen Sie!
verschleißen wir!

FUTURE PERFECT *(5)*
ich werde verschlissen haben
du wirst verschlissen haben *etc*

NOTE

also intransitive: **(1)** ich bin verschlissen *etc* **(2)** ich war verschlissen *etc* **(3)** ich sei verschlissen *etc* **(4)** ich wäre verschlissen *etc* **(5)** ich werde verschlissen sein *etc* **(6)** verschlissen sein

PRESENT
ich verzeihe
du verzeihst
er/sie verzeiht
wir verzeihen
ihr verzeiht
Sie verzeihen
sie verzeihen

IMPERFECT
ich verzieh
du verziehst
er/sie verzieh
wir verziehen
ihr verzieht
Sie verziehen
sie verziehen

FUTURE
ich werde verzeihen
du wirst verzeihen
er/sie wird verzeihen
wir werden verzeihen
ihr werdet verzeihen
Sie werden verzeihen
sie werden verzeihen

PERFECT
ich habe verziehen
du hast verziehen
er/sie hat verziehen
wir haben verziehen
ihr habt verziehen
Sie haben verziehen
sie haben verziehen

PLUPERFECT
ich hatte verziehen
du hattest verziehen
er/sie hatte verziehen
wir hatten verziehen
ihr hattet verziehen
Sie hatten verziehen
sie hatten verziehen

CONDITIONAL
ich würde verzeihen
du würdest verzeihen
er/sie würde verzeihen
wir würden verzeihen
ihr würdet verzeihen
Sie würden verzeihen
sie würden verzeihen

SUBJUNCTIVE

PRESENT
ich verzeihe
du verzeihest
er/sie verzeihe
wir verzeihen
ihr verzeihet
Sie verzeihen
sie verzeihen

PERFECT
ich habe verziehen
du habest verziehen
er/sie habe verziehen
wir haben verziehen
ihr habet verziehen
Sie haben verziehen
sie haben verziehen

INFINITIVE

PRESENT
verzeihen
PAST
verziehen haben

IMPERFECT
ich verziehe
du verziehest
er/sie verziehe
wir verziehen
ihr verziehet
Sie verziehen
sie verziehen

PLUPERFECT
ich hätte verziehen
du hättest verziehen
er/sie hätte verziehen
wir hätten verziehen
ihr hättet verziehen
Sie hätten verziehen
sie hätten verziehen

PARTICIPLE

PRESENT
verzeihend

PAST
verziehen

IMPERATIVE

verzeih(e)!
verzeiht!
verzeihen Sie!
verzeihen wir!

FUTURE PERFECT
ich werde verziehen haben
du wirst verziehen haben *etc*

NOTE

takes the dative: ich verzeihe ihm, ich habe ihm
verziehen *etc*

PRESENT	**IMPERFECT**	**FUTURE**
ich habe vor	ich hatte vor	ich werde vorhaben
du hast vor	du hattest vor	du wirst vorhaben
er/sie hat vor	er/sie hatte vor	er/sie wird vorhaben
wir haben vor	wir hatten vor	wir werden vorhaben
ihr habt vor	ihr hattet vor	ihr werdet vorhaben
Sie haben vor	Sie hatten vor	Sie werden vorhaben
sie haben vor	sie hatten vor	sie werden vorhaben

PERFECT	**PLUPERFECT**	**CONDITIONAL**
ich habe vorgehabt	ich hatte vorgehabt	ich würde vorhaben
du hast vorgehabt	du hattest vorgehabt	du würdest vorhaben
er/sie hat vorgehabt	er/sie hatte vorgehabt	er/sie würde vorhaben
wir haben vorgehabt	wir hatten vorgehabt	wir würden vorhaben
ihr habt vorgehabt	ihr hattet vorgehabt	ihr würdet vorhaben
Sie haben vorgehabt	Sie hatten vorgehabt	Sie würden vorhaben
sie haben vorgehabt	sie hatten vorgehabt	sie würden vorhaben

SUBJUNCTIVE

PRESENT	**PERFECT**
ich habe vor	ich habe vorgehabt
du habest vor	du habest vorgehabt
er/sie habe vor	er/sie habe vorgehabt
wir haben vor	wir haben vorgehabt
ihr habet vor	ihr habet vorgehabt
Sie haben vor	Sie haben vorgehabt
sie haben vor	sie haben vorgehabt

IMPERFECT	**PLUPERFECT**
ich hätte vor	ich hätte vorgehabt
du hättest vor	du hättest vorgehabt
er/sie hätte vor	er/sie hätte vorgehabt
wir hätten vor	wir hätten vorgehabt
ihr hättet vor	ihr hättet vorgehabt
Sie hätten vor	Sie hätten vorgehabt
sie hätten vor	sie hätten vorgehabt

FUTURE PERFECT
ich werde vorgehabt haben
du wirst vorgehabt haben *etc*

INFINITIVE

PRESENT
vorhaben

PAST
vorgehabt haben

PARTICIPLE

PRESENT
vorhabend

PAST
vorgehabt

IMPERATIVE

hab(e) vor!
habt vor!
haben Sie vor!
haben wir vor!

PRESENT
ich wachse
du wächst
er/sie wächst
wir wachsen
ihr wachst
Sie wachsen
sie wachsen

PERFECT
ich bin gewachsen
du bist gewachsen
er/sie ist gewachsen
wir sind gewachsen
ihr seid gewachsen
Sie sind gewachsen
sie sind gewachsen

IMPERFECT
ich wuchs
du wuchsest
er/sie wuchs
wir wuchsen
ihr wuchst
Sie wuchsen
sie wuchsen

PLUPERFECT
ich war gewachsen
du warst gewachsen
er/sie war gewachsen
wir waren gewachsen
ihr wart gewachsen
Sie waren gewachsen
sie waren gewachsen

FUTURE
ich werde wachsen
du wirst wachsen
er/sie wird wachsen
wir werden wachsen
ihr werdet wachsen
Sie werden wachsen
sie werden wachsen

CONDITIONAL
ich würde wachsen
du würdest wachsen
er/sie würde wachsen
wir würden wachsen
ihr würdet wachsen
Sie würden wachsen
sie würden wachsen

SUBJUNCTIVE

PRESENT
ich wachse
du wachsest
er/sie wachse
wir wachsen
ihr wachset
Sie wachsen
sie wachsen

IMPERFECT
ich wüchse
du wüchsest
er/sie wüchse
wir wüchsen
ihr wüchset
Sie wüchsen
sie wüchsen

FUTURE PERFECT
ich werde gewachsen sein
du wirst gewachsen sein *etc*

PERFECT
ich sei gewachsen
du sei(e)st gewachsen
er/sie sei gewachsen
wir seien gewachsen
ihr seiet gewachsen
Sie seien gewachsen
sie seien gewachsen

PLUPERFECT
ich wäre gewachsen
du wär(e)st gewachsen
er/sie wäre gewachsen
wir wären gewachsen
ihr wär(e)t gewachsen
Sie wären gewachsen
sie wären gewachsen

INFINITIVE

PRESENT
wachsen
PAST
gewachsen sein

PARTICIPLE

PRESENT
wachsend
PAST
gewachsen

IMPERATIVE
wachs(e)!
wachst!
wachsen Sie!
wachsen wir!

NOTE

(1) also a weak verb meaning 'to wax': ich wachste, ich habe gewachst etc

PRESENT	IMPERFECT	FUTURE
ich warte	ich wartete	ich werde warten
du wartest	du wartetest	du wirst warten
er/sie wartet	er/sie wartete	er/sie wird warten
wir warten	wir warteten	wir werden warten
ihr wartet	ihr wartetet	ihr werdet warten
Sie warten	Sie warteten	Sie werden warten
sie warten	sie warteten	sie werden warten

PERFECT	PLUPERFECT	CONDITIONAL
ich habe gewartet	ich hatte gewartet	ich würde warten
du hast gewartet	du hattest gewartet	du würdest warten
er/sie hat gewartet	er/sie hatte gewartet	er/sie würde warten
wir haben gewartet	wir hatten gewartet	wir würden warten
ihr habt gewartet	ihr hattet gewartet	ihr würdet warten
Sie haben gewartet	Sie hatten gewartet	Sie würden warten
sie haben gewartet	sie hatten gewartet	sie würden warten

SUBJUNCTIVE

PRESENT	PERFECT
ich warte	ich habe gewartet
du wartest	du habest gewartet
er/sie warte	er/sie habe gewartet
wir warten	wir haben gewartet
ihr wartet	ihr habet gewartet
Sie warten	Sie haben gewartet
sie warten	sie haben gewartet

IMPERFECT	PLUPERFECT
ich wartete	ich hätte gewartet
du wartetest	du hättest gewartet
er/sie wartete	er/sie hätte gewartet
wir warteten	wir hätten gewartet
ihr wartetet	ihr hättet gewartet
Sie warteten	Sie hätten gewartet
sie warteten	sie hätten gewartet

FUTURE PERFECT
ich werde gewartet haben
du wirst gewartet haben *etc*

INFINITIVE

PRESENT
warten

PAST
gewartet haben

PARTICIPLE

PRESENT
wartend

PAST
gewartet

IMPERATIVE

wart(e)!
wartet!
warten Sie!
warten wir!

PRESENT
ich wasche
du wäschst
er/sie wäscht
wir waschen
ihr wascht
Sie waschen
sie waschen

IMPERFECT
ich wusch
du wuschst
er/sie wusch
wir wuschen
ihr wuscht
Sie wuschen
sie wuschen

FUTURE
ich werde waschen
du wirst waschen
er/sie wird waschen
wir werden waschen
ihr werdet waschen
Sie werden waschen
sie werden waschen

PERFECT
ich habe gewaschen
du hast gewaschen
er/sie hat gewaschen
wir haben gewaschen
ihr habt gewaschen
Sie haben gewaschen
sie haben gewaschen

PLUPERFECT
ich hatte gewaschen
du hattest gewaschen
er/sie hatte gewaschen
wir hatten gewaschen
ihr hattet gewaschen
Sie hatten gewaschen
sie hatten gewaschen

CONDITIONAL
ich würde waschen
du würdest waschen
er/sie würde waschen
wir würden waschen
ihr würdet waschen
Sie würden waschen
sie würden waschen

SUBJUNCTIVE

PRESENT
ich wasche
du waschest
er/sie wasche
wir waschen
ihr waschet
Sie waschen
sie waschen

PERFECT
ich habe gewaschen
du habest gewaschen
er/sie habe gewaschen
wir haben gewaschen
ihr habet gewaschen
Sie haben gewaschen
sie haben gewaschen

INFINITIVE

PRESENT
waschen
PAST
gewaschen haben

IMPERFECT
ich wüsche
du wüschest
er/sie wüsche
wir wüschen
ihr wüschet
Sie wüschen
sie wüschen

PLUPERFECT
ich hätte gewaschen
du hättest gewaschen
er/sie hätte gewaschen
wir hätten gewaschen
ihr hättet gewaschen
Sie hätten gewaschen
sie hätten gewaschen

PARTICIPLE

PRESENT
waschend

PAST
gewaschen

IMPERATIVE

wasch(e)!
wascht!
waschen Sie!
waschen wir!

FUTURE PERFECT
ich werde gewaschen haben
du wirst gewaschen haben *etc*

PRESENT	**IMPERFECT**	**FUTURE**
ich webe	ich wob	ich werde weben
du webst	du wobst	du wirst weben
er/sie webt	er/sie wob	er/sie wird weben
wir weben	wir woben	wir werden weben
ihr webt	ihr wobt	ihr werdet weben
Sie weben	Sie woben	Sie werden weben
sie weben	sie woben	sie werden weben

PERFECT	**PLUPERFECT**	**CONDITIONAL**
ich habe gewoben	ich hatte gewoben	ich würde weben
du hast gewoben	du hattest gewoben	du würdest weben
er/sie hat gewoben	er/sie hatte gewoben	er/sie würde weben
wir haben gewoben	wir hatten gewoben	wir würden weben
ihr habt gewoben	ihr hattet gewoben	ihr würdet weben
Sie haben gewoben	Sie hatten gewoben	Sie würden weben
sie haben gewoben	sie hatten gewoben	sie würden weben

SUBJUNCTIVE

PRESENT	**PERFECT**
ich webe	ich habe gewoben
du webest	du habest gewoben
er/sie webe	er/sie habe gewoben
wir weben	wir haben gewoben
ihr webet	ihr habet gewoben
Sie weben	Sie haben gewoben
sie weben	sie haben gewoben

IMPERFECT	**PLUPERFECT**
ich wöbe	ich hätte gewoben
du wöbest	du hättest gewoben
er/sie wöbe	er/sie hätte gewoben
wir wöben	wir hätten gewoben
ihr wöbet	ihr hättet gewoben
Sie wöben	Sie hätten gewoben
sie wöben	sie hätten gewoben

FUTURE PERFECT
ich werde gewoben haben
du wirst gewoben haben *etc*

INFINITIVE

PRESENT
weben

PAST
gewoben haben

PARTICIPLE

PRESENT
webend

PAST
gewoben

IMPERATIVE

web(e)!
webt!
weben Sie!
weben wir!

NOTE

also a weak verb: **ich webte, ich habe gewebt** *etc*

PRESENT
ich wechsle
du wechselst
er/sie wechselt
wir wechseln
ihr wechselt
Sie wechseln
sie wechseln

IMPERFECT
ich wechselte
du wechseltest
er/sie wechselte
wir wechselten
ihr wechseltet
Sie wechselten
sie wechselten

FUTURE
ich werde wechseln
du wirst wechseln
er/sie wird wechseln
wir werden wechseln
ihr werdet wechseln
Sie werden wechseln
sie werden wechseln

PERFECT
ich habe gewechselt
du hast gewechselt
er/sie hat gewechselt
wir haben gewechselt
ihr habt gewechselt
Sie haben gewechselt
sie haben gewechselt

PLUPERFECT
ich hatte gewechselt
du hattest gewechselt
er/sie hatte gewechselt
wir hatten gewechselt
ihr hattet gewechselt
Sie hatten gewechselt
sie hatten gewechselt

CONDITIONAL
ich würde wechseln
du würdest wechseln
er/sie würde wechseln
wir würden wechseln
ihr würdet wechseln
Sie würden wechseln
sie würden wechseln

SUBJUNCTIVE

PRESENT
ich wechsle
du wechslest
er/sie wechsle
wir wechseln
ihr wechslet
Sie wechseln
sie wechslen

PERFECT
ich habe gewechselt
du habest gewechselt
er/sie habe gewechselt
wir haben gewechselt
ihr habet gewechselt
Sie haben gewechselt
sie haben gewechselt

INFINITIVE

PRESENT
wechseln

PAST
gewechselt haben

PARTICIPLE

PRESENT
wechselnd

IMPERFECT
ich wechselte
du wechseltest
er/sie wechselte
wir wechselten
ihr wechseltet
Sie wechselten
sie wechselten

PLUPERFECT
ich hätte gewechselt
du hättest gewechselt
er/sie hätte gewechselt
wir hätten gewechselt
ihr hättet gewechselt
Sie hätten gewechselt
sie hätten gewechselt

PAST
gewechselt

IMPERATIVE
wechsel(e)!
wechselt!
wechseln Sie!
wechseln wir!

FUTURE PERFECT
ich werde gewechselt haben
du wirst gewechselt haben *etc*

SICH WEHTUN
191 *to hurt oneself*

PRESENT

ich tue mir weh
du tust dir weh
er/sie tut sich weh
wir tun uns weh
ihr tut euch weh
Sie tun sich weh
sie tun sich weh

IMPERFECT

ich tat mir weh
du tat(e)st dir weh
er/sie tat sich weh
wir taten uns weh
ihr tatet euch weh
Sie taten sich weh
sie taten sich weh

FUTURE

ich werde mir wehtun
du wirst dir wehtun
er/sie wird sich wehtun
wir werden uns wehtun
ihr werdet euch wehtun
Sie werden sich wehtun
sie werden sich wehtun

PERFECT

ich habe mir wehgetan
du hast dir wehgetan
er/sie hat sich wehgetan
wir haben uns wehgetan
ihr habt euch wehgetan
Sie haben sich wehgetan
sie haben sich wehgetan

PLUPERFECT

ich hatte mir wehgetan
du hattest dir wehgetan
er/sie hatte sich wehgetan
wir hatten uns wehgetan
ihr hattet euch wehgetan
Sie hatten sich wehgetan
sie hatten sich wehgetan

CONDITIONAL

ich würde mir wehtun
du würdest dir wehtun
er/sie würde sich wehtun
wir würden uns wehtun
ihr würdet euch wehtun
Sie würden sich wehtun
sie würden sich wehtun

SUBJUNCTIVE

PRESENT

ich tue mir weh
du tuest dir weh
er/sie tue sich weh
wir tuen uns weh
ihr tuet euch weh
Sie tuen sich weh
sie tuen sich weh

IMPERFECT

ich täte mir weh
du tätest dir weh
er/sie täte sich weh
wir täten uns weh
ihr tätet euch weh
Sie täten sich weh
sie täten sich weh

FUTURE PERFECT

ich werde mir wehgetan haben
du wirst dir wehgetan haben *etc*

PERFECT

ich habe mir wehgetan
du habest dir wehgetan
er/sie habe sich wehgetan
wir haben uns wehgetan
ihr habet euch wehgetan
Sie haben sich wehgetan
sie haben sich wehgetan

PLUPERFECT

ich hätte mir wehgetan
du hättest dir wehgetan
er/sie hätte sich wehgetan
wir hätten uns wehgetan
ihr hättet euch wehgetan
Sie hätten sich wehgetan
sie hätten sich wehgetan

INFINITIVE

PRESENT

sich wehtun

PAST

sich wehgetan haben

PARTICIPLE

PRESENT

mir/sich *etc* wehtuend

IMPERATIVE

tu(e) dir weh!
tut euch weh!
tun Sie sich weh!
tun wir uns weh!

NOTE

two-word spelling also possible: sich weh tun,
weh getan

PRESENT
ich weiche
du weichst
er/sie weicht
wir weichen
ihr weicht
Sie weichen
sie weichen

IMPERFECT
ich wich
du wichst
er/sie wich
wir wichen
ihr wicht
Sie wichen
sie wichen

FUTURE
ich werde weichen
du wirst weichen
er/sie wird weichen
wir werden weichen
ihr werdet weichen
Sie werden weichen
sie werden weichen

PERFECT
ich bin gewichen
du bist gewichen
er/sie ist gewichen
wir sind gewichen
ihr seid gewichen
Sie sind gewichen
sie sind gewichen

PLUPERFECT
ich war gewichen
du warst gewichen
er/sie war gewichen
wir waren gewichen
ihr wart gewichen
Sie waren gewichen
sie waren gewichen

CONDITIONAL
ich würde weichen
du würdest weichen
er/sie würde weichen
wir würden weichen
ihr würdet weichen
Sie würden weichen
sie würden weichen

SUBJUNCTIVE

PRESENT
ich weiche
du weichest
er/sie weiche
wir weichen
ihr weichet
Sie weichen
sie weichen

PERFECT
ich sei gewichen
du sei(e)st gewichen
er/sie sei gewichen
wir seien gewichen
ihr seiet gewichen
Sie seien gewichen
sie seien gewichen

INFINITIVE

PRESENT
weichen
PAST
gewichen sein

IMPERFECT
ich wiche
du wichest
er/sie wiche
wir wichen
ihr wichet
Sie wichen
sie wichen

PLUPERFECT
ich wäre gewichen
du wär(e)st gewichen
er/sie wäre gewichen
wir wären gewichen
ihr wär(e)t gewichen
Sie wären gewichen
sie wären gewichen

PARTICIPLE

PRESENT
weichend
PAST
gewichen

IMPERATIVE

weich(e)!
weicht!
weichen Sie!
weichen wir!

FUTURE PERFECT
ich werde gewichen sein
du wirst gewichen sein *etc*

NOTE

(1) also a weak verb meaning 'to soak': ich weichte,
ich habe geweicht *etc*

WEISEN
193 _to show_

PRESENT	IMPERFECT	FUTURE
ich weise	ich wies	ich werde weisen
du weist	du wies(es)t	du wirst weisen
er/sie weist	er/sie wies	er/sie wird weisen
wir weisen	wir wiesen	wir werden weisen
ihr weist	ihr wiest	ihr werdet weisen
Sie weisen	Sie wiesen	Sie werden weisen
sie weisen	sie wiesen	sie werden weisen

PERFECT	PLUPERFECT	CONDITIONAL
ich habe gewiesen	ich hatte gewiesen	ich würde weisen
du hast gewiesen	du hattest gewiesen	du würdest weisen
er/sie hat gewiesen	er/sie hatte gewiesen	er/sie würde weisen
wir haben gewiesen	wir hatten gewiesen	wir würden weisen
ihr habt gewiesen	ihr hattet gewiesen	ihr würdet weisen
Sie haben gewiesen	Sie hatten gewiesen	Sie würden weisen
sie haben gewiesen	sie hatten gewiesen	sie würden weisen

SUBJUNCTIVE

PRESENT	PERFECT
ich weise	ich habe gewiesen
du weisest	du habest gewiesen
er/sie weise	er/sie habe gewiesen
wir weisen	wir haben gewiesen
ihr weiset	ihr habet gewiesen
Sie weisen	Sie haben gewiesen
sie weisen	sie haben gewiesen

IMPERFECT	PLUPERFECT
ich wiese	ich hätte gewiesen
du wiesest	du hättest gewiesen
er/sie wiese	er/sie hätte gewiesen
wir wiesen	wir hätten gewiesen
ihr wieset	ihr hättet gewiesen
Sie wiesen	Sie hätten gewiesen
sie wiesen	sie hätten gewiesen

FUTURE PERFECT
ich werde gewiesen haben
du wirst gewiesen haben _etc_

INFINITIVE

PRESENT
weisen

PAST
gewiesen haben

PARTICIPLE

PRESENT
weisend

PAST
gewiesen

IMPERATIVE

weis(e)!
weist!
weisen Sie!
weisen wir!

PRESENT
ich wende
du wendest
er/sie wendet
wir wenden
ihr wendet
Sie wenden
sie wenden

PERFECT
ich habe gewandt
du hast gewandt
er/sie hat gewandt
wir haben gewandt
ihr habt gewandt
Sie haben gewandt
sie haben gewandt

IMPERFECT
ich wandte
du wandtest
er/sie wandte
wir wandten
ihr wandtet
Sie wandten
sie wandten

PLUPERFECT
ich hatte gewandt
du hattest gewandt
er/sie hatte gewandt
wir hatten gewandt
ihr hattet gewandt
Sie hatten gewandt
sie hatten gewandt

FUTURE
ich werde wenden
du wirst wenden
er/sie wird wenden
wir werden wenden
ihr werdet wenden
Sie werden wenden
sie werden wenden

CONDITIONAL
ich würde wenden
du würdest wenden
er/sie würde wenden
wir würden wenden
ihr würdet wenden
Sie würden wenden
sie würden wenden

SUBJUNCTIVE

PRESENT
ich wende
du wendest
er/sie wende
wir wenden
ihr wendet
Sie wenden
sie wenden

IMPERFECT
ich wendete
du wendetest
er/sie wendete
wir wendeten
ihr wendetet
Sie wendeten
sie wendeten

FUTURE PERFECT
ich werde gewandt haben
du wirst gewandt haben *etc*

PERFECT
ich habe gewandt
du habest gewandt
er/sie habe gewandt
wir haben gewandt
ihr habet gewandt
Sie haben gewandt
sie haben gewandt

PLUPERFECT
ich hätte gewandt
du hättest gewandt
er/sie hätte gewandt
wir hätten gewandt
ihr hättet gewandt
Sie hätten gewandt
sie hätten gewandt

INFINITIVE

PRESENT
wenden

PAST
gewandt haben

PARTICIPLE

PRESENT
wendend

PAST
gewandt

IMPERATIVE
wend(e)!
wendet!
wenden Sie!
wenden wir!

NOTE

also a weak verb: ich wendete, ich habe gewendet *etc*

WERBEN
195 *to advertise*

PRESENT
ich werbe
du wirbst
er/sie wirbt
wir werben
ihr werbt
Sie werben
sie werben

PERFECT
ich habe geworben
du hast geworben
er/sie hat geworben
wir haben geworben
ihr habt geworben
Sie haben geworben
sie haben geworben

IMPERFECT
ich warb
du warbst
er/sie warb
wir warben
ihr warbt
Sie warben
sie warben

PLUPERFECT
ich hatte geworben
du hattest geworben
er/sie hatte geworben
wir hatten geworben
ihr hattet geworben
Sie hatten geworben
sie hatten geworben

FUTURE
ich werde werben
du wirst werben
er/sie wird werben
wir werden werben
ihr werdet werben
Sie werden werben
sie werden werben

CONDITIONAL
ich würde werben
du würdest werben
er/sie würde werben
wir würden werben
ihr würdet werben
Sie würden werben
sie würden werben

SUBJUNCTIVE

PRESENT
ich werbe
du werbest
er/sie werbe
wir werben
ihr werbet
Sie werben
sie werben

IMPERFECT
ich würbe
du würbest
er/sie würbe
wir würben
ihr würbet
Sie würben
sie würben

FUTURE PERFECT
ich werde geworben haben
du wirst geworben haben *etc*

PERFECT
ich habe geworben
du habest geworben
er/sie habe geworben
wir haben geworben
ihr habet geworben
Sie haben geworben
sie haben geworben

PLUPERFECT
ich hätte geworben
du hättest geworben
er/sie hätte geworben
wir hätten geworben
ihr hättet geworben
Sie hätten geworben
sie hätten geworben

INFINITIVE

PRESENT
werben
PAST
geworben haben

PARTICIPLE

PRESENT
werbend
PAST
geworben

IMPERATIVE

wirb!
werbt!
werben Sie!
werben wir!

PRESENT
ich werde
du wirst
er/sie wird
wir werden
ihr werdet
Sie werden
sie werden

PERFECT *(1)*
ich bin geworden
du bist geworden
er/sie ist geworden
wir sind geworden
ihr seid geworden
Sie sind geworden
sie sind geworden

IMPERFECT
ich wurde
du wurdest
er/sie wurde
wir wurden
ihr wurdet
Sie wurden
sie wurden

PLUPERFECT *(2)*
ich war geworden
du warst geworden
er/sie war geworden
wir waren geworden
ihr wart geworden
Sie waren geworden
sie waren geworden

FUTURE
ich werde werden
du wirst werden
er/sie wird werden
wir werden werden
ihr werdet werden
Sie werden werden
sie werden werden

CONDITIONAL
ich würde werden
du würdest werden
er/sie würde werden
wir würden werden
ihr würdet werden
Sie würden werden
sie würden werden

SUBJUNCTIVE

PRESENT
ich werde
du werdest
er/sie werde
wir werden
ihr werdet
Sie werden
sie werden

IMPERFECT
ich würde
du würdest
er/sie würde
wir würden
ihr würdet
Sie würden
sie würden

PERFECT *(3)*
ich sei geworden
du sei(e)st geworden
er/sie sei geworden
wir seien geworden
ihr seiet geworden
Sie seien geworden
sie seien geworden

PLUPERFECT *(4)*
ich wäre geworden
du wär(e)st geworden
er/sie wäre geworden
wir wären geworden
ihr wär(e)t geworden
Sie wären geworden
sie wären geworden

INFINITIVE

PRESENT
werden
PAST *(6)*
geworden sein

PARTICIPLE

PRESENT
werdend

PAST
geworden

IMPERATIVE
werde!
werdet!
werden Sie!
werden wir!

FUTURE PERFECT *(5)*
ich werde geworden sein
du wirst geworden sein *etc*

NOTE

when preceded by a past participle to form the passive: (1) ich bin ... worden etc (2) ich war ... worden etc (3) ich sei ... worden etc (4) ich wäre ... worden etc (5) ich werde ... worden sein etc (6) ... worden sein

WERFEN
197 *to throw*

PRESENT	IMPERFECT	FUTURE
ich werfe	ich warf	ich werde werfen
du wirfst	du warfst	du wirst werfen
er/sie wirft	er/sie warf	er/sie wird werfen
wir werfen	wir warfen	wir werden werfen
ihr werft	ihr warft	ihr werdet werfen
Sie werfen	Sie warfen	Sie werden werfen
sie werfen	sie warfen	sie werden werfen

PERFECT	PLUPERFECT	CONDITIONAL
ich habe geworfen	ich hatte geworfen	ich würde werfen
du hast geworfen	du hattest geworfen	du würdest werfen
er/sie hat geworfen	er/sie hatte geworfen	er/sie würde werfen
wir haben geworfen	wir hatten geworfen	wir würden werfen
ihr habt geworfen	ihr hattet geworfen	ihr würdet werfen
Sie haben geworfen	Sie hatten geworfen	Sie würden werfen
sie haben geworfen	sie hatten geworfen	sie würden werfen

SUBJUNCTIVE

PRESENT	PERFECT
ich werfe	ich habe geworfen
du werfest	du habest geworfen
er/sie werfe	er/sie habe geworfen
wir werfen	wir haben geworfen
ihr werfet	ihr habet geworfen
Sie werfen	Sie haben geworfen
sie werfen	sie haben geworfen

IMPERFECT	PLUPERFECT
ich würfe	ich hätte geworfen
du würfest	du hättest geworfen
er/sie würfe	er/sie hätte geworfen
wir würfen	wir hätten geworfen
ihr würfet	ihr hättet geworfen
Sie würfen	Sie hätten geworfen
sie würfen	sie hätten geworfen

FUTURE PERFECT
ich werde geworfen haben
du wirst geworfen haben *etc*

INFINITIVE

PRESENT
werfen
PAST
geworfen haben

PARTICIPLE

PRESENT
werfend
PAST
geworfen

IMPERATIVE

wirf!
werft!
werfen Sie!
werfen wir!

PRESENT
ich widme
du widmest
er/sie widmet
wir widmen
ihr widmet
Sie widmen
sie widmen

IMPERFECT
ich widmete
du widmetest
er/sie widmete
wir widmeten
ihr widmetet
Sie widmeten
sie widmeten

FUTURE
ich werde widmen
du wirst widmen
er/sie wird widmen
wir werden widmen
ihr werdet widmen
Sie werden widmen
sie werden widmen

PERFECT
ich habe gewidmet
du hast gewidmet
er/sie hat gewidmet
wir haben gewidmet
ihr habt gewidmet
Sie haben gewidmet
sie haben gewidmet

PLUPERFECT
ich hatte gewidmet
du hattest gewidmet
er/sie hatte gewidmet
wir hatten gewidmet
ihr hattet gewidmet
Sie hatten gewidmet
sie hatten gewidmet

CONDITIONAL
ich würde widmen
du würdest widmen
er/sie würde widmen
wir würden widmen
ihr würdet widmen
Sie würden widmen
sie würden widmen

SUBJUNCTIVE

PRESENT
ich widme
du widmest
er/sie widme
wir widmen
ihr widmet
Sie widmen
sie widmen

PERFECT
ich habe gewidmet
du habest gewidmet
er/sie habe gewidmet
wir haben gewidmet
ihr habet gewidmet
Sie haben gewidmet
sie haben gewidmet

INFINITIVE

PRESENT
widmen

PAST
gewidmet haben

PARTICIPLE

PRESENT
widmend

IMPERFECT
ich widmete
du widmetest
er/sie widmete
wir widmeten
ihr widmetet
Sie widmeten
sie widmeten

PLUPERFECT
ich hätte gewidmet
du hättest gewidmet
er/sie hätte gewidmet
wir hätten gewidmet
ihr hättet gewidmet
Sie hätten gewidmet
sie hätten gewidmet

PAST
gewidmet

IMPERATIVE

widme!
widmet!
widmen Sie!
widmen wir!

FUTURE PERFECT
ich werde gewidmet haben
du wirst gewidmet haben *etc*

WIEGEN
199 to weigh (1)

PRESENT	IMPERFECT	FUTURE
ich wiege	ich wog	ich werde wiegen
du wiegst	du wogst	du wirst wiegen
er/sie wiegt	er/sie wog	er/sie wird wiegen
wir wiegen	wir wogen	wir werden wiegen
ihr wiegt	ihr wogt	ihr werdet wiegen
Sie wiegen	Sie wogen	Sie werden wiegen
sie wiegen	sie wogen	sie werden wiegen

PERFECT	PLUPERFECT	CONDITIONAL
ich habe gewogen	ich hatte gewogen	ich würde wiegen
du hast gewogen	du hattest gewogen	du würdest wiegen
er/sie hat gewogen	er/sie hatte gewogen	er/sie würde wiegen
wir haben gewogen	wir hatten gewogen	wir würden wiegen
ihr habt gewogen	ihr hattet gewogen	ihr würdet wiegen
Sie haben gewogen	Sie hatten gewogen	Sie würden wiegen
sie haben gewogen	sie hatten gewogen	sie würden wiegen

SUBJUNCTIVE

PRESENT	PERFECT
ich wiege	ich habe gewogen
du wiegest	du habest gewogen
er/sie wiege	er/sie habe gewogen
wir wiegen	wir haben gewogen
ihr wieget	ihr habet gewogen
Sie wiegen	Sie haben gewogen
sie wiegen	sie haben gewogen

IMPERFECT	PLUPERFECT
ich wöge	ich hätte gewogen
du wögest	du hättest gewogen
er/sie wöge	er/sie hätte gewogen
wir wögen	wir hätten gewogen
ihr wöget	ihr hättet gewogen
Sie wögen	Sie hätten gewogen
sie wögen	sie hätten gewogen

FUTURE PERFECT
ich werde gewogen haben
du wirst gewogen haben etc

INFINITIVE

PRESENT
wiegen
PAST
gewogen haben

PARTICIPLE

PRESENT
wiegend
PAST
gewogen

IMPERATIVE
wieg(e)!
wiegt!
wiegen Sie!
wiegen wir!

NOTE

(1) also a weak verb meaning 'to rock, sway': ich
wiegte, ich habe gewiegt *etc*

PRESENT
ich winde
du windest
er/sie windet
wir winden
ihr windet
Sie winden
sie winden

PERFECT
ich habe gewunden
du hast gewunden
er/sie hat gewunden
wir haben gewunden
ihr habt gewunden
Sie haben gewunden
sie haben gewunden

IMPERFECT
ich wand
du wandest
er/sie wand
wir wanden
ihr wandet
Sie wanden
sie wanden

PLUPERFECT
ich hatte gewunden
du hattest gewunden
er/sie hatte gewunden
wir hatten gewunden
ihr hattet gewunden
Sie hatten gewunden
sie hatten gewunden

FUTURE
ich werde winden
du wirst winden
er/sie wird winden
wir werden winden
ihr werdet winden
Sie werden winden
sie werden winden

CONDITIONAL
ich würde winden
du würdest winden
er/sie würde winden
wir würden winden
ihr würdet winden
Sie würden winden
sie würden winden

SUBJUNCTIVE

PRESENT
ich winde
du windest
er/sie winde
wir winden
ihr windet
Sie winden
sie winden

IMPERFECT
ich wände
du wändest
er/sie wände
wir wänden
ihr wändet
Sie wänden
sie wänden

FUTURE PERFECT
ich werde gewunden haben
du wirst gewunden haben *etc*

PERFECT
ich habe gewunden
du habest gewunden
er/sie habe gewunden
wir haben gewunden
ihr habet gewunden
Sie haben gewunden
sie haben gewunden

PLUPERFECT
ich hätte gewunden
du hättest gewunden
er/sie hätte gewunden
wir hätten gewunden
ihr hättet gewunden
Sie hätten gewunden
sie hätten gewunden

INFINITIVE

PRESENT
winden

PAST
gewunden haben

PARTICIPLE

PRESENT
windend

PAST
gewunden

IMPERATIVE
wind(e)!
windet!
winden Sie!
winden wir!

PRESENT	**IMPERFECT**	**FUTURE**
ich weiß	ich wusste	ich werde wissen
du weißt	du wusstest	du wirst wissen
er/sie weiß	er/sie wusste	er/sie wird wissen
wir wissen	wir wussten	wir werden wissen
ihr wisst	ihr wusstet	ihr werdet wissen
Sie wissen	Sie wussten	Sie werden wissen
sie wissen	sie wussten	sie werden wissen

PERFECT	**PLUPERFECT**	**CONDITIONAL**
ich habe gewusst	ich hatte gewusst	ich würde wissen
du hast gewusst	du hattest gewusst	du würdest wissen
er/sie hat gewusst	er/sie hatte gewusst	er/sie würde wissen
wir haben gewusst	wir hatten gewusst	wir würden wissen
ihr habt gewusst	ihr hattet gewusst	ihr würdet wissen
Sie haben gewusst	Sie hatten gewusst	Sie würden wissen
sie haben gewusst	sie hatten gewusst	sie würden wissen

SUBJUNCTIVE

PRESENT	**PERFECT**
ich wisse	ich habe gewusst
du wissest	du habest gewusst
er/sie wisse	er/sie habe gewusst
wir wissen	wir haben gewusst
ihr wisset	ihr habet gewusst
Sie wissen	Sie haben gewusst
sie wissen	sie haben gewusst

IMPERFECT	**PLUPERFECT**
ich wüsste	ich hätte gewusst
du wüsstest	du hättest gewusst
er/sie wüsste	er/sie hätte gewusst
wir wüssten	wir hätten gewusst
ihr wüsstet	ihr hättet gewusst
Sie wüssten	Sie hätten gewusst
sie wüssten	sie hätten gewusst

INFINITIVE

PRESENT
wissen

PAST
gewusst haben

PARTICIPLE

PRESENT
wissend

PAST
gewusst

IMPERATIVE

wisse!
wisst!, wisset!
wissen Sie!
wissen wir!

PRESENT	**IMPERFECT**	**FUTURE**
ich will	ich wollte	ich werde wollen
du willst	du wolltest	du wirst wollen
er/sie will	er/sie wollte	er/sie wird wollen
wir wollen	wir wollten	wir werden wollen
ihr wollt	ihr wolltet	ihr werdet wollen
Sie wollen	Sie wollten	Sie werden wollen
sie wollen	sie wollten	sie werden wollen

PERFECT *(1)*	**PLUPERFECT** *(2)*	**CONDITIONAL**
ich habe gewollt	ich hatte gewollt	ich würde wollen
du hast gewollt	du hattest gewollt	du würdest wollen
er/sie hat gewollt	er/sie hatte gewollt	er/sie würde wollen
wir haben gewollt	wir hatten gewollt	wir würden wollen
ihr habt gewollt	ihr hattet gewollt	ihr würdet wollen
Sie haben gewollt	Sie hatten gewollt	Sie würden wollen
sie haben gewollt	sie hatten gewollt	sie würden wollen

SUBJUNCTIVE

PRESENT	**PERFECT** *(1)*
ich wolle	ich habe gewollt
du wollest	du habest gewollt
er/sie wolle	er/sie habe gewollt
wir wollen	wir haben gewollt
ihr wollet	ihr habet gewollt
Sie wollen	Sie haben gewollt
sie wollen	sie haben gewollt

IMPERFECT	**PLUPERFECT** *(3)*
ich wollte	ich hätte gewollt
du wolltest	du hättest gewollt
er/sie wollte	er/sie hätte gewollt
wir wollten	wir hätten gewollt
ihr wolltet	ihr hättet gewollt
Sie wollten	Sie hätten gewollt
sie wollten	sie hätten gewollt

INFINITIVE

PRESENT
wollen

PAST
gewollt haben

PARTICIPLE

PRESENT
wollend

PAST
gewollt

IMPERATIVE

woll(e)!
wollt!
wollen Sie!
wollen wir!

NOTE

when preceded by an infinitive: (1) ich habe ...
wollen *etc (2)* ich hatte ... wollen *etc (3)* ich hätte ...
wollen *etc*

WRINGEN
203 *to wring*

PRESENT	IMPERFECT	FUTURE
ich wringe	ich wrang	ich werde wringen
du wringst	du wrangst	du wirst wringen
er/sie wringt	er/sie wrang	er/sie wird wringen
wir wringen	wir wrangen	wir werden wringen
ihr wringt	ihr wrangt	ihr werdet wringen
Sie wringen	Sie wrangen	Sie werden wringen
sie wringen	sie wrangen	sie werden wringen

PERFECT	PLUPERFECT	CONDITIONAL
ich habe gewrungen	ich hatte gewrungen	ich würde wringen
du hast gewrungen	du hattest gewrungen	du würdest wringen
er/sie hat gewrungen	er/sie hatte gewrungen	er/sie würde wringen
wir haben gewrungen	wir hatten gewrungen	wir würden wringen
ihr habt gewrungen	ihr hattet gewrungen	ihr würdet wringen
Sie haben gewrungen	Sie hatten gewrungen	Sie würden wringen
sie haben gewrungen	sie hatten gewrungen	sie würden wringen

SUBJUNCTIVE

PRESENT	PERFECT
ich wringe	ich habe gewrungen
du wringest	du habest gewrungen
er/sie wringe	er/sie habe gewrungen
wir wringen	wir haben gewrungen
ihr wringet	ihr habet gewrungen
Sie wringen	Sie haben gewrungen
sie wringen	sie haben gewrungen

IMPERFECT	PLUPERFECT
ich wränge	ich hätte gewrungen
du wrängest	du hättest gewrungen
er/sie wränge	er/sie hätte gewrungen
wir wrängen	wir hätten gewrungen
ihr wränget	ihr hättet gewrungen
Sie wrängen	Sie hätten gewrungen
sie wrängen	sie hätten gewrungen

FUTURE PERFECT
ich werde gewrungen haben
du wirst gewrungen haben *etc*

INFINITIVE

PRESENT
wringen

PAST
gewrungen haben

PARTICIPLE

PRESENT
wringend

PAST
gewrungen

IMPERATIVE

wring(e)!
wringt!
wringen Sie!
wringen wir!

PRESENT
ich wünsche mir
du wünschst dir
er/sie wünscht sich
wir wünschen uns
ihr wünscht euch
Sie wünschen sich
sie wünschen sich

PERFECT
ich habe mir gewünscht
du hast dir gewünscht
er/sie hat sich gewünscht
wir haben uns gewünscht
ihr habt euch gewünscht
Sie haben sich gewünscht
sie haben sich gewünscht

IMPERFECT
ich wünschte mir
du wünschtest dir
er/sie wünschte sich
wir wünschten uns
ihr wünschtet euch
Sie wünschten sich
sie wünschten sich

PLUPERFECT
ich hatte mir gewünscht
du hattest dir gewünscht
er/sie hatte sich gewünscht
wir hatten uns gewünscht
ihr hattet euch gewünscht
Sie hatten sich gewünscht
sie hatten sich gewünscht

FUTURE
ich werde mir wünschen
du wirst dir wünschen
er/sie wird sich wünschen
wir werden uns wünschen
ihr werdet euch wünschen
Sie werden sich wünschen
sie werden sich wünschen

CONDITIONAL
ich würde mir wünschen
du würdest dir wünschen
er/sie würde sich wünschen
wir würden uns wünschen
ihr würdet euch wünschen
Sie würden sich wünschen
sie würden sich wünschen

SUBJUNCTIVE

PRESENT
ich wünsche mir
du wünschest dir
er/sie wünsche sich
wir wünschen uns
ihr wünschet euch
Sie wünschen sich
sie wünschen sich

IMPERFECT
ich wünschte mir
du wünschtest dir
er/sie wünschte sich
wir wünschten uns
ihr wünschtet euch
Sie wünschten sich
sie wünschten sich

FUTURE PERFECT
ich werde mir gewünscht haben
du wirst dir gewünscht haben *etc*

PERFECT
ich habe mir gewünscht
du habest dir gewünscht
er/sie habe sich gewünscht
wir haben uns gewünscht
ihr habet euch gewünscht
Sie haben sich gewünscht
sie haben sich gewünscht

PLUPERFECT
ich hätte mir gewünscht
du hättest dir gewünscht
er/sie hätte sich gewünscht
wir hätten uns gewünscht
ihr hättet euch gewünscht
Sie hätten sich gewünscht
sie hätten sich gewünscht

INFINITIVE

PRESENT
sich wünschen
PAST
sich gewünscht haben

PARTICIPLE

PRESENT
mir/sich *etc* wünschend

IMPERATIVE

wünsch(e) dir!
wünscht euch!
wünschen Sie sich!
wünschen wir uns

ZIEHEN
205 _to pull_

PRESENT
ich ziehe
du ziehst
er/sie zieht
wir ziehen
ihr zieht
Sie ziehen
sie ziehen

PERFECT _(1)_
ich habe gezogen
du hast gezogen
er/sie hat gezogen
wir haben gezogen
ihr habt gezogen
Sie haben gezogen
sie haben gezogen

IMPERFECT
ich zog
du zogst
er/sie zog
wir zogen
ihr zogt
Sie zogen
sie zogen

PLUPERFECT _(2)_
ich hatte gezogen
du hattest gezogen
er/sie hatte gezogen
wir hatten gezogen
ihr hattet gezogen
Sie hatten gezogen
sie hatten gezogen

FUTURE
ich werde ziehen
du wirst ziehen
er/sie wird ziehen
wir werden ziehen
ihr werdet ziehen
Sie werden ziehen
sie werden ziehen

CONDITIONAL
ich würde ziehen
du würdest ziehen
er/sie würde ziehen
wir würden ziehen
ihr würdet ziehen
Sie würden ziehen
sie würden ziehen

SUBJUNCTIVE

PRESENT
ich ziehe
du ziehest
er/sie ziehe
wir ziehen
ihr ziehet
Sie ziehen
sie ziehen

IMPERFECT
ich zöge
du zögest
er/sie zöge
wir zögen
ihr zöget
Sie zögen
sie zögen

FUTURE PERFECT _(5)_
ich werde gezogen haben
du wirst gezogen haben _etc_

PERFECT _(3)_
ich habe gezogen
du habest gezogen
er/sie habe gezogen
wir haben gezogen
ihr habet gezogen
Sie haben gezogen
sie haben gezogen

PLUPERFECT _(4)_
ich hätte gezogen
du hättest gezogen
er/sie hätte gezogen
wir hätten gezogen
ihr hättet gezogen
Sie hätten gezogen
sie hätten gezogen

INFINITIVE

PRESENT
ziehen
PAST _(6)_
gezogen haben

PARTICIPLE

PRESENT
ziehend
PAST
gezogen

IMPERATIVE

zieh(e)!
zieht!
ziehen Sie!
ziehen wir!

NOTE

also intransitive ('to move'): _(1)_ **ich bin gezogen** _etc_
_(2)_ **ich war gezogen** _etc_ _(3)_ **ich sei gezogen** _etc_
_(4)_ **ich wäre gezogen** _etc_ _(5)_ **ich werde gezogen**
sein _etc_ _(6)_ **gezogen sein**

PRESENT
ich mache zu
du machst zu
er/sie macht zu
wir machen zu
ihr macht zu
Sie machen zu
sie machen zu

IMPERFECT
ich machte zu
du machtest zu
er/sie machte zu
wir machten zu
ihr machtet zu
Sie machten zu
sie machten zu

FUTURE
ich werde zumachen
du wirst zumachen
er/sie wird zumachen
wir werden zumachen
ihr werdet zumachen
Sie werden zumachen
sie werden zumachen

PERFECT
ich habe zugemacht
du hast zugemacht
er/sie hat zugemacht
wir haben zugemacht
ihr habt zugemacht
Sie haben zugemacht
sie haben zugemacht

PLUPERFECT
ich hatte zugemacht
du hattest zugemacht
er/sie hatte zugemacht
wir hatten zugemacht
ihr hattet zugemacht
Sie hatten zugemacht
sie hatten zugemacht

CONDITIONAL
ich würde zumachen
du würdest zumachen
er/sie würde zumachen
wir würden zumachen
ihr würdet zumachen
Sie würden zumachen
sie würden zumachen

SUBJUNCTIVE

PRESENT
ich mache zu
du machest zu
er/sie mache zu
wir machen zu
ihr machet zu
Sie machen zu
sie machen zu

PERFECT
ich habe zugemacht
du habest zugemacht
er/sie habe zugemacht
wir haben zugemacht
ihr habet zugemacht
Sie haben zugemacht
sie haben zugemacht

INFINITIVE

PRESENT
zumachen

PAST
zugemacht haben

PARTICIPLE

PRESENT
zumachend

IMPERFECT
ich machte zu
du machtest zu
er/sie machte zu
wir machten zu
ihr machtet zu
Sie machten zu
sie machten zu

PLUPERFECT
ich hätte zugemacht
du hättest zugemacht
er/sie hätte zugemacht
wir hätten zugemacht
ihr hättet zugemacht
Sie hätten zugemacht
sie hätten zugemacht

PAST
zugemacht

IMPERATIVE

mach(e) zu!
macht zu!
machen Sie zu!
machen wir zu!

FUTURE PERFECT
ich werde zugemacht haben
du wirst zugemacht haben *etc*

PRESENT
ich zwinge
du zwingst
er/sie zwingt
wir zwingen
ihr zwingt
Sie zwingen
sie zwingen

PERFECT
ich habe gezwungen
du hast gezwungen
er/sie hat gezwungen
wir haben gezwungen
ihr habt gezwungen
Sie haben gezwungen
sie haben gezwungen

IMPERFECT
ich zwang
du zwangst
er/sie zwang
wir zwangen
ihr zwangt
Sie zwangen
sie zwangen

PLUPERFECT
ich hatte gezwungen
du hattest gezwungen
er/sie hatte gezwungen
wir hatten gezwungen
ihr hattet gezwungen
Sie hatten gezwungen
sie hatten gezwungen

FUTURE
ich werde zwingen
du wirst zwingen
er/sie wird zwingen
wir werden zwingen
ihr werdet zwingen
Sie werden zwingen
sie werden zwingen

CONDITIONAL
ich würde zwingen
du würdest zwingen
er/sie würde zwingen
wir würden zwingen
ihr würdet zwingen
Sie würden zwingen
sie würden zwingen

SUBJUNCTIVE

PRESENT
ich zwinge
du zwingest
er/sie zwinge
wir zwingen
ihr zwinget
Sie zwingen
sie zwingen

IMPERFECT
ich zwänge
du zwängest
er/sie zwänge
wir zwängen
ihr zwänget
Sie zwängen
sie zwängen

PERFECT
ich habe gezwungen
du habest gezwungen
er/sie habe gezwungen
wir haben gezwungen
ihr habet gezwungen
Sie haben gezwungen
sie haben gezwungen

PLUPERFECT
ich hätte gezwungen
du hättest gezwungen
er/sie hätte gezwungen
wir hätten gezwungen
ihr hättet gezwungen
Sie hätten gezwungen
sie hätten gezwungen

FUTURE PERFECT
ich werde gezwungen haben
du wirst gezwungen haben *etc*

INFINITIVE

PRESENT
zwingen

PAST
gezwungen haben

PARTICIPLE

PRESENT
zwingend

PAST
gezwungen

IMPERATIVE
zwing(e)!
zwingt!
zwingen Sie!
zwingen wir!

INDEX OF GERMAN VERBS

The verbs given in full in the tables on the preceding pages are used as models for all other German verbs given in this index. The number in the index is that of the corresponding *verb table*.

The index also contains irregular verb forms. These are each referred to the respective infinitive form of the same verb.

All verbs in this index have been referred to model verbs with corresponding features wherever possible. A weak verb is referred to a weak model verb, a strong verb to a strong model verb, a separable verb to a separable model verb *etc*.

A verb shown in blue is itself given as a model.

A '+' after a prefix indicates that a verb is separable.

A second number in brackets refers to a reflexive verb model.

An asterisk in brackets (*) indicates that a verb, contrary to the model verb that it is referred to, does not form its past participle with 'ge-'.

(+ *dat*) denotes a verb that takes a dative object.

An 's' or 'h' in brackets indicates that a verb, contrary to the model verb that it is referred to, forms its compound tenses using 'sein' or 'haben' respectively.

D

dachte, dächte *see* **denken**
dagestanden *see* **dastehen**
da gewesen *see* **da sein**
dämmern 8
dampfen 87
dämpfen 87
danken (+ *dat*) 87
darf, darfst *see* **dürfen**
dar+legen 1
dar+stellen 1
da sein 31
da+stehen 162
datieren 110
dauern 8
davon+laufen 91
debattieren 110
decken 87
dehnen 92
demütigen 92
denken 32
deuten 187
dichten 187
dienen (+ *dat*) 92
diktieren 110
dirigieren 110
diskutieren 110
dividieren 110
donnern 8
drang, dränge *see* **dringen**
drängen 92
drehen 92
dreschen 33
dringen 34
drisch *see* **dreschen**
drohen (+ *dat*) 92

drosch, drösche *see* **dreschen**
drosseln 190
drucken 87
drücken 87
duften 187
dulden 187
düngen 92
dünsten 187
durch+führen 1
durch+lassen 90
durch+lesen 95
durchqueren 18
durchsuchen 18
dürfen 35
durfte *see* **dürfen**
duschen 87
duzen 71

E

eignen, sich 176 (3)
eilen 36
ein+bauen 1
ein+bilden, sich (*dat*) 187 (5)
ein+brechen 28
ein+fallen 44
ein+flößen 1
ein+führen 1
ein+geben 56
eingebrochen *see* **einbrechen**
eingegangen *see* **eingehen**
eingegriffen *see* **eingreifen**
ein+gehen 58
eingenommen *see* **einnehmen**

eingeschritten *see* **einschreiten**
eingeworfen *see* **einwerfen**
eingezogen *see* **einziehen**
ein+greifen 70
ein+holen 1
einigen, sich 92
ein+kaufen 1
ein+laden 88
ein+lassen (sich) 90 (7)
ein+laufen 91
ein+lösen 1
ein+nehmen 103
ein+packen 1
ein+richten 187
ein+schalten 187
ein+schärfen 1
ein+schenken 1
ein+schlafen 129 (s)
ein+schlagen 130
ein+schränken 1
ein+schreiben, sich 138 (7)
ein+schreiten 140
ein+sehen 147
ein+setzen (sich) 1 (7)
ein+sperren 1
ein+steigen 164
ein+stellen 1
ein+stürzen 170
ein+teilen 1
ein+treten 174
ein+weichen 1
ein+weihen 1
ein+werfen 197
ein+wickeln 190
ein+willigen 1

gefunden *see* **finden**

gegangen *see* **gehen**

gegeben *see* **geben**

gegessen *see* **essen**

geglichen *see* **gleichen**

geglitten *see* **gleiten**

gegolten *see* **gelten**

gegossen *see* **gießen**

gegraben *see* **graben**

gegriffen *see* **greifen**

gehalten *see* **halten**

gehangen *see* **hängen**

gehauen *see* **hauen**

geheißen *see* **heißen**

gehen 58

gehoben *see* **heben**

geholfen *see* **helfen**

gehorchen (+ *dat*) 18

gehören (+ *dat*) 18

gekannt *see* **kennen**

geklungen *see* **klingen**

gekniffen *see* **kneifen**

gekommen *see*
   kommen

gekonnt *see* **können**

gekrochen *see* **kriechen**

geladen *see* **laden**

gelang, gelänge *see*
   gelingen

gelangen 18 (s)

gelassen *see* **lassen**

gelaufen *see* **laufen**

gelegen *see* **liegen**

geleiten 187 (*)

gelesen *see* **lesen**

geliehen *see* **leihen**

gelingen (+ *dat*) 59

gelitten *see* **leiden**

gelogen *see* **lügen**

gelten 60

gelungen *see* **gelingen**

gemahlen *see* **mahlen**

gemessen *see* **messen**

gemieden *see* **meiden**

gemocht *see* **mögen**

gemusst *see* **müssen**

genannt *see* **nennen**

genas, genäse *see*
   genesen

genehmigen 18

genesen 61

genieren (sich) 110 (10)

genießen 62

genommen *see*
   nehmen

genoss, genösse *see*
   genießen

genossen *see* **genießen**

genügen (+ *dat*) 18

gepfiffen *see* **pfeifen**

gepriesen *see* **preisen**

gequollen *see* **quellen**

gerannt *see* **rennen**

gerät, gerätst *see*
   geraten

geraten[1] 63

geraten[2] *see* **raten**,
   geraten[1]

gerieben *see* **reiben**

geriet *see* **geraten**

gerinnen 117 (*)

gerissen *see* **reißen**

geritten *see* **reiten**

gerochen *see* **riechen**

geronnen *see* **rinnen**,
   gerinnen

gerufen *see* **rufen**

gerungen *see* **ringen**

gesandt *see* **senden**

geschaffen *see*
   schaffen

geschah, geschähe *see*
   geschehen

geschehen 64

geschieden *see*
   scheiden

geschienen *see*
   scheinen

geschlafen *see*
   schlafen

geschlagen *see*
   schlagen

geschlichen *see*
   schleichen

geschliffen *see*
   schleifen

geschlossen *see*
   schließen

geschlungen *see*
   schlingen

geschmissen *see*
   schmeißen

geschmolzen *see*
   schmelzen

geschnitten *see*
   schneiden

geschoben *see*
   schieben

geschollen *see* **schallen**

gescholten *see*
   schelten

geschoren *see* **scheren**

geschossen *see*
   schießen

geschrieben *see*
   schreiben

geschrien *see* **schreien**

INDEX OF GERMAN VERBS

INDEX OF GERMAN VERBS

ENGLISH-GERMAN INDEX

The following is an index of the most common English verbs and their main translations. Note that the correct translation for the English verb depends entirely on the context in which the verb is used and the user should consult a dictionary if in any doubt.

The verbs given in full in the tables in the main part of this book are used as models for the German verbs given in this index. The number in this index is that of the corresponding verb table.

A verb shown in blue is itself given as a model.

A '+' after prefix indicates that a verb is separable.

(+ *dat*) denotes a verb that takes a dative object.

A second number in brackets refers to a reflexive verb model.

An asterisk in brackets (*) indicates that a verb, contrary to the model verb that it is referred to, does not form its past participle with 'ge-'.

An 's' or 'h' in brackets indicates that a verb, contrary to the model verb that it is referred to, forms its compound tenses using 'sein' or 'haben' respectively.

A

abandon	**verlassen** 90 (*)
abduct	**entführen** 18
able (be)	**können** 85
abolish	**ab+schaffen** 1
absorb	**auf+saugen** 120
abstain	**enthalten, sich** 73 (*) (10)
abuse	**missbrauchen** 27 (*)
accelerate	**beschleunigen** 18
accept	**an+nehmen** 103

desire	begehren 18
despair	verzweifeln 190 (*, s)
despise	verachten 187 (*)
destroy	vernichten 187 (*), zerstören 18
detach	ab+nehmen 103
detain	auf+halten 73
detect	entdecken 18
determine	bestimmen 18
detest	verabscheuen 18
devalue	ab+werten 187
develop	entwickeln 190 (*)
deviate	ab+weichen 192
devote	widmen (+*dat*), sich 194 (3)
dial	wählen 92
dictate	diktieren 110
die	sterben 165
differ	unterscheiden, sich 123 (*) (10)
dig	graben 69
digest	verdauen 18
dilute	verdünnen 18
dim	dämpfen 87
dine	speisen 92
dip	tauchen 27 (h)
direct	dirigieren 110
dirty	beschmutzen 18
disappear	verschwinden 144 (*)
disappoint	enttäuschen 18
disapprove of	missbilligen 18
discharge	entlassen 90 (*)
disconnect	ab+stellen 1, heraus+ziehen 205
discourage	entmutigen 18
discover	entdecken 18
discriminate	benachteiligen 18
discuss	besprechen 157, diskutieren 110
disgrace	blamieren 110
disguise	verkleiden 187 (*)
disgust	an+ekeln 190
dismantle	zerlegen 18
dismiss	entlassen 90 (*)

dwindle	schwinden 144
dye	färben 92

E

earn	verdienen 18
ease	nach+lassen 90
eat	essen 42, fressen 53
eavesdrop	lauschen 27
edit	heraus+geben 56
educate	bilden 187, erziehen 205 (*)
eject	aus+stoßen 167
elect	wählen 92
elicit	entlocken 18
eliminate	beseitigen 18
elude	entgehen (+ dat) 58 (*)
embezzle	unterschlagen 130 (*)
embrace	umarmen 18
emerge	heraus+kommen 84
emit	ab+geben 56
emphasize	betonen 18
employ	an+stellen 1, beschäftigen 18
empty	aus+schütten 187, leeren 92
emulate	nach+eifern (+ dat) 1
enable	ermöglichen 18
enclose	bei+fügen 1, umgeben 56 (*)
encourage	auf+muntern 8, ermuntern 8 (*), ermutigen 18
end	beenden 187 (*), enden 187
endeavour	bemühen, sich 10
enhance	verbessern 8 (*)
enjoy	genießen 62
enough (be)	reichen 27
ensure	sicher+stellen 80
enter	betreten 187 (*), ein+treten 174
entertain	unterhalten 73 (*)
enthuse	schwärmen 92
entrust	an+vertrauen 18
envy	beneiden 187 (*)
equip	aus+rüsten 187

erase	löschen 27, radieren 110
erect	auf+bauen 1, errichten 187 (*)
escape	entkommen (+ *dat*) 84 (*), fliehen 50
escort	geleiten 187 (*)
establish	fest+stellen 1, gründen 187
estimate	schätzen 87
evade	entkommen (+ *dat*) 84 (*), vermeiden 99 (*)
evaporate	verdunsten 187 (*)
even out	aus+gleichen 67
evoke	hervor+rufen 118
evolve	entwickeln (sich) 190 (*) (10)
exaggerate	übertreiben 173 (*)
examine	prüfen 27, untersuchen 18
exceed	überschreiten 140 (*)
exchange	um+tauschen 1
excite	begeistern 8 (*), erregen 18
exclaim	aus+rufen 118
exclude	aus+schließen 133
excuse	entschuldigen (sich) 18 (10)
exercise	aus+üben 1, bewegen (sich) 19 (10)
exert	an+strengen (sich) 1 (7)
exhaust	erschöpfen 18
exhibit	aus+stellen 1
exist	existieren 110
expand	erweitern 8 (*)
expect	erwarten 187 (*)
expel	verweisen 193 (*)
experience	erfahren 43 (*, h), erleben 92 (*)
expire	ab+laufen 91
explain	erklären 18
explode	explodieren 110 (s)
explore	erforschen 18
export	exportieren 110
expose	auf+decken 1
express	aus+drücken 1
extend	aus+dehnen 1, verlängern 8 (*)
exterminate	vernichten 187 (*)
extinguish	löschen 27
extract	heraus+ziehen 205

F

face	gegenüber+stehen 162 (+*dat*)
fade	schwinden 144
fail	scheitern 8 (s), versagen 1
fake	fälschen 87
fall	fallen 44, stürzen 170
fall asleep	ein+schlafen 129 (s)
fall down	herunter+fallen 44
fall off	ab+fallen 44
fall out	aus+fallen 44
fall over	um+kippen 1 (h/s)
fall through	platzen 36
falter	stocken 87
fascinate	faszinieren 110
fasten	befestigen 18
favour	bevorzugen 18
fear	befürchten 187 (*), fürchten (sich) 187 (3)
feed	füttern 8
feel	fühlen 92, spüren 92
feign	heucheln 190
fence	fechten 46
fetch	holen 92
fight	kämpfen 87
fill	besetzen 18, füllen 87
fill in	aus+füllen 1
fill up	tanken 87
film	drehen 92, filmen 92
find	finden 47
find out	fest+stellen 80
finish	ab+schließen 133, beenden 187 (*)
fire	feuern 8
fish	angeln 190, fischen 87
fit	passen (+ *dat*) 105
fit in	an+passen (sich) 105 (7), dazwischen+schieben 127
fix	fest+machen 206, reparieren 110
flash	blitzen 87
flatter	schmeicheln (+ *dat*) 190
flee	fliehen 50
flicker	flackern 8

fling	schmeißen 135
float	treiben 173
flood	**überschwemmen 18**
flourish	**gedeihen 57**
flow	fließen 51, rinnen 117
flower	**blühen 92**
fluctuate	**schwanken 87**
flutter	**flattern 8**
fly	fliegen 49
focus	**konzentrieren (sich) 110 (10)**
fold	**falten 187**
follow	**folgen (+ *dat*) 36**
fool	täuschen 27
forbid	**verbieten 21 (*)**
force	zwingen 207
forecast	**vorher+sagen 80**
foresee	**vorher+sehen 147**
forge	**fälschen 87**
forget	vergessen 181
forgive	verzeihen 184
form	**bilden 187**
forward	**nach+senden 149**
found	**gründen 187**
frame	**rahmen 92**
free	**befreien 18**
freeze	frieren 54
frighten	erschrecken 40 (h)
frustrate	**vereiteln 190 (*)**
fry	braten 26
fulfil	**erfüllen 18**
function	**funktionieren 110**
furnish	**möblieren 110**

G

gag	**knebeln 190**
gain	gewinnen 65
gasp	keuchen 27
gather	**sammeln 190, versammeln, sich 190 (*) (10)**
gaze at	**an+starren 1**

imprison	inhaftieren 110
improve	verbessern 8 (*)
incline	neigen 92
include	ein+schließen 133, umfassen 105 (*)
increase	zu+nehmen 103
indicate	an+deuten 1, blinken 87, zeigen 92
infect	infizieren 110
infer	folgern 8, schließen 133
influence	beeinflussen 18
inform	benachrichtigen 18, informieren 110
inhabit	bewohnen 18
inherit	erben 92
injure	verletzen 18
inquire	erkundigen, sich 10
insert	ein+führen 1
insist	beharren 18
inspect	prüfen 27
inspire	inspirieren 110
install	installieren 110
instruct	unterrichten 187 (*)
insult	beleidigen 18
intend	beabsichtigen 18, vor+haben 185
interest	interessieren 110
interrogate	verhören 18
interpret	interpretieren 110
interrupt	stören 92, unterbrechen 28 (*)
intervene	ein+greifen 70
introduce	ein+führen 1, vor+stellen 1
intrude	stören 92
invent	erfinden 47 (*)
invest	an+legen 1
investigate	erforschen 18, untersuchen 18
invite	ein+laden 88
involve	betreffen 172 (*), verwickeln 190 (*)
iron	bügeln 190
irritate	reizen 71
isolate	isolieren 110
issue	aus+stellen 1, erlassen 90 (*)
itch	jucken 87

plug	zu+stopfen 1
plug in	ein+stecken 1
plunder	plündern 8
plunge	stürzen 170
point	richten 187, zeigen 92
point out	hin+weisen 193
poison	vergiften 187 (*)
polish	polieren 110
pollute	verschmutzen 18
ponder	sinnen 152
portray	dar+stellen 1
possess	besitzen 153 (*)
post	ein+werfen 197, schicken 87
postpone	verschieben 127 (*)
pour	gießen 66
practise	üben 92
praise	loben 92, preisen 107
pray	beten 187
precede	voraus+gehen (+ *dat*) 58
predict	vorher+sagen 80
predominate	überwiegen 199 (*)
prefer	bevorzugen 18, vor+ziehen 205
preoccupy	beschäftigen 18
prepare	vor+bereiten (sich) 187 (*) (7)
prescribe	verschreiben 138 (*)
present	bieten 21, vor+legen 1
preserve	erhalten 73 (*), konservieren 110
press	drücken 87, pressen 105
presume	an+nehmen 103
pretend	vor+geben 56
prevail	durch+setzen, sich 7
prevent	verhindern 8 (*)
prick	stechen 160
print	drucken 87
proceed	vor+gehen 58, weiter+gehen 58
process	verarbeiten 187 (*)
produce	erzeugen 18, produzieren 110
progress	voran+gehen 58
prohibit	verbieten 21 (*)

prolong	**verlängern** 8 (*)
promise	**versprechen** 157 (*)
promote	**befördern** 8 (*), **fördern** 8
pronounce	**aus+sprechen** 157
propose	**stellen** 87, **vor+schlagen** 130
protect	**schützen** 87
protest	**protestieren** 110
protrude	**hervor+stehen** 162
prove	**beweisen** 193 (*)
provide	**bereit+stellen** 1, **versorgen** 18
provoke	**reizen** 71
prowl	**herum+streichen** 168 (s)
publish	**veröffentlichen** 18
pull	ziehen 205
pull down	**ab+reißen** 112
pull in	**ein+ziehen** 205
pull out	**aus+ziehen** 205
pull up	**hoch+ziehen** 205
pump	**pumpen** 92
punish	**bestrafen** 18
purchase	**kaufen** 92
pursue	**nach+gehen** (+ *dat*) 58, **verfolgen** 18
push	**drängen** 92, **schieben** 127, **stoßen** 167
push back	**zurück+schieben** 127, **zurück+stoßen** 167
put	**legen** 92, **setzen** 87, **stecken** 161, **stellen** 87
put away	**weg+räumen** 1
put back	**zurück+stellen** 1
put down	**hin+setzen** 1, **hin+stellen** 1
put forward	**vor+schlagen** 130, **vor+verlegen** 1 (*)
put in	**ein+reichen** 1
put off	**ab+bringen** 30, **verschieben** 127 (*)
put on	**an+schalten** 187, **an+ziehen** 205
put out	**aus+löschen** 1, **aus+machen** 206, **hinaus+bringen** 30
put up	**auf+stellen** 1, **errichten** 187 (*)

Q

qualify	**berechtigen** 18, **qualifizieren (sich)** 110 (3) (*)
quarrel	streiten (sich) 169 (3)
quench	**stillen** 87

shorten	**kürzen** 71
shout	**schreien** 139
show	**weisen** 193, **zeigen 92**
shower	**duschen** 87
shrink	**schrumpfen** 87
shut	**schließen** 133, **zu+machen** 206
sigh	**seufzen** 71
sign	**unterschreiben** 138 (*)
sin	**sündigen** 92
sing	**singen** 150
sink	**sinken** 151
sip	**nippen** 87
sit	**sitzen** 153
situate	**hin+stellen** 1, **legen** 92
skid	**schleudern** 8
skip	**hüpfen** 87, **überspringen** 159 (*)
slam	**zu+knallen** 1
slander	**verleumden** 187 (*)
slap	**schlagen** 130
slaughter	**schlachten** 187
sleep	**schlafen** 129
slide	**rutschen** 27
slip	**rutschen** 27
smash	**zerbrechen** 28 (*)
smash in	**ein+schlagen** 130
smell	**riechen** 115
smile	**lächeln** 190
smoke	**rauchen** 27
smooth	**glätten** 187
smuggle	**schmuggeln** 190
snap	**schnappen** 87, **zerbrechen** 28 (*)
snatch	**schnappen** 87
sneeze	**niesen** 92
snore	**schnarchen** 27
snow	**schneien** 92
soak	**ein+weichen** 1
sob	**schluchzen** 71
soften	**dämpfen** 87, **mildern** 8
solve	**auf+klären** 1, **lösen** 92

T

turn out	geraten 63
turn round	um+drehen (sich) 1 (7)
turn up	auf+drehen 1, auf+tauchen 27 (s)
twist	drehen 92
type	tippen 87

U

undergo	unterziehen, sich (+ *dat*) 205 (*) (10)
underline	unterstreichen 168 (*)
understand	begreifen 70 (*), verstehen 162 (*)
undertake	übernehmen 103 (*)
undo	auf+machen 206
undress	aus+ziehen (sich) 205 (7)
unite	vereinigen 18
unload	entladen 88
unlock	auf+schließen 133
unpack	aus+packen 1
unplug	heraus+ziehen 205
unscrew	ab+schrauben 1
untie	auf+binden 22, lösen 92
unwind	ab+wickeln 190
unwrap	aus+packen 1
upset	auf+regen 1, um+werfen 197
urge	drängen 92, treiben 173
use	benutzen 18, gebrauchen 18, verwenden 187 (*)
utter	äußern 8

V

vacate	räumen 92
vaccinate	impfen 87
value	schätzen 87
vanish	verschwinden 144 (*)
vary	unterscheiden, sich 123 (*) (10), verändern 8 (*)
view	besichtigen 18
violate	stören 92, vergewaltigen 18
visit	besuchen 18
vomit	übergeben, sich 56 (*) (10)
vote	wählen 92
vow	schwören 146

W

wade	waten 187 (s)
wail	schreien 139
wait	warten 187
wake (up)	auf+wachen 2, auf+wecken 1
walk	gehen 58, laufen 91
wander	wandern 8 (s)
want	wollen 202
warm	wärmen 92
warm up	auf+wärmen (sich) 1 (7)
warn	warnen 92
wash	waschen 188
wash up	ab+waschen 188
waste	verschwenden 187 (*)
watch	beobachten 187 (*), zu+schauen 1
watch out	auf+passen 105
water	gießen 66, sprengen 92
wave	winken 87
wear	tragen 171
wear down	ab+nutzen 1
wear out	verschleißen 183
weep	weinen 92
weigh	wiegen 199
welcome	begrüßen 71 (*)
wheeze	keuchen 27
whirl	wirbeln 190
whisper	flüstern 8
whistle	pfeifen 106
wilt	verwelken 18 (s)
win	gewinnen 65, siegen 92
wind	wickeln 190, winden 200
wipe	wischen 27
wish	wünschen (sich *dat*) 204
withdraw	entziehen 205 (*), zurück+ziehen (sich) 205 (7)
wither	vertrocknen 176 (*)
withhold	vor+enthalten 73 (*)
withstand	stand+halten (+ *dat*) 73
wobble	wackeln 190
work	arbeiten 187, funktionieren 110, klappen 87